21世纪高等院校旅游管理类创新型应用人才培养规划教材

餐饮经营与管理

公学国　王雅静　主　编

白彩云　单铭磊　熊　晶　参　编

北京大学出版社
PEKING UNIVERSITY PRESS

内容简介

本书是在研究餐饮行业的发展现状的基础上，充分联系餐饮企业的实际情况，围绕对学生的理论与实践能力培养这一主题进行编写的，内容设计以培养餐饮行业职业经理人所应具备的能力为线索，突出理论联系实际。全书按照餐饮生产、餐饮经营、餐饮服务 3 个领域，分成 11 章，其中，餐饮生产部分主要包括厨房管理、餐饮菜单管理、餐饮原料管理等内容，餐饮经营部分主要包括餐饮经营准备、餐饮经营方式、餐饮成本管理、餐饮营销管理、餐饮人力资源管理等内容，餐饮服务部分主要包括餐饮服务方式与程序、餐厅服务质量管理等内容。

本书可作为高等院校旅游管理、酒店管理、烹饪营养等专业餐饮经营管理课程的教材，也可供从事餐饮行业的人员参考。

图书在版编目(CIP)数据

餐饮经营与管理/公学国，王雅静主编. —北京：北京大学出版社，2015.9
（21 世纪高等院校旅游管理类创新型应用人才培养规划教材）
ISBN 978-7-301-26144-6

Ⅰ.①餐… Ⅱ.①公…②王… Ⅲ.①饮食业—经营管理—高等学校—教材 Ⅳ.①F719.3

中国版本图书馆 CIP 数据核字（2015）第 177759 号

书　　名	餐饮经营与管理
著作责任者	公学国　王雅静　主编
责任编辑	刘　鬲
标准书号	ISBN 978-7-301-26144-6
出版发行	北京大学出版社
地　　址	北京市海淀区成府路 205 号　100871
网　　址	http://www.pup.cn　新浪微博：@北京大学出版社
电子信箱	pup_6@163.com
电　　话	邮购部 010-62752015　发行部 010-62750672　编辑部 010-62750667
印刷者	三河市北燕印装有限公司
经销者	新华书店
	787 毫米×1092 毫米　16 开本　17 印张　408 千字
	2015 年 9 月第 1 版　2021 年 8 月第 4 次印刷
定　　价	38.00 元

未经许可，不得以任何方式复制或抄袭本书之部分或全部内容。
版权所有，侵权必究
举报电话：010-62752024　电子信箱：fd@pup.pku.edu.cn
图书如有印装质量问题，请与出版部联系，电话：010-62756370

前　言

"民以食为天"。随着我国社会经济的发展和人们生活水平的提高，餐饮消费成为人们日常生活中非常重要的消费组成部分，餐饮业在人们日常生活中的地位越来越重要，餐饮业已经成为目前我国社会经济生活中非常具有活力的一个行业。随着消费者群体规模的扩大和消费者餐饮消费多样化的发展，餐饮业呈现出多样化发展趋势，在经营档次、规模、特色及市场选择方面，各具特色。消费需求的发展促进了行业的发展，目前我国餐饮业在行业规模、硬件设施、菜品特色、服务质量等方面都获得了长足进步，餐饮业已经从原来简单的满足消费者"吃饱""吃好"的需求，向"吃营养""吃健康""吃文化"发展，为此，餐饮业对经营、管理、营销、设计和服务人才的需求也越来越旺盛，这方面的人才缺口越来越大。为了培养更多符合行业需求的餐饮人才，并加强对餐饮业经营管理理论和实际方法的研究，进一步提高餐饮企业的经营管理水平，促进餐饮行业的持续健康稳定发展，目前全国500多所高校开设了餐饮经营管理课程，作为专业必修课程供旅游管理、酒店管理、烹饪营养专业学生学习。在一些高校，餐饮经营与管理也作为全校性的选修课程，面向各专业学生开设。长久以来，众多学者对餐饮经营与管理课程进行了潜心研究，在课程体系、内容、教学模式与方法、校企合作教学等方面推出了众多研究成果，客观上推动了餐饮经营管理课程的不断发展和进步，本书也是在这些研究成果的基础上编写而成的。

本书着眼于培养学生具备餐饮职业经理人良好素养、较强的业务能力、高度的执行力、较好的培训指导能力和餐饮计划决策能力，采用理论与实践相结合的模式，以理论为基本出发点和课程教学的骨架，辅之以相应的能够切实提高学生实践能力的实践教学内容，使学生了解餐饮生产和产品质量管理的方法，熟悉餐饮服务和餐饮经营的管理思路和管理方法，掌握餐饮成本管理控制方法、服务与管理创新的思路与方法，使学生既能具备较强的餐饮经营管理理论修养，又能够具有餐饮经营管理的实践能力，同时又具备较好的创新意识和创新能力，为将来从事实际的餐饮经营管理工作打下良好的基础。

本书由公学国、王雅静任主编，并设计了编写体例及编写提纲，具体编写分工如下：公学国编写了第1章、第10章、第11章；王雅静编写了第3～5章；白彩云编写了第2章、第8章、第9章；单铭磊编写了第6章；熊晶编写了第7章；公学国、王雅静对全书进行了统稿。另外，本书的编写也得到了济南大学酒店管理学院院长朱海涛教授的大力帮助与指导。

在编写本书的过程中，编者参考和引用了许多国内外作者的成果，在此深表谢意。北京大学出版社为本书的出版创造了条件，刘嚣编辑为本书的编校付出了心血，在此一并给予衷心的感谢！

　　本书为济南大学教材建设立项编写教材，同时也是济南大学百门课程改革"餐饮经营与管理"课程的改革成果之一。由于编者水平所限，书中可能存在疏漏和不足之处，恳请各位专家学者和读者批评指正。

编　者
2015年2月

目　　录

第1章　概述 1
　　1.1　餐饮业的历史与发展 4
　　1.2　餐饮业的内涵 12
　　1.3　餐饮管理的基本环节 16
　　1.4　餐饮管理的基本理念 22

第2章　餐饮经营准备 26
　　2.1　餐饮市场调研 28
　　2.2　餐厅选址 36
　　2.3　指标核算 41
　　2.4　餐厅的设计与布局 48

第3章　厨房管理 62
　　3.1　厨房管理基础知识 64
　　3.2　厨房管理制度 69
　　3.3　厨房管理的运转流程 72
　　3.4　厨房组织机构及人员配置 75
　　3.5　厨房的设计与布局 80
　　3.6　厨房设备及用具管理 84

第4章　餐饮菜单管理 89
　　4.1　菜单概述 90
　　4.2　菜单设计与编排 93
　　4.3　菜单制订程序 98
　　4.4　菜单定价 99
　　4.5　菜单的艺术装饰 104

第5章　餐饮原料管理 108
　　5.1　食品原料的采购管理 110
　　5.2　食品原料的验收管理 118
　　5.3　食品原料的储存管理 122
　　5.4　发料与库存盘点控制 130

第6章　餐饮服务方式与程序 136
　　6.1　餐厅的概念和类别 137
　　6.2　餐饮服务方式 142
　　6.3　餐饮服务环节与程序 150

第7章　餐厅服务质量管理 156
　　7.1　餐厅服务质量的内涵 158
　　7.2　餐厅服务质量评价 161
　　7.3　餐厅服务质量控制 167
　　7.4　餐厅服务质量管理方法 174

第8章　餐饮经营方式 183
　　8.1　餐饮经营概述 185
　　8.2　餐饮企业经营方式 190

第9章　餐饮成本管理 201
　　9.1　餐饮成本的种类与特点 203
　　9.2　餐饮成本核算 208
　　9.3　餐饮成本控制 211

第10章　餐饮营销管理 225
　　10.1　餐饮营销原理 227
　　10.2　餐饮内部营销 233
　　10.3　餐饮外部营销 240

第11章　餐饮人力资源管理 248
　　11.1　餐饮人力资源管理概述 249
　　11.2　餐饮员工招聘 254
　　11.3　餐饮员工培训与激励 257

参考文献 265

第1章 概 述

本章知识要点

知识要点	掌握程度	相关知识
餐饮业的历史与发展	了解	（1）餐饮发展的历史 （2）餐饮业的现状 （3）餐饮业发展的趋势
餐饮业的内涵	熟悉	（1）餐饮业的基本概念 （2）餐饮业的特征 （3）餐饮业的地位与作用
餐饮管理的基本环节	熟悉	（1）厨房生产管理 （2）餐厅服务管理 （3）餐饮营销管理 （4）成本费用管理 （5）人力资源管理
餐饮管理的基本理念	掌握	（1）细化、量化、标准化管理 （2）以宾客为中心的管理 （3）以人为本的企业文化管理

导入案例

新世纪社会餐饮十大现象

1. 创品牌现象

当今餐饮市场的竞争，归根结底是品牌之争。谁的品牌受消费者欢迎，谁就拥有市场。餐饮企业品牌的树立，包括经营的特色、经营的理念、服务个性、企业文化建设等诸多方面。许多餐饮企业正是通过企业品牌的树立去实现有形资产到无形资产再到有形资产的资金积累和企业扩张。例如，武汉小蓝鲸在树立品牌方面做了以下工作。

（1）重视企业文化建设。坚持"以人为本"的科学管理思想，以诚信赢得顾客，并且从企业价值观、企业精神、企业形象、团队意识方面来约束企业的经营行为。

（2）将科学的、健康的饮食文化内涵注入到企业品牌中，围绕"吃出健康来"这一概念做文章。他们在经营服务方面，研制出《小蓝鲸健康导吃系统》，并创办了《美食新潮》周报等。正是由于其在品牌方面的努力，企业发展迅速，在10个月内就开出9家连锁店，品牌所带来的经济效益和社会效益是巨大的。

2. 大规模现象

餐饮业行业规模的扩大、发展速度的加快、服务领域的扩宽，以及饮食越来越社会化，其竞争强度越来越激烈。开大规模酒楼是其竞争的焦点之一。

大规模现象产生的原因主要有以下几点。

（1）饮食越来越社会化，走出家庭消费的消费者越来越多。

（2）市中心的房地产价格较高，交通不便利，而偏离市中心的地段，房地产相对便宜，交通不拥挤，停车方便，适合修建或租赁。

3. 饮食社会化现象

20世纪初，餐饮企业的营业额普遍下滑，但平均就餐人数在增加，这说明走出家庭就餐的消费者越来越多，大众化已成为餐饮消费的主旋律。造成此现象的根本原因有以下几点。

（1）生活节奏的加快，在家中就餐，费时又费力，到酒楼消费，节约时间。

（2）人们消费水平的提高，品尝美食、追求时尚，已成为现代人的追求。

4. 特色经营现象

在竞争激烈的餐饮市场中，谁的特色越明显，谁的竞争力就越强。特色化经营已成为更多餐饮企业追求的目标。例如，长春王记酱骨头炖菜馆、沈阳雪岳山烧烤、济南老转村、成都谭鱼头火锅都是依靠经营品种的特色而吸引消费者。

5. 高档潮现象

高档酒楼数量的增多，与餐饮市场的市场区隔密切相关。不同的消费群体有着不同的消费需求。虽然大众化消费是餐饮市场消费的主旋律，但不能说高档酒楼就没有市场。高档酒楼迎合的是那些商务宴请、公关、谈判及社交的高层次消费者的需求。高档酒楼的价位较高，一桌下来可达到几千元甚至上万元；其原料较为名贵，如鱼翅、燕窝、鲍鱼及名贵活海鲜。北京顺峰海鲜城就属于高档食府。

6. 流行风现象

餐饮业的经营已打破了传统经营以菜系经营的格局，餐饮企业在不断引进其他菜系的菜式、菜品来满足消费者的需求。正是这样，在这种交叉、融合中，某时间段可能出现某地域菜式或菜品流行现象。例如，川菜、粤菜、湖南菜、杭州菜等在不同时期都流行过，单个菜品也是如此，如砂锅鱼头、剁椒鱼头等特色菜肴。

7. 连锁经营现象

连锁经营分为特许连锁、正规连锁、合作连锁、自由连锁等。连锁经营是餐饮企业发展的重要途径。例如，许多快餐企业：北京马兰拉面、半亩园，常州丽华快餐，西安贾三灌汤包等，酒楼的连锁现象也日益突出，如北京金三元，成都的巴国布衣等店。

8. 休闲餐饮现象

随着生活节奏的加快和人们生活需求的提高，餐饮业将会出现新的商机，特别是在上海、北京、广州等这样的城市，休闲餐饮正是在这样的背景下产生的。休闲餐饮企业的装修品位高，如上海锦亭以欧美式装修风格为主，体现出休闲氛围；并且营业时间较长，一般到午夜，甚至通宵。

9. 厨房标准化现象

餐饮企业中，厨师的感性操作给管理工作带来很大难度，如何控制产品质量，成为管理的难点。面对这一难关，许多餐饮企业都相继沿用"标准菜谱"这一概念"输入"到管理中，即从选料→初加工→切配→烹调→火候→调味→装盘制定标准，使厨师在操作中有章可循，监督、检查及管理的难度相对降低。

10. 饮食科学现象

人们对饮食消费的需求，不仅只满足于吃饱、品味，在很大程度上更加注重营养需求。针对这一需求，许多餐饮企业都在营养方面下功夫，如上海沈记靓汤推出了滋补、美容的汤品、菜品，北京的金三元推出了具有保健功效的"扒猪脸"等。饮食科学现象，说明了人们饮食需求的多层次变化，也体现了饮食功能的多元化。

讨论题

1. 我国餐饮业发展目前存在什么问题？应该如何解决？
2. 餐饮业发展的趋势特点有哪些？

评析

餐饮业的发展，受政策、社会发展、经济等宏观因素，以及生活观念、价值观、收入水平、生活习惯等个体因素的影响，发展过程中呈现出多样化态势。目前餐饮业出现多种形态、多种模式、多种特色，有一定的合理性，但是对于企业来说，无论哪种发展模式，都应充分考虑企业的社会责任、经济效益和企业的自我发展，都应努力寻找个体在餐饮行业中的位置。以上所列举的各种现象，不能笼统地界定为合理或者不合理，关键要看这种现象是否符合企业发展的需要、社会发展的需要和消费者的需要，当然，这3个需要本身也是相辅相成的。

1.1 餐饮业的历史与发展

1.1.1 餐饮发展的历史

餐饮业在我国有着悠久的历史，渗透在历史发展的各个时期，其发展演变过程源远流长。

1. 先秦时期

先秦时期是指秦朝以前，即从餐饮诞生之日起，到公元前221年秦始皇统一中国止，共约7 800年。这是中国餐饮的初创时期，其中包括新石器时代（约6 000年）、夏商周时期（约1 300年）、春秋战国时期（约500年）3个各有特色的发展阶段。

1）新石器时代

（1）食物原料多是渔猎的水鲜和野兽，兼有驯化的禽畜、采集的草果，还有试种的五谷，但并不充裕。调味品主要是粗盐。

（2）炊具是陶制的鼎、甑、鬲、釜、罐和地灶、砖灶、石灶；烹调方法是火炙、石燔、汽蒸并重，较为粗放。至于菜品，也相当简陋，最好的美味也不过是传说中的彭祖（彭铿）为尧帝烧制的"雉羹"（野鸡汤）。

2）夏商周时期

夏商周时期是中国餐饮发展史上的"初潮"。它在许多方面都有突破，对后世影响深远。

（1）饭菜原料显著增加，习惯于以"五"命名。例如，"五谷"（稷、黍、麦、菽、麻籽）、"五菜"（葵、藿、头、葱、韭）、"五畜"（牛、羊、猪、犬、鸡）等。原料能够以"五"命名，说明当时食物资源已经比较丰富，人工栽培的原料成为了主体。

（2）炊饮器皿革新，轻薄精巧的青铜食具登上了餐饮舞台。我国现已出土的商周青铜器物有4 000余件，其中多为炊餐具。

（3）菜品质量飞速提高，推出著名的"周代八珍"。由于原料充实和炊具改进，这时的烹调技术有了长足进步。一方面，饭、粥、糕、点等饭食品种初具雏形，肉酱制品和羹汤菜品多达百种，花色品种大大增加；另一方面，可以较好地运用烘、煨、烤、烧、煮、蒸、渍糟等十多种方法，烹制熊掌、乳猪、大龟、天鹅之类的高档菜式。

此外，这一时期还推出了影响深远的"周代八珍"。"周代八珍"又叫"珍用八物"，是专为周天子准备的宴饮美食。它由二饭六菜组成，具体名称是："淳熬"（肉酱油浇大米饭）、"淳母"（肉酱油浇黍米饭）、"炮豚"（煨烤炸炖乳猪）、"炮牂"（煨烤炸炖母羊羔）、"捣珍"（合烧牛、羊、鹿的里脊肉）、"渍"（酒糟牛羊肉）、"熬"（类似五香牛肉干）、"肝"（烧烤肉油包狗肝）。"周代八珍"推出后，历代争相仿效。

3）春秋战国时期

春秋战国时期是我国奴隶制社会向封建制社会过渡的动荡时期。战争造成人口频繁迁徙，刺激农业生产技术迅速发展。此时，餐饮文化发展也出现了许多新的因素，为后世所瞩目。

（1）以人工培育的农产品为主要食源。这一时期，由于大量垦荒、兴修水利、使用牛耕和铁制农具，农产品的数量不断增加，质量也得到了相应的提高，农产品成为主要食源。

（2）在一些经济发达地区，铁质锅釜崭露头角。它较之青铜炊具更为先进，为油烹法的问世做了准备。与此同时，动物性油脂（猪油、牛油、羊油、狗油、鸡油、鱼油等）和调味品（主要是肉酱和米醋）也日渐增多，花椒、生姜、桂皮、小蒜运用普遍，菜肴制法和味型也有新的变化，并且出现了简单的冷饮制品和蜜渍、油炸点心。

（3）出现南北风味的分野，地方菜种初露苗头。其中的北菜，以现今的豫、秦、晋、鲁一带为中心，活跃在黄河流域，它以猪、犬、牛、羊为主料，注重烧烤煮烩，崇尚鲜咸，汤汁醇浓。其中的南菜，以现今的鄂、湘、吴、越一带为中心，遍及长江中下游，它是淡水鱼鲜辅以野味，鲜蔬拼配佳果，注重蒸酿煨炖，酸辣中调以滑甘，还喜爱冷食。这一分野到汉魏六朝时继续演进，由二变四，逐步显示出"四大菜系"的雏形。

（4）餐饮理论初有建树，推出《吕览本味》和《黄帝内经》。《吕览本味》被后世尊称为"厨艺界的圣经"，是战国末年秦国相国吕不韦组织门客编著而成的。其贡献主要是：正确指出动物原料的性味与其生活环境和食源相关；强调火候和调味在制菜中的作用，并介绍了一些方法；主张"适口者珍"。《黄帝内经》是这个时期的医家总结劳动人民同疾病作斗争的经验结晶。

2. 秦汉魏晋南北朝

秦汉魏晋南北朝起自公元前221年秦始皇吞并六国，止于公元589年隋文帝统一南北，共810年。这一时期是我国封建社会的早期，农业、手工业、商业和城镇都有较大的发展，民族之间的沟通与对外交往也日益频繁。这一时期的后半段，战争频繁，诸侯割据，统治阶级醉生梦死，奢侈腐化，在饮食中不断寻求新奇的刺激。在这个社会大变革的历史背景下，餐饮也加快了自身的演化进程，博采各地区各民族饮馔的精华，焕发出新的生机。

1）烹调原料的扩充

在先秦五畜、五菜、五果、五味的基础上，汉魏六朝的食料进一步扩充。张骞通西域后，相继从阿拉伯等地引进了茄子、大蒜、西瓜、黄瓜、扁豆、刀豆等新蔬菜，增加了素食的品种。

在动物原料方面，这一时期猪的饲养量已占世界首位，取代牛、羊、狗的位置而成为肉食品中的主角。其他肉食品的利用率也在提高，如岭南的蛇虫、江浙的虾蟹、西南的山鸡、东北的熊鹿，都摆上餐桌。

此外，菌耳、花卉、药材、香料、蜜饯等特色原料，也都引起了厨师的重视。

2）炊饮器皿的鼎新

炊饮器皿的鼎新突出表现是，锅釜由厚重趋向轻薄。战国以来，铁的开采和冶炼技术逐步推广，铁制工具应用到社会生活的各个方面。铁比铜价低、耐烧、传热快，更便于制菜，因此铁制锅釜在这一时期推广开来。与此同时，还广泛使用锋利轻巧的铁质刀具，改进了刀工刀法，使菜形日趋美观。

3）烹调技法日趋成熟

秦汉时期出现了两次厨务大分工，首先是红白两案的分工，其次是炉与案的分工。这有利于厨师集中精力专攻一行，提高技术。

在烹调技法上，也比先秦精细。特别是在铁刀、铁锅、大炉灶、优质煤、众多植物油等要素的影响下，油烹法脱颖而出，制出不少名菜，使中国餐饮更上层楼。

总之，汉魏六朝上承先秦，下启唐宋，是中国餐饮发展史上重要的过渡时期。引进了众多外来原料，提高了农副产品的养殖技术，食源进一步扩大，改进了炉灶和炊具，以漆器为代表的餐具轻盈秀美；调味品显著增加，开始使用植物油；菜肴花色品种增多，质量有所提高，素菜发展较快，"胡风餐饮"（西域一带的餐饮技艺）独树一帜；出现了不少面点小吃新品种，节令食品与乡风民俗逐步融合；筵宴升级，重视情味；医学理论逐步形成，膳补食疗渐受重视；涌现了一大批食书，《齐民要术》贡献卓著。

3. 隋唐宋元时期

中国餐饮发展的第三阶段是隋唐五代宋金元时期，它起自公元589年隋朝统一全国，止于公元1368年元朝灭亡，共779年。这一时期属于中国封建社会的中期，先后经历过隋、唐、五代十国、北宋、辽、西夏、南宋、金、元等20多个朝代，统一局面长，分裂时间短，政局较稳定，经济发展快，饮食文化成就斐然，是中国餐饮发展史上的第二个高潮。

1）食源继续扩充

隋唐宋元时期，餐饮原料进一步增加，通过陆上丝绸之路和水上丝绸之路，从西域和南洋引进一批新的蔬菜，如菠菜、莴苣、胡萝卜、丝瓜、菜豆等。再加上近海捕捞业的昌盛，海蜇、乌贼、鱼唇、鱼肚、玳瑁、肉、对虾、海蟹相继入席，大大提高了海洋的利用率。

在油、茶、酒方面，也是琳琅满目。例如，唐代的植物油有芝麻油、豆油、菜籽油、茶油等类别；宋代的茶有龙、凤、石乳、胜雪、蜜云龙、石岩白、御苑报春等珍品；而元代的酒则包括阿剌吉酒、金澜酒、羊羔酒、米酒、葡萄酒、香药酒、马奶酒、蜂蜜酒等数十种。

2）饮器具进步

在餐具中，最主要的是风姿特异的瓷质餐具逐步取代了陶质、铜墙铁壁质和漆质餐具。唐代，有邢窑白瓷和越窑青瓷。宋代，北方有定窑刻花印花白瓷，官窑纹片青釉细瓷、钧窑黑釉白花斑瓷、海棠红瓷，以及独树一帜的汝窑瓷、耀州瓷磁州瓷；南方有越窑和龙泉窑刻花印花青瓷、景德镇窑影青瓷、哥窑冰裂纹黑胎青瓷，以及吉州窑和建窑黑釉瓷。元代，式样新颖的釉里红瓷驰誉中原，釉下彩瓷和青花瓷名播江南。其中，青花瓷700多年来一直被当作高级餐具使用。

3）工艺菜式勃兴

在烹调技法方面，隋唐宋元的突出成就是工艺菜式（包括食雕冷拼和造型大菜）的勃兴。

中国的食品雕刻技术源于先秦的"雕卵"（鸡蛋），到了汉魏有"雕酥油"，进入唐宋则是雕瓜果、雕蜜饯，还有用金纸刻出龙凤盖在醉蟹上的"镂金龙凤蟹"。尤其是"雕花蜜煎"，12色一组，用于盛筵，相当漂亮。

食雕的发展，推动了冷菜造型，如"五生盘""九霄云外"食之类，刀工精妙。造型热菜亦多，如用鱼片拼作牡丹花蒸制的"玲珑牡丹"、红烧甲鱼上面装饰鸭蛋黄和羊油的"遍地锦装鳖"、一尺多长的"羊皮花丝"、点缀蛋花的"汤浴绣丸"等。

4. 明清时期

从公元 1368 年明朝立国起，到 1911 年辛亥革命推翻清朝止，共 543 年。这一阶段属于中国封建社会的晚期，仅经历两朝，政局稳定，经济上升，物资充裕，饮食文化发达，是中国餐饮史上第三个高潮，硕果累累。

1）动植物原材料越来越多

明人宋诩记载，弘治年间可上食谱的原料已近千种；到了清末，能吃的动植大都得到了利用。据《农业政全书》记载，此时又从国外引入笋瓜、洋葱、四季豆、苦瓜、甘蓝、油果花生、马铃薯、玉米、番薯等，蔬菜超过 100 种。进入清代后又引进辣椒、番茄、芦笋、花菜、凤尾菇、朝鲜蓟、西兰花、抱子甘蓝等，蔬菜品种达到 130 种左右。

在动物原料方面，养猪业和养鸡业更为发达。而且海味原料得到进一步开发，燕窝、鱼翅、海参、鱼肚也上了餐桌。与此同时，满、蒙、维、藏等民族地区的特异原料，也被介绍到内地，如林硅、黄鼠、雪鸡、虫草等。

2）全席餐具流光异彩

瓷质餐具仍占绝对优势。明朝的宣（德）、成（化）、嘉（靖）、万（历）窑器，有白釉、彩瓷、青花、红釉等精品，成龙配套，富丽堂皇。明清的金银玉牙餐具更为豪奢。

3）工艺规程日益规范

明清两朝 500 多年间，菜点制作经验经过积累、提炼和升华，已形成比较系统的餐饮工艺。袁枚在《随园食单》的"须知单"和"戒单"里，对工艺规程提出了具体要求，如选料要切合"四时之序"，专料戊用，不可暴殄。袁枚还提倡火候应因菜而异，"有须武火者，煎炒是也，火弱则物疲矣；有须文火者，煨煮是也，火猛则物枯矣；有先用武火而后用文火者，收汤之物是也，性急则皮焦而里不熟矣。"

后来的李渔在《闲情偶寄·饮馔部》里还提出纯净、俭朴、自然、天成的饮食观，尤为重视原料质地和菜品风味的检测。如他评价蔬菜之美是"一清，二洁，三芳馥，四松脆"，其所以胜过肉品，"岙在一字之鲜"。他还主张"食鱼者首重在鲜，次则及肥，肥而且鲜，鱼之能事毕矣。"

5. 中华人民共和国成立后

从 1949 年 10 月 1 日中华人民共和国成立至今。在党中央和国务院的关心下，特别是在党的十一届三中全会以后，中国实行了改革开放政策，经济得到了迅速恢复和发展，国民人均收入和生活水平大大提高，对饮食也提出了更高的要求。四大菜系、八大菜系、十大菜系各具特色各显神通；各种地方小吃和特色餐饮异军突起，迅速抢占我国的餐饮市场。对外开放政策的实施，不仅将博大精深的中国餐饮业推向了世界，同时也将世界各国的烹调技艺融入了我国的餐饮业，这不但大大丰富了我国菜肴的品种和数量，而且大大提高了我国的烹调技艺。

1.1.2 餐饮业的现状

我国餐饮业既有灿烂辉煌的历史，更有光彩夺目的今天。

随着中国国民经济稳定快速增长，城乡居民收入水平明显提高，餐饮市场表现出旺盛的发展势头，餐饮消费成为拉动全年消费需求稳定增长的重要力量。2006年，我国餐饮消费全年零售额首次达到10 345.5亿元，同比增长16.4%，比2005年净增1 458亿元，连续16年实现两位数高速增长，与改革开放初期的1978年相比增长了188倍。

2011年中国餐饮业收入达到20 635亿元，同比增长16.9%。产业规模首次突破2万亿元大关，这距离2006年突破1万亿元营业额仅用了5年时间，年均增长2 000亿元以上。

根据国家统计局数据，2012年，全国总体餐饮活动收入（包括餐饮企业收入和非餐饮企业的餐饮收入）实现23448亿元，同比增长13.6%，增速比2011年下滑了3.3个百分点，除2003年SARS外，创下了自1991年以来的最低值。2012年，餐饮收入占社会消费品零售总额的11.1%，比例较2011年略微下降，如图1-1所示。

2013年，全国餐饮收入累计实现收入25 392亿元，同比增长9%。其中限额以上企业（单位）餐饮收入累计达到8 181亿元，同比下降1.8%。中国饭店协会对2013年全年餐饮市场的分析显示，餐饮市场呈现高端餐饮低迷、大众餐饮势头强劲的两极化表现。

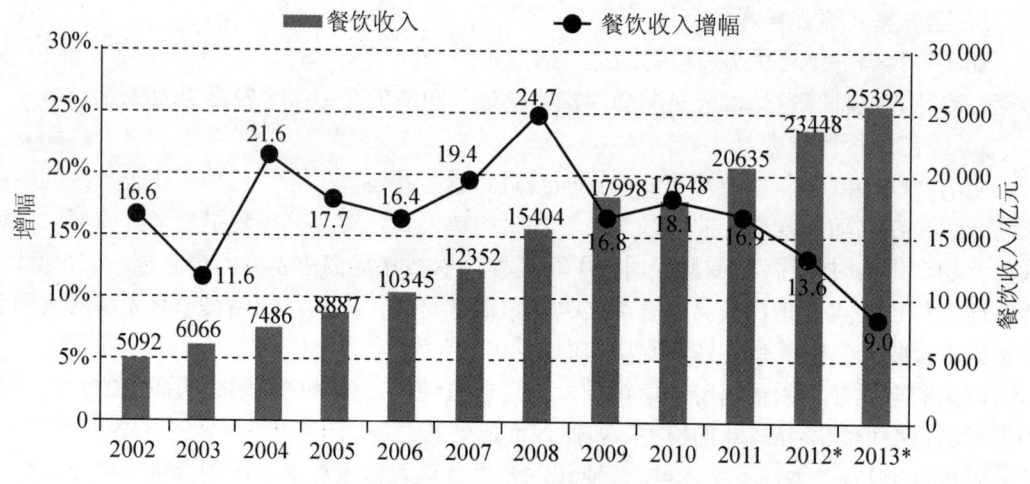

图1-1　餐饮收入和增幅

国家统计局2015年1月发布的数据显示，2014年全国餐饮收入为27 860亿元，同比增长9.7%，比2013年加快0.7个百分点，终止了连续3年增速下滑的颓势，餐饮业重新进入稳定发展期。

1.1.3 餐饮业发展的趋势

近年来，我国餐饮业面临着国外餐饮业品牌的强大挑战，但事实证明，我国餐饮企业顶住了压力，实现了自身的快速发展。如今，餐饮业已经成为拉动消费、实现增长、扩大就业的重要因素之一。

综合目前现状，在改革开放的大环境下，餐饮市场已日趋成熟，并逐步成长起一批有规模、有实力，而且具有持续发展的现代化餐饮公司。在未来一段时间内，它们仍将会是餐饮业发展的中坚力量。随着我国经济与社会的进一步发展，餐饮业又将会登上一个新的台阶。目前看来，我国餐饮业的发展呈现出以下趋势特点。

1. 餐饮企业越来越重视餐饮场所的选择和营业区域的确定

美国著名饭店业的先驱斯塔特勒（Statler）曾经说过："对任何饭店来说，取得成功的3个根本要素是地点、地点、地点。"现代餐饮企业都非常重视地点和位置的选择。好的位置是餐饮企业经营良好的前提和保障。餐饮企业一旦确定位置，就意味着企业的目标市场、档次、规模、经营方向、经营标准、盈利目标的确定，也就是企业未来发展规模和方向的确定。

2. 快餐业迅速崛起和发展，将继续分割中国餐饮市场

中国快餐业经过20年的发展，到现在已经达到了相当的规模。据统计，快餐业的营业收入约占全国整个餐饮收入的1/3。在中国的快餐业中，以麦当劳、肯德基为首的西式快餐在前10年中出尽了风头，占据了快餐市场的绝大部分市场份额。但随着社会的发展和人们消费意识的改变，中式快餐将走出低谷，并且会逐步占有相当的市场份额。经历了10年的卧薪尝胆之后，中式快餐已经有了一定的规模，相信它们会吸取以前的经验和教训，在应对西式快餐挑战的过程中，逐步发展并成长壮大。

3. 天然、绿色、健康和保健食品将会越来越被人们认可和追捧

生活观念的改变和自然环境的变化，逐渐改变了人们的就餐观念，营养与健康越来越受到重视。随着人们生活水平的提高，各个年龄段的消费者都将会注重饮食营养和饮食健康。老年人希望通过饮食调节，达到健康长寿的目的；父母们希望通过饮食调节，使自己的孩子更聪明伶俐、健康活泼；中年人、白领阶层更希望通过饮食的调节，缓冲工作压力所带来的不利影响，达到提神醒脑、精力充沛的目的。一些"三低，两高，多素"（即低脂肪、低盐、低热量、无胆固醇，高蛋白、高纤维，多种维生素、微量元素、矿物质）的食品及天然野生菌类、绿色及黑色食品将成为人们饮食的首要选择。

4. 品牌与连锁将成为餐饮业发展的主流

据中国烹饪协会百强统计，2012年，在全国餐饮百强企业中，88家为连锁企业。连锁企业营业额以每年10%左右的速度发展，特别是规模以上企业营业额占比达到33%，地域扩张甚至海外扩张逐步加速。

随着消费者需求的升级、市场竞争的升级，餐饮市场的竞争最终是品牌的竞争。据中国连锁经营协会提供的一项调查数据显示，就餐时认为知名度比较重要的消费者占到了56%。消费者就餐的品牌意识，必然使口碑好的餐饮连锁企业在竞争中处于优势，同时能利用品牌的特许经营迅速壮大。

然而，国内大多数餐饮企业还缺乏品牌塑造的意识，品牌观念、塑造品牌的能力还不强。不能从上而下地贯彻品牌观念，品牌不能真正深入到市场层面，致使很多餐饮品牌竞

争力无法真正体现，参与市场竞争自然也没有核心优势。

品牌塑造一般而言对应两大层面——物质与精神。对于餐饮企业来说，口味、菜品质量、服务、就餐环境、门店装修等构成品牌物质层面；而品牌价值、形象、个性、内涵、品牌故事等则构成精神层面的内容，只有物质、精神两手抓，两手都"修炼"好，才能形成真正的品牌力。另外，餐饮行业在将来的发展中，将由菜系品牌、厨师品牌向店家品牌转换，未来一定是包含能力很强的企业化的品牌，一定会产生中性的企业化品牌，唯有如此才能更多涵盖目标消费人群。

知识链接 1-1

王品集团多品牌战略

王品餐饮股份有限公司（Wowprime，以下简称王品集团）是我国台湾餐厅连锁集团，总部位于台中市西区，1993年12月24日创立；创办者为戴胜益。王品集团创办以来，坚持走多品牌发展战略，适应不同地区不同消费者的需要，自1993年成立王品台塑牛排餐饮系统，开设第一个分店台中文心店以来，目前已经推出14个餐饮品牌，成为餐饮企业品牌发展的典型性企业。

王品集团旗下餐厅见表1-1。

表1-1 王品集团旗下餐厅

餐厅品牌	大陆餐厅数	台湾餐厅数	其他海外地区餐厅数
王品牛排	47	16	0
西堤牛排	19	43	0
陶板屋 和风创作料理	0	35	2（曼谷）
艺奇 新日本料理	0	15	0
聚 北海道昆布锅	0	31	0
石二锅	10	38	0
夏慕尼 新香榭铁板烧	2	18	0
Hot 7 新铁板料理	0	7	0
原烧 优质原味烧肉	0	23	美国
品田牧场	0	29	0
舒果 新米兰蔬食	0	18	1（新加坡）
曼咖啡	0	11	0
花隐怀石料理	4	0	0
ita	0	4	0

5. 大众化永远是餐饮消费市场的主旋律，高中低档餐饮企业格局个性，和平共处

所谓餐饮"大众化"经营，是指以饭店自身的硬件和软件优势为依托，以大众化的原料、高超的厨艺、较低的价格向社会大众提供较高质量标准的餐饮产品、良好的环境和相应服务，从而使饭店成为社会绝大部分消费者服务的经营方式。即饭店将广大平民百姓作为其目标市场，以他们所能接受的价格为其提供餐饮品种和相应服务。

受消费能力、市场人数、政策因素、社会风气等的影响，餐饮业经营中公务消费的比例将逐渐降低，奢侈型、浪费型消费大幅度减少，大众化消费将成为消费的主力，餐饮业为适应这种市场变化，经营将逐渐转向大众化。在经历了最初的辉煌之后，目前餐饮市场上高档消费日益趋于理性，而大众化的家常菜由于迎合了人们的消费心理和口味习惯，且价位低、大众化，能很好地满足工薪阶层和城乡居民的饮食需求。我们有理由相信，大众化不仅仅是一种餐饮发展的趋势，还将永远成为中国餐饮消费市场的主旋律。

6. 创意餐饮将成为未来市场新宠

烹调方法、食材搭配、就餐环境、服务方式等的巧妙创新（图1-2），给消费者出其不意的惊喜，这样的餐饮经营形式将会在未来市场上占据一定的地位，带来餐饮市场发展的新气象。

图1-2　台湾纸箱王故事餐厅

7. 作为餐饮业发展的动力源泉，科技发展将会起到越来越重要的作用

随着科技的发展，以及越来越多的先进设施设备的发明与应用，未来餐饮业的发展将受到科技发展的极大影响，在未来餐饮生产、经营与服务中，将会因这些科技发展成果的应用而产生重大变化。例如，网络信息技术的发展带来的餐饮企业宣传营销的变化，企业与餐饮消费者沟通交流方式的变化，餐饮销售方式的变化，智能科技的发展带来的餐饮生产方式，科学配餐方式、餐厅服务方式的变化等。智能餐饮将为消费者、从业者带来的不

同于传统餐饮的全新的消费体验与享受,现代科技在餐饮行业的应用将使我们未来的日常生活更加安全、便捷和环保。

图 1-3　智能点菜系统

1.2　餐饮业的内涵

1.2.1　餐饮业的基本概念

餐饮业是一个历史悠久的行业,古今中外,餐饮业为客人提供饱食就餐服务的社会职能并没有改变。

餐饮业是指利用餐饮设备、场所和餐饮原料,从事饮食烹饪加工,为社会生活服务的生产经营性服务行业。有些学者认为,餐饮业基本上应该涵盖 3 个组成要素:①必须要有餐食或饮料提供;②有足够令人放松精神的环境或气氛;③有固定场所,能满足顾客差异化的需求与期望,并使经营者实现特定的经营目标与利润。而提供餐饮的场所,古今中外有很多称呼,如酒馆、餐馆、菜馆、饮食店、餐厅等,不一而足。英文中的"restaurant"一词,据法国百科大辞典的解释,意为使人恢复精神与气力的意思。那么,可以帮助人们恢复精神与精力的方法,大抵与进食和休息有关,于是在西方开始有人以"restaurant"为名称,在特定场所为人们提供餐食、点心、饮料,使招徕的客人得到充分的休息以恢复精神和体力,在这样的一种方式下进行营业运作,便是西方餐饮业的雏形。

按照《国际标准行业分类》的定义,餐饮业是指以商业赢利为目的的餐饮服务机构。在我国,据《国民经济行业分类注释》的定义,餐饮业是指通过即时制作加工、商业销售和服务性劳动等,向消费者提供食品和消费场所及设施的服务。

知识链接 1—2

所有经济活动的国际标准产业分类(国际标准产业分类)(联合国,2004 年,纽约)

代码:552 餐馆、酒吧和小卖部

代码:5520 餐馆、酒吧和小卖部

本组包括：

——以下单位出售一般在店内消费的食物，以及出售进餐时饮用的饮料，可能有某种形式的娱乐：餐馆；自助餐馆，如自助食堂等；快餐店，如汉堡店；外卖餐馆；出售炸鱼和炸土豆片的小店等；冰激凌店。

——以下单位出售供店内消费的饮料，可能同时伴有某种形式的娱乐：酒馆、酒吧、夜总会、啤酒屋等。

——通常以低于一般的价格向某些有特定人员构成的群体出售食物和饮料，这些人多数是由职业性质联系在一起的：体育部门、工厂或机关的食堂的活动；学校食堂和厨房的活动；大学餐厅的活动；供军队等单位的人员就餐的食堂和餐厅。

本组还包括：

——公共饮食业，即提供由中央食品制作单位制作的供在别的地方消费的膳食的承包人的活动，如向以下单位和场合提供预先做好的膳食：航空公司；"上门送餐"服务部；宴会、公司招待会；婚宴、聚会和其他庆祝活动或仪式。

——餐车上的经营（当由独立的单位经营时）。

本组不包括：

——自动售货机的销售，见 5259（零售贸易中的不在商店进行的零售）。

——非即时消费的饮料销售，见 52 类（零售贸易）。

——作为铁路公司或其他客运设施综合活动的卧车经营，见 6010（铁路运输）。

（资料来源：http://unstats.un.org/unsd/publication/SeriesM/s.）

知识链接 1—3

国民经济行业分类（GB/T 4754—2011）

代码：62 餐饮业

指通过即时制作加工、商业销售和服务性劳动等，向消费者提供食品和消费场所及设施的服务。餐饮行业类型划分如下。

1. 正餐服务

指在一定场所内提供以中餐、晚餐为主的各种中西式炒菜和主食，并由服务员送餐上桌的餐饮活动。包括：宾馆、饭店、酒店内独立（或相对独立）的酒楼、餐厅；各种以正餐为主的酒楼、饭店、饭馆及其他用餐场所；各种自助式餐饮服务；各种以涮、烤为主的餐饮服务；车站、机场、码头内设的独立的餐饮服务；火车、轮船上独立的餐饮服务。不包括提供单一类食品的餐饮服务（如饺子、包子、面条、米粉等）（列入小吃服务）。

2. 快餐服务

指在一定场所内提供快捷、便利的就餐服务。包括：中式快餐服务、外国快餐服务。不包括各种特色小吃的餐饮服务（如清真小吃、四川小吃等）（列入小吃服务）。

3. 饮料及冷饮服务

指在一定场所内以提供饮料和冷饮为主的服务。包括：

（1）茶馆服务。

（2）咖啡馆服务。不包括以就餐为主的咖啡馆（列入正餐服务）。

（3）酒吧服务。不包括演艺吧（以演艺、歌舞及蹦迪、交谊舞等为主，辅有饮料、食品的场所）（列入歌舞厅娱乐活动）。

（4）其他饮料及冷饮服务。包括：冰激凌店、冷饮店；其他饮料服务。不包括：可乐、矿泉水等饮料的柜台销售及流动销售（列入酒、饮料及茶叶零售或货摊食品零售）。

4. 其他餐饮业

（1）小吃服务。指提供全天就餐的简便餐饮服务，包括路边小饭馆、农家饭馆、流动餐饮和单一小吃等餐饮服务。包括：清真小吃服务；茶点式小吃服务；饺子店餐饮服务；包子店餐饮服务；面条店餐饮服务；米粉店餐饮服务；粥店餐饮服务；汤圆店餐饮服务；烤肉串餐饮服务；以就餐为主的饼屋、糕点店的服务；其他特色风味及小吃服务。不包括：以出售蛋糕、面包为主的乳品点、面包房（列入糕点、面包零售）。

（2）餐饮配送服务。包括：民航、铁路、学校、机构及其他餐饮配送服务。不包括为连锁快餐店送货的服务（列入道路货物运输）。

（3）其他未列明餐饮业。包括：餐饮外卖服务；机构餐饮服务（为某一单位提供餐饮服务）；其他未列明餐饮服务。不包括：为连锁快餐店送货的服务（列入道路货物运输）。

1.2.2 餐饮业的特征

作为服务业的一种，餐饮业除具有服务业的共同特征外，还有其独特的性质。

1. 对旅游业和国民收入的依赖性

餐饮是旅游业中食、住、行、游、购、娱六大要素的重要组成部分，其发展规模和速度在一定程度上依赖于旅游发展的水平。一个国家、一个地区、一个城市的旅游业越发达，各种类型的客源越多，对餐饮产品的需求量就越大。同时，国民收入水平越高，人们的社会交往活动越频繁，当地居民和社会各界人士对餐饮产品的需求量也越大。因此，餐饮业的发展必须根据旅游业和国民收入的发展规模、水平和速度做好规划，搞好网点布局，坚持多类型、多层次、多结构，以适应旅游业和社会各界人士的需求。

2. 客源市场的广泛性

"民以食为天"，人天天都得吃饭，因此，餐饮业的客源十分广泛。国内外各种类型的旅游者、相关团体、企事业单位、政府机构、当地居民等都可以成为餐饮企业的接待对象。因此，餐饮企业经营对象的范围十分广泛，各企业的经营规模、经营结构、经营方式、产品风味和花色品种也各不相同。另外，各种类型的餐饮企业之间可以互相替代的产品十分丰富。同一批客人对餐饮产品风味的需求并不是固定不变的，他们既可选择这种风味，也可享受另一种风味；且由于目前餐饮产品缺乏专利性，因此，餐饮业市场竞争十分激烈。餐饮业经营者若想在市场竞争中始终立于不败之地，就必须时刻跟上社会潮流，摸准市场脉搏，不断更新餐饮产品，以自己富有特色和优质的餐饮产品，在满足广大消费者需求的同时，获得良好的经济效益。

3. 餐饮产品的风味性

一方水土养一方人，不同国家、不同地区、不同民族的地理、气候和生活环境、生活习惯不同，各地物产不同，食品原材料的种类也不同，就是同一民族的不同地区，上述各方面的区别也往往很大，从而使餐饮产品形成各种不同风味，具有鲜明的民族性和地方性。例如，西餐有法式、俄式、英式、美式之分；中餐有川菜、鲁菜、粤菜、淮扬菜等不同风味（或菜系）。餐饮经营管理的关键在于突出风味特点，办出特色，坚持以产品质量和服务质量取胜。

4. 餐饮服务的差异性

由于餐饮服务包含着大量的手工劳动，少有机器控制，又由于职工的工作态度、技能技巧各有好坏和高低，因此，餐饮服务便不可避免地产生了质量和水平上的差异。服务的差异性并非指一家酒店和另一家酒店的服务之间存在差异，而是指同一家酒店所提供的服务存在差异，具体表现为同一职工在不同的时间、不同的场合或对于不同的对象所提供的同一餐饮产品或服务往往水平不一，质量不同。例如，酒吧调酒员如果不使用电子饮料配出器或量杯来控制分量，他调制的鸡尾酒便难免会出现质与量不一致的现象；餐厅服务员在整个服务期间，也必然由于体力、情绪变化的影响，难以自始至终提供同一质量的服务。因此，制定严格的质量标准，坚持执行质量标准，加强职工培训教育，不断地改善、端正服务态度，提高技术技能，是餐饮业餐饮服务取得成功的必要手段。

5. 餐饮产品产、供、销的同时性

当宾客入座点菜时，既是宾客消费的开始，也是餐饮产品生产与销售的开始。宾客用餐的过程，也是服务生产与提供的过程。没有宾客进餐厅消费，就没有餐饮菜点与服务的生产与销售。而一般商品的生产、销售、消费是各自独立且可以分离的过程，可以发生在不同的时间、不同的地点。餐饮产品与服务是生产者与消费者直接接触，不经过中间环节，当场生产、销售与消费。这种产、供、销的同时性，给餐饮产品与服务质量的控制提出了很高的要求。

1.2.3 餐饮业的地位与作用

餐饮业是一个国家商品零售业的重要组成部分，主要为国民经济的发展提供社会生活服务，其地位和作用主要表现在以下几个方面。

1. 餐饮是旅游业六大要素的重要组成部分

食、住、行、游、购、娱是旅游业的六大要素。大力发展国际、国内旅游，有助于加强国际、国内经济、文化交流，增进各国和各民族间的相互了解和友谊；有助于我国吸收外汇，促进国民经济的发展；也有助于增加就业，满足国内人民日益增长的物质和精神生活的需要。随着我国旅游业的不断发展，大批海内外旅游者前来游览观光、探亲访友、从事科学考察，与此同时他们需要品尝异域的饮食风味，领略当地人民的生活情趣。餐饮业为其提供风味独特、环境优美和服务优良的餐饮产品，不仅可以满足客人的需求，而且高超的烹饪艺术、独具特色的饮食产品，也是饮食文化的结晶，本身又可以成为旅游资源，广泛吸引海内外旅游者前来旅游。

2. 餐饮业是活跃经济、繁荣市场、促进相关行业发展的重要行业

餐饮业的发展规模、速度和水平，往往直接反映一个国家、一个地区的经济繁荣和市场活跃程度。它是国民收入和人民生活水平迅速提高，消费方式和消费结构发生深刻变化的重要体现。同时，餐饮业的迅速发展，需要国民经济提供基础设施、生产技术设备、物资用品和各种食品原材料，这必然促进轻工业、建筑、装修、交通、食品原材料和副食品生产等相关行业的发展。

3. 餐饮业是创造社会财富、实现国民收入再分配的重要服务行业

餐饮业利用餐饮设备技术，通过食品原材料加工制造产品，本身可以增加产品价值，创造社会财富。涉外餐饮业在为海外旅游者服务的过程中，可以创收外汇，将其他国家的国民收入转化为我国的国民收入。餐饮业同时为国内旅游者、当地居民和各种企事业单位服务，处于国民收入再分配环节，可以大量回笼货币，从而对国民经济的发展起到积极的推动作用。

4. 餐饮业是促进社会消费方式和消费结构变化、扩大劳动就业的重要行业

人类的饮食消费主要在家庭、工作单位和社会餐饮服务业中进行。经济越发达，国民收入水平越高，人们的对外交流活动越频繁，家务劳动社会化程度越高，越能促进餐饮业的发展。餐饮业的迅速发展，为人们的社会饮食消费创造了条件，可以减轻人们的家务劳动，促进其消费方式和消费结构的改变。同时，餐饮业的发展，为大批人员提供了就业机会，成为解决我国职工就业和下岗职工再就业的重要出路之一。到目前为止，我国餐饮业的从业人员已达到 2 000 万人左右。今后，随着我国餐饮业的发展，还将会为越来越多的人提供就业机会。

5. 餐饮业是我国向国内外宾客介绍、宣传我国饮食文化的重要行业

现代社会中，一个国家的餐饮早已成为吸引国际旅游者的重要旅游资源。中国的饮食文化、烹饪艺术博大精深、历史悠久、享誉天下，已成为吸引众多外宾来华旅游的因素之一。作为餐饮业重要组成部分的饭店餐饮部门及社会高级餐厅，担负着弘扬我国饮食文化、挖掘我国旅游资源的重任。

1.3　餐饮管理的基本环节

从餐饮企业经营管理的实务流程看，餐饮管理有如下几大环节：厨房出品美味佳肴，前厅提供优质服务，保证质量达到宾客满意，加强营销占领市场，控制成本增加效益，优化组织机构和用工量比配置保证工作流程顺利。我们就把这些实际环节作为餐饮管理研究的基本环节。

1.3.1 厨房生产管理

1. 人财物合理配置

厨房各项基本工序和关键岗位设置合理，人员技能合格，班次安排得当。厨房各种设备设施充足适用。厨房加工区域及盛器做到生熟隔离、冷热分开，符合食品卫生法规要求，有效防范食品安全事故的发生。

2. 生产流程调控

厨房产品大多要经过多道工序才能生产出来。概括地讲，厨房生产流程主要包括加工、配份、烹调三大阶段，加之点心、冷菜相对独立的两大生产环节，便构成了生产流程管理的主要对象。针对厨房生产流程不同阶段的特点，明确制定操作标准，规定操作程序，健全相应制度，及时灵活地针对生产中出现的各类问题加以协调监督，是对厨房生产进行有效调控的主要手段。

3. 烹饪技术管理

科学的烹饪具有很高的技术和艺术含量。原料的搭配、味型的调配、火候的掌握是其技术要点。厨师的技术水平全面、技艺精湛、对技术性指标的理解程度高，菜品质量就会在整体水平上高出一筹，而且产品质量有较强的顾客适应性特色。但技术的实施，一般依靠厨师的手工劳动和经验把握，容易产生模糊性和不稳定性。因而烹饪技术管理应加强培训，尽可能地对菜点配方、制作工艺、烹制时间进行量化，形成规范，使烹饪技术管理有章可循、有形可依。

4. 菜点质量管理

菜点质量指标有色泽、香气、味道、形态、质地、盛器等，有营养科学的客观标准，有约定俗成的认可标准，也有宾客独特口味的主观评价。深刻研究体会这些标准，为每道菜品制定出质量指标，量化、固化为规范标准，确保每个菜点出品都保持高品质，同一菜点保持始终如一的品质。这是菜点质量管理工作的一部分。还要把人、财、物管理，生产流程管理，烹饪技术管理等都纳入质量管理的系统中，形成全过程的质量控制，才能实现菜点的优质出品。

1.3.2 餐厅服务管理

餐饮企业管理成功的关键点之一就是要做好餐厅服务管理。餐厅服务是餐饮企业销售的主要产品之一，也是餐饮企业获得营业收入，实现赢利的重要途径。餐厅服务作为餐厅与客人沟通交流的重要环节，对餐厅能否给客人留下美好印象、留住客人起到至关重要的作用。因此，餐饮企业经营管理的重要内容之一就是做好餐厅服务管理工作。餐厅服务管理的主要管理内容有以下几项。

(1) 确定餐厅的服务档次与服务风格。

(2) 制定餐厅的服务程序与服务规范标准。

(3) 合理安排与调配员工，做好员工培训工作。

(4) 做好对客服务工作。

1.3.3 餐饮营销管理

1. 市场定位

对于餐饮企业而言，赢得和留住顾客的关键是，要比竞争者更好地理解顾客的需要，尽可能向他们提供更多的价值。市场定位就是塑造餐饮产品和服务在餐饮市场上的位置，具体有形象定位、产品定位、价格定位、消费群体定位、服务标准定位和销售渠道定位等方面。

2. 菜单设计

菜单是市场定位的反映，是菜点生产的纲领，直接影响工艺流程和成本费用及营业利润。因此在设计时必须遵循一定的原则和标准，精心设计，使菜单体现出餐饮企业的风格和特色。

3. 全员营销

厨师要精心跟踪菜点售卖情况，保持受欢迎的，淘汰滞销的，创新潜在需求的，使菜点畅销不衰。服务员要精心操作，热心待客，以宾客满意为中心，赢得回头客。专职营销人员要策划媒体广告、节庆活动、公关游说，把产品与服务的卖点宣传出去，把潜在的客源吸引过来，把已有的客源巩固下来。营收计划指标应该层层分解，责任到部门、到人。实施责任目标的计划方案应细致可行，每季、每月、每周、每天的计划数额应排出进度表图。挂钩奖励与处罚应适时兑现。

1.3.4 成本费用管理

餐饮企业是旅游行业中少有的流动成本占成本比例较大的行业企业，成本管理效率对餐饮企业的经营效果具有重要影响。为了做好成本控制工作，餐饮企业经营管理人员必须做好以下几项工作。

(1) 采购控制。

(2) 仓储控制。

(3) 生产成本控制。

(4) 管理费用控制。

1.3.5 人力资源管理

人力资源管理是餐饮管理实务中的瓶颈问题，也是餐饮管理理论的难点问题。新兴的、科学的组织机构模式和人力资源管理方法,从20世纪90年代开始不断地传入我国,与我国传统的模式和方法发生着碰撞。

1. 餐饮管理组织机构的一般模式

餐饮管理组织机构的一般模式主要有4种:①小型饭店餐饮部简单模式(图1-4);②中型饭店餐饮部复杂模式(图1-5);③大型饭店餐饮部专业模式(图1-6);④独立餐馆、酒家一般模式(图1-7)。

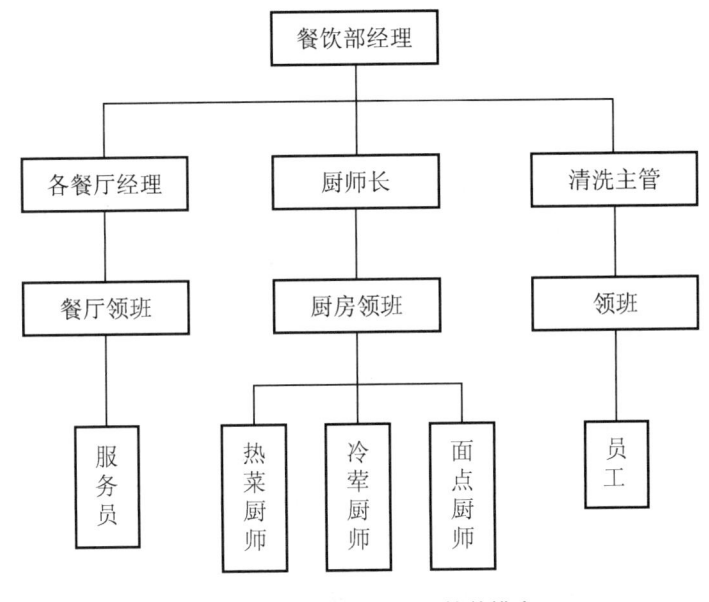

图1-4 小型饭店餐饮部简单模式

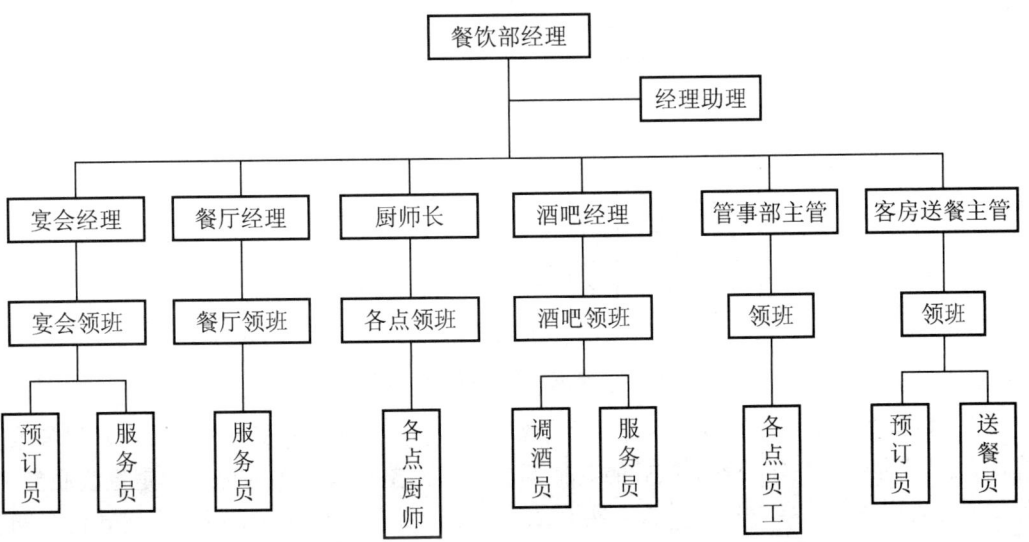

图1-5 中型饭店餐饮部复杂模式

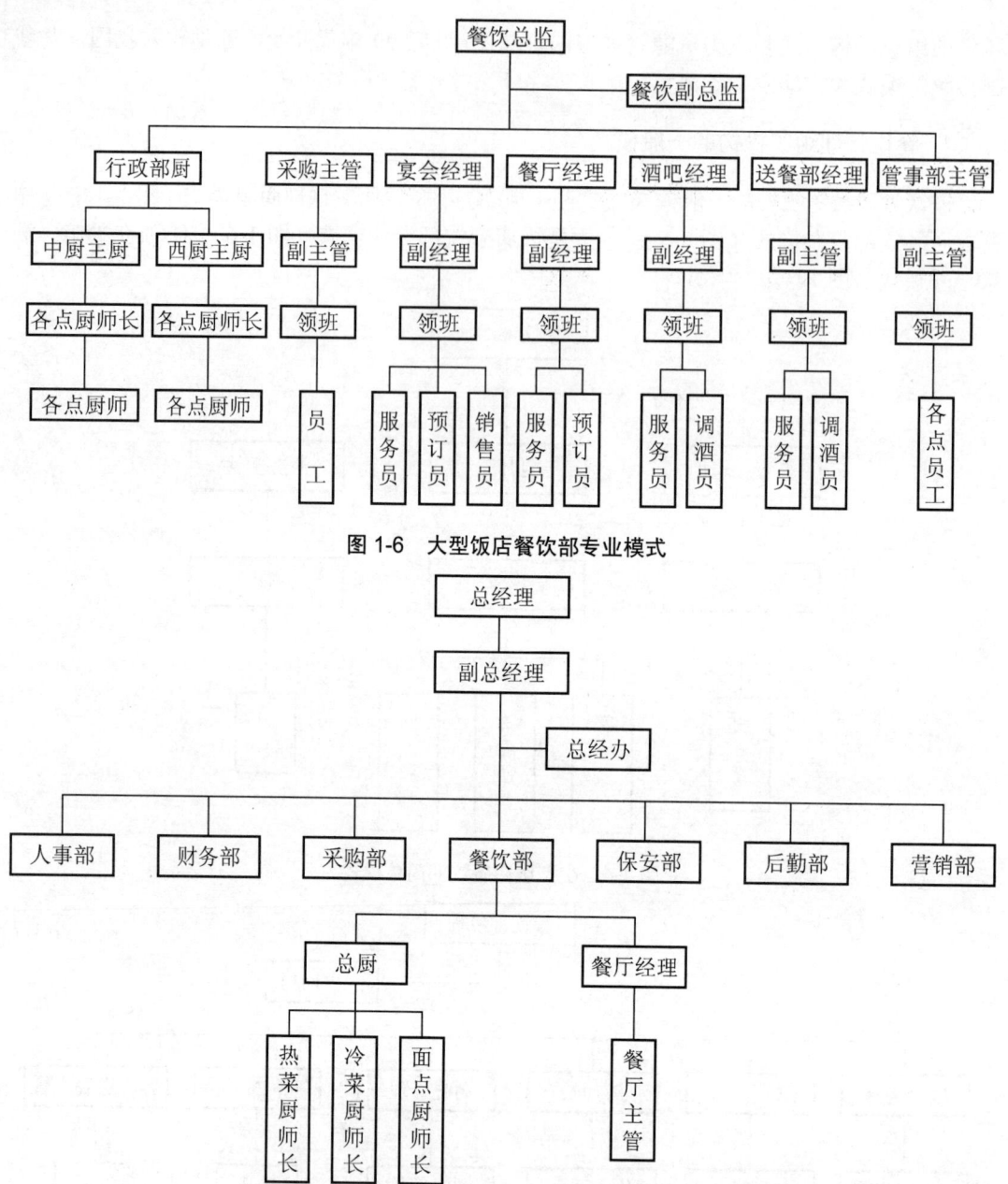

图 1-6 大型饭店餐饮部专业模式

图 1-7 独立餐馆、酒家一般模式

图 1-4～图 1-6 所示的饭店内部餐厅组织结构为直线制，其人力资源管理、财务核算管理、工程动力保障等归属于饭店的其他职能部门，整个饭店实际运行的是直线职能制。图 1-7 是典型的直线职能制机构图。实际上，除了一部分规模较大、机构设置较健全的社会餐饮企业外，大部分的社会独立餐馆有的规模小，有的管理不规范，组织机构往往不健全。家长制、个人说了算，层级较少，误打误撞出扁平化的雏形。这些直线职能制模式，纵向集中统一指挥，横向专业分工协作，长年运转积累了经验习惯，具有集权、稳定、有

效等特点。设总经理、副总经理、部门经理、副经理、主管、领班、员工等从级。金字塔似的多层级结构容易造成人浮于事、效率低下的弊病。横向沟通不畅，应变能力有缺陷。金字塔罩住了所有的员工，人的最宝贵的创新活力不易发挥。新的倒金字塔理论提倡把一级压一级的权力机制土壤化，向各级员工输送养分，激发工作能动性，适应新一代员工自主精神强、服从意识弱的性格特征，体现管理就是服务的观念，塑造满意的员工和满意的宾客，使组织的目标与员工的目标共同实现。当餐饮企业做大做强实施集团化、连锁化发展时，应该改革建立矩阵式的组织管理模式。日常经营中执行对重点宾客个性化、管家式服务任务时，往往打破部门界限，抽调精兵强将组成临时工作班子，实际上已在不知不觉中试验了矩阵制的运转机制。对于餐饮企业来说，一些新型的组织机构模式完全可以在企业中尝试，并非是高不可攀的。

2. 餐饮企业的人员编制

餐饮人员编制根据组织机构中人员分工不同、工作内容不同而变化，基本方法可以按3类不同人员来确定。

1）管理人员编制方法

餐饮部门的管理人员是指主管以上的人员。其人员编制方法主要采用岗位定员法，即根据工作需要来确定岗位设置，然后按岗定人。例如，餐饮部经理、总厨师长或行政总厨各设1人，副职主要根据餐饮规模来确定，主管则要适当考虑倒班和每周五天工作制，在能够照顾业务工作面的前提下，其人员数量宜少不宜多。

2）厨房人员编制方法

厨房用人包括厨师、加工人员和管事部勤杂工3种。其人员编制方法可以劳动定额为基础，重点考虑上灶厨师。其他加工人员可作为厨师的助手，其编制方法是：①核定劳动定额，即选择厨师人员和加工人员，观察测定在正常生产情况下，平均一个上灶厨师需要配几名加工人员才能满足生产业务需要；②核定人员编制，在厨房劳动定额确定的基础上，影响人员编制的多少还有厨房劳动班次、计划出勤率和每周工作天数3个因素。

3）餐厅人员编制方法

餐厅以桌面服务人员为主，包括领位员、跑菜员、酒水员等。选择桌面服务人员，观察测定在正常开餐情况下，每人可接待多少就餐宾客或看管多少个座位。例如，零点餐厅一个服务员可接待20人左右，团体、会议餐厅则可接待30~40人，宴会则每人只能接待1桌宾客，高档次的宴会或西餐扒房每桌宾客就需要配备2名以上的服务员。在看管定额确定的基础上，餐厅定员编制方法与厨房基本相同，其区别是影响人员编制的因素增加了一个座位利用率。餐厅人员编制与人员使用是有区别的。在人员编制的基础上，不同季节的用人多少和日常人员安排还要根据业务经营的繁忙程度来确定。

3. 减员增效与人才竞争

餐饮竞争与其他竞争一样，说到底都是人才竞争。餐饮业是劳动密集型产业，不是高新技术产业，人力资源在数量上，必须严格核定劳动定额，满负荷运转。撤并冗岗冗员，节约人力成本。人力资源在素质上必须加强培训，注重培养一专多用的复合型人才。把合适的人放到合适的岗位上，人尽其才。不同格调的餐饮活动需要不同的服务方式：高档商务宴会需要规范矜持的服务素养；大众快餐消费需要热情麻利的服务素养。招聘员工不是多多益善，也不是清一色的年轻、外表出色为好。竞争上岗、动态管理、工效挂钩、末位淘汰的内部竞争机制，将成为餐饮人力资源开发利用的有效手段。

1.4 餐饮管理的基本理念

1.4.1 细化、量化、标准化管理

中国餐饮管理水平良莠不齐，点多面广，早就被管理科学否定了的经验管理方式还比比皆是。餐饮管理理论界也存在模糊认识，如笼统的定义餐饮产品的无形性、不可量化性等特征，从而迁就了餐饮管理的随意性、经验性，不利于指导和鞭策餐饮管理采取细化、量化、标准化的科学思路和手段。本书着力解剖餐饮产品的有形与无形的二重性，导出餐饮管理实施细化、量化、标准化的可行性。

1. 菜点生产的标准化管理

1）厨房原料加工的量化标准

不同原料需要不同刀法，横、斜、顺、花，可以明确规定成形规范。加工后的原料呈现片、丝、条、块、末等不同形态，可以分别规定明确的规格尺寸。规模较大的餐饮企业，可以将站墩工序集中起来，统一形成切配车间，向下一工序供应切好的原料。餐饮连锁经营当然是标准化配送。

2）厨房配份工序的量化标准

每份菜点的原料总重、主辅料配比，逐一形成标准卡（成本卡），照方抓料，确保准确，达到同一菜点反复出品时，数量质量的一致。

3）厨房炉灶工序的量化标准

蒸、煮、炸等的烹制时间，经测定形成规范，严格执行，限定误差范围，保证菜点火候适宜。各种调味料，事前兑汁，一菜一份，确保咸鲜、甜酸、麻辣各种口味到位，固化下来。避免厨师临时品尝，凭感觉一点一滴的加料调兑易发生的不准、不够、不匀的弊病。

2. 餐厅服务的标准化管理

1）餐前准备、餐后整理的标准

①制定劳动定额、劳动时间、操作程序标准并严格执行；②制定餐台、器皿规格、数量、摆放位置尺寸的规范并严格执行；③制定器皿洗涤、消毒方法（化学药剂浸泡、物理高温蒸煮）与时间的规范并严格执行；④制定餐厅及公共区域卫生保洁、通风换气、空调温度的操作程序及检查标准并严格执行；⑤制定服务人员个人卫生及着装的规范标准并严格执行。

2）餐中服务的标准

①敬语的统一使用，语音的高低，语调的亲切、友好，举手投足的位置与尺寸，站立或鞠躬的姿势与角度等，都形成明确的规定，反复训练，严格执行；②托盘、上菜、派菜、

斟酒、点烟、换烟缸、换骨碟、换香巾、撤空盘等,都规定操作的时机与操作的程序,反复训练,严格执行。

1.4.2 以宾客为中心的管理

1. 长线经济与短缺经济、供方市场与买方市场的转换,决定了餐饮宾客的主角地位

地位变了,思想观念和经营管理方法当然要变。要跟着市场走,跟着宾客的需求变。计划经济下,餐饮企业生产什么就卖什么,宾客没有选择的权利。改革开放以后,餐饮业大发展,宾客有了消费选择的余地。这时的餐饮管理者认识到宾客是上帝,是衣食父母。青岛海尔依据消费者的需求,使洗衣机具备了洗土豆的功能。肯德基尊重中国食客的口味,生产出肯德基式的川味快餐。这两个案例把以宾客为中心的观念和理论,变成了真真切切的实践。餐饮管理应借鉴、努力。

2. 宾客是餐饮生产与服务的组成部分

宾客不点菜,厨房生产就不开工;宾客不消费,前厅服务就不进行。宾客是餐饮业存在的社会基础,是餐饮利润的根本来源,这是餐饮业与宾客的本质关系。我们要提请餐饮管理者增加一个新认识:消费者不仅是餐饮业的宾客,更是餐饮业的同伙。餐饮管理中,对宾客要像上帝一样尊重,更要像自己人一样体贴。宾客是上帝的理念有两点缺陷:一是太虚,二是太远。把宾客当上帝信仰,把宾客当朋友对待,是可取的客服关系定位。

3. 餐饮管理的主要任务就是把宾客吸引到餐厅

工业企业以宾客为中心有间接性,产品可储存,生产可以脱开销售独立进行。商业企业直接面客,但可以展销、直销、登门送货,滞销产品可以向工厂退货。餐饮企业没有这些经营空间和回旋余地,因而也就没有向宾客说不的权利。只有质优价廉,为宾客省钱;只有服务高效率,为宾客省时间;只有热情周到,视宾客为朋友;该考究的要考究,宾客才能有面子……千方百计把宾客吸引到餐厅,是餐饮管理的硬道理。

1.4.3 以人为本的企业文化管理

1. 规范化、标准化管理的局限性

科学管理的优势是以量化、刚性为特征,通过规范化、标准化达到科学管理,是对简单化、随意性的经验管理的否定。采取一系列以负激励为导向的严管严罚措施,可有效约束人的本性中的懒惰、不守规则、爱占小便宜等弱点,大幅度地提高生产率和经营效益。科学管理的弊端是在哲学层面上把人当成"经济人",像对待机器一样对待人,使管理呈现机械性,不利于人的全面发展、自觉奉献、和谐相处。因而,管理无止境,在登上标准化管理的台阶后,要向更高级的人本管理迈进。

2. 超值服务来源于员工的素养

规范化、标准化管理产出规范化、标准化的产品与服务,换得宾客的消费满意。宾客更高级的需求和欲望是超值服务、个性化服务,能够得到这样的服务,宾客就会变成忠诚顾客。超值服务、个性化服务是人性化的,是对宾客的充分关爱,是心灵与心灵的对话。用一句老话来说,就是想宾客之所想,急宾客之所急。它是随机的、灵巧的、开放的、超越规范之上的。只有实施人本管理,塑造服务人员美的心灵和高尚的情操,树立无私奉献、仁爱他人的精神,辅之以规范标准的技能,才能达到完美服务的境界。

3. 严管厚爱,学习创新,打造核心竞争力

严管代表规范管理,厚爱代表人本管理,两相结合,辩证统一,餐饮管理将升华到新境界。在这种理想的管理状态上,人性的优点得以充分张扬,人性的弱点得到有效的抑制。但是,这是一个知易行难的过程。试想,人人都知道"一个不满意的宾客可以影响 10 个宾客的消费选择",餐饮服务不能够向宾客说"不",可每天每日,总有餐饮管理者、服务员、厨师或用恶劣的态度,或用失败的服务,或用劣质的菜点在向宾客说不。自砸饭碗,却偏偏要干。这就说明自觉、自律在隋性、私利面前往往会低头三尺。所以一定要坚持规章制度的他律,用刚性惩罚来追究过失。小球在斜坡上,自然要下滑。严格的管理,就是阻止员工工作质量的下滑,矫正人性的弱点。任何规章都有惩恶不扬善的特点。人本管理重视人性中的亲善之美、和谐之美,给人充分的信任,充分调动人的积极性,建立高度的精神文明,使管理文化转化为感召力,引导员工志同道合、齐心协力地向既定目标迈进;转化为约束力,员工不靠他律靠自律,自觉规范自己的行为合于规章;转化为鼓动力,人人比奉献,争创高效率;转化为调节力,创造人与人之间温馨而又高尚的氛围。组织对员工,员工对组织相互厚爱,必然会转向对宾客的厚爱,超值服务会油然而生。宾客到餐饮企业消费,普遍希求两方面的满足:一是物有所值,规范化、标准化管理可以满足宾客的这一需求;二是精神愉悦和心理满足,超值服务的水平越高,宾客这一需求的满意度就越高。基于宾客消费需求的二重性,餐饮管理必须标准化管理与人本管理两手抓,两手都要硬。一般来说,管理基础较薄弱的餐饮企业,应侧重标准化管理;管理基础厚实的餐饮企业,应侧重人本管理。不同管理理念可以兼蓄并容,由理念延伸出来的管理方式和方法,必须符合实际,有针对性地选择。管理基础薄弱的餐饮企业,如果一味追求人本管理将会涣散藏乱,积乱致祸。管理基础雄厚的餐饮企业,如果拘泥严管重罚,不积极转向人本管理,将会伤害和谐,妨碍创造性的充分发挥。一位饭店管理专家说过:"没有标准化管理,饭店活不了,没有人本管理,饭店长不大。"

本章小结

餐饮业在新的历史条件下,成为直接创造价值的国民经济产业部门,正面临着优先发展的机遇。市场的竞争、消费者的成熟,给餐饮管理提出了越来越高的要求。餐饮产品分为有形的菜点部分和无形的服务部分。餐饮管理要转变简单化、经验化的传统模式,树立以宾客为中心、以人为本的新理念,实施标准化管理。餐饮竞争正在综合着优质产品竞争、科学管理竞争、优秀人才竞争的多层面要素而深化。

关键术语

餐饮业　Catering Industry

餐饮管理　Catering Management

复习思考题

一、选择题

1. 餐饮业的特征有（　　）。
   A. 客源市场的广泛性　　　　　　B. 餐饮产品的风味性
   C. 餐饮服务的差异性　　　　　　D. 对旅游业和国民收入的依赖性
2. 餐饮管理的基本环节包括（　　）。
   A. 厨房生产管理　　B. 前厅服务管理　　C. 餐饮营销管理　　D. 成本费用管理
3. 餐饮管理的基本理念包括（　　）。
   A. 规范化、标准化管理　　　　　B. 以顾客为中心
   C. 以人为本　　　　　　　　　　D. 细化、量化管理

二、简答题

1. 餐饮业的基本概念是什么？
2. 餐饮管理组织机构的一般模式包括哪几种？
3. 餐饮业的地位与作用体现在哪些方面？

实际操作训练

对本市著名的餐饮企业进行实地考察，具体说明"餐饮业不仅是旅游业的重要基础设施，而且是重要的文化旅游资源"。

第2章　餐饮经营准备

❀本章知识要点❀

知识要点	掌握程度	相关知识
餐饮市场调研	重点掌握	（1）餐饮市场调研的目的意义 （2）餐饮市场调研的内容 （3）餐饮市场调研的方法
餐厅选址	掌握	（1）餐厅选址的依据——商圈分析与选择 （2）餐厅选址应考虑的因素
指标核算	熟悉	（1）餐饮筹建期投资额估算 （2）餐饮经营期指标测算 （3）投资决策分析
餐厅的设计与布局	熟悉	（1）餐厅的功能布局 （2）餐厅的风格设计、色彩照明设计、陈设装饰设计

❀本章技能要点❀

技能要点	掌握程度	应用方向
餐饮市场调研的内容和方法	重点掌握	餐厅筹备期间的市场调研活动
餐厅选址应考虑的因素	掌握	餐厅筹备期间的选址问题

导入案例

2014年2月26日，国内首家登录资本市场的民营餐饮企业湘鄂情餐饮管理有限公司（以下简称湘鄂情）在京宣布，将改变以往中高端市场定位，全力进军大众餐饮市场。

湘鄂情董事长孟凯表示：湘鄂情将取消最低消费、包间服务费等收费项目，通过停售高端菜品、调整高中低档菜品比例、以超市价销售酒水等方式来降低"门槛"，走亲民路线。据了解，大众餐饮服务、快餐及团膳将成为湘鄂情未来的发展重心。

当日下午，在湘鄂情西单店，饭店东楼二层的一角设立了"平价酒水超市"，超市里只卖酒水、饮料，价格基本与普通超市持平。这意味着湘鄂情将舍弃以往在酒水销售上的高昂利润。湘鄂情西单店负责人介绍，平价酒水超市可以改变客人自带酒水的现象，虽然酒水的利润让给了消费者，但薄利多销的模式也能弥补酒水上的损失。他表示，除了平价酒水饮料，今后在湘鄂情的超市里还可以买到有机农产品、半成品餐等。

除此以外，湘鄂情还取消最低消费和服务费、包间费等收费项目。

孟凯表示，为开拓家庭聚会、朋友、婚宴、寿宴、亲子宴等大众消费市场，湘鄂情将调整消费层次结构和产品结构，停售高端海鲜类菜品，主打平价海鲜、湖鲜及河鲜；调整部分菜品、果汁销售价格及高中低档菜品比例，以吸引普通大众消费群体。

据了解，高端菜式将在湘鄂情逐步消失。

湘鄂情舍弃高端餐饮路线的系列举措，抛弃了以往单个顾客消费高昂利润的盈利模式，其目标指向增加消费群体、提升翻台率，以量换质的模式。

孟凯表示，湘鄂情此次调整经营方向，正是为了适应中央"厉行勤俭节约，反对铺张浪费"的举措，目的是追求单位面积的营业额。"菜价降低，消费群增加，营业额并不一定会下降。"

除了走大众餐饮路线外，孟凯在湘鄂情的转型方向上进一步表示：一是向团膳发展，让学校、医院、企业、机关等团体消费者吃上好的、放心的中餐和晚餐；二是向快餐发展，让中式快餐能够进行工厂化生产，能与洋快餐竞争，并将冷链系统等食品安全管控措施全面推广，倾力打造中国餐饮安全新标准；三是产品链条向食品加工业延伸。

2013年2月27日，有消息称湘鄂情"正进行大规模裁员"。该消息援引湘鄂情副总裁兼董秘李强签发的一份文件称，"由于公司生产任务不饱和，自2013年3月1日起，至2013年6月30日止，湘鄂情集团中餐事业部和大兴工贸公司各分子公司、加盟店需安排不低于店内编制人数30%人员进行轮岗轮休。"一直以来，湘鄂情被认为是餐饮市场中的"高端品牌"。但中央有关部门提出八项规定和厉行节约反对浪费的要求以来，部分高端餐饮企业的经营和高端白酒的销售出现大幅度下降。商务部2月20日公布的抽样调查显示，高档餐饮企业的营业额，北京大概下降了35%，上海下降超过20%，宁波下降了30%左右。同时，春节前后，包括春节期间，各地高档酒店的高档菜肴销售明显下降，像燕窝、鲍鱼这类产品下降40%左右，鱼翅下降70%以上，高档酒店的食品礼盒销售额下降45%等。

讨论题

1. 该案例中，以往以中高端商务宴请为定位的湘鄂情餐饮企业的外部生存环境发生了什么变化？

2. 为此湘鄂情都做了哪些经营方向上的调整和具体举措？
3. 市场调研与餐饮经营准备的重要性和意义是如何体现的？

评析

随着中央实施"厉行勤俭节约，反对铺张浪费"的举措，高端商务消费大幅下降，高档餐饮企业的营业额明显减少，行业环境发生变化。作为中高端商务宴请为主要客户群的湘鄂情餐饮企业面临着客人减少、销售量和营业额下滑的问题。为此，湘鄂情进行了经营方向上向大众餐饮市场转型的调整，停售了高档菜式，取消了最低消费和服务费、包间费，降低菜价，产业链条向团膳、快餐和食品加工业延伸，并且短期内还进行了一定人员的轮岗换休。这些举措都来自企业对外部生存环境变化所做的快速反应，这与充分的市场调研和餐饮经营准备是离不开的。

2.1 餐饮市场调研

餐饮企业在经营过程中，需要经常进行市场调研活动，如新开一间分店、在异地投资，或投资经营不同风味菜式的餐厅酒楼，都需要做市场调研，目的是知己知彼，将投资风险降到最低，为企业找到正确的经营方针。进行餐饮市场调研时，首先要根据调研的目的确定所需的信息内容，再根据要收集信息的特征选择适当的调研方法。

2.1.1 餐饮市场调研的目的意义

市场细分和餐饮定位在餐饮经营中具有举足轻重的地位。市场是庞大的、变化莫测的，定位之前必须对市场进行充分的调研，根据消费者的不同需求将整个市场进行细分，确定目标市场，再根据目标市场的需求、竞争等状况等进行餐饮定位，从而确定餐饮经营范围和餐厅的规模档次，进一步据此进行餐饮形象、餐饮产品、餐饮服务标准和餐饮营销策略的设计。餐饮市场调研是市场细分和市场定位的基础，是产品适销对路的必然要求，是餐饮企业在激烈竞争中取胜的关键，是餐饮企业生存发展的需要。众多实践证明，一家餐厅或者一个餐饮企业经营之初，都需要展开详细可靠的市场调研，进行科学的可行性研究，以保证将来投资的营利性。餐饮市场调研的数据和结论的准确程度，将关系到后续一系列环节的成败。

1. 市场细分

市场细分和目标市场选择，就是按消费者的不同欲望、需求、消费特点等因素，把所有消费者划分为若干个具有相同需求和消费特点的消费群体，进行分析研究，选择其中一个或几个消费群体作为经营的目标市场。

餐饮市场细分的依据是顾客的需求差异性，而需求的差异性众多，究竟按哪些标准进行细分，没有固定不变的模式。较为常见的细分依据是地理位置、顾客年龄、消费水平、购买行为四大类。

1）按地理位置细分

通常处于不同地理位置的顾客对同一类产品具有不同的爱好和需求，如鲁菜偏咸、粤菜偏甜、川菜偏辣，餐厅经营者根据消费者所处的地理位置、气候、地形等因素细分市场，选择其中一个或几个细分市场作为目标市场。例如，国内顾客可细分为东北、华北、西北、中南、华南、华东、西南、港澳台同胞市场。

2）按顾客年龄细分

不同年龄阶段的顾客对产品的需求、消费特点存在较大差异，如年轻人喜欢尝试新鲜口味，老年人更注重养生，偏爱易消化的食物。根据这一差异，可细分为老年、中年、青年、儿童等市场。

3）按消费水平细分

按消费水平细分是历来餐饮业所采用最多的一种依据。顾客的需求受很多种因素的影响，除了个人偏好之外，产品的价格和顾客的消费能力也是两个重要的因素。按不同的消费水平，餐饮企业可以将市场划分为高端市场、中端市场和大众市场。在此基础上，再进行餐饮产品设计与定价、确定服务标准和营销策略等将会更加游刃有余。

4）按购买行为细分

按购买行为细分即以顾客对产品的认识、态度、消费习惯、购买目的等为依据划分。例如，按使用动机可将市场划分为商务、家庭消费（包括婚庆）、旅游接待、会议、外卖等市场。

2．目标市场选择

餐饮的目标市场选择应充分考虑经营者的自身实力和竞争对手的状况，以顾客为中心，对市场容量及餐饮需求的趋势进行分析，选择那些市场份额大、有发展潜力并且暂时未饱和的细分市场。目标市场选择的原则如下。

1）避强就弱原则

经营者应有意识地根据自身的接待能力而进行市场选择，尽量避开过于强大的竞争对手，把主要的精力放在具有相当规模、能给本餐厅创造经济效益的顾客群体上。

2）避实就虚法则

避实就虚是利用竞争对手市场定位的偏差或疏漏对目标市场进行定位。这就要求经营者必须了解市场竞争对手的主要定位方向，要熟悉客源市场的构成，能够分析现在市场的变化及变化的趋势，从而掌握定位的灵活性，做到能吸引不同类型的顾客。

3）由此及彼法则

以树立餐饮品牌形象、确立知名度、美誉度为前提条件，即经营者在确定了某一目标市场之后，期望由此目标市场给餐饮品牌带来新的目标市场。这种方法的关键在于餐饮环境、服务质量，以及对常客提供的优惠措施等。

3．市场定位的内容

市场定位是指企业为其产品确定市场地位，即塑造特定品牌在目标市场心目中的形象，使产品具有一定的特色，适合一定顾客的需要，并与竞争者的产品有所区别。

市场定位包括以下几个方面。

1）餐饮形象定位

餐饮形象是指餐饮在目标市场中的可视形象，包括餐饮建筑外观、名称、标志、标准字体、标准色等。所有这些视觉因素，直接影响人们对餐饮档次的划分和对餐饮形象的评价。

通过对比肯德基与绿茵阁餐厅，我们感受到这两家餐厅都属于西餐，色彩都很明快，简洁大方。肯德基的标准色以红色为主，绿茵阁餐厅以绿色为主，尽管都属于西餐厅，但人们不会把两者混为一谈，因为它们的标准色有着较大的差异。从建筑物上看，绿茵阁餐厅的建筑物规模更大，也更加气派精致，的确，绿茵阁餐厅供应的是西餐的正餐，而肯德基供应的是西式的快餐。

2）产品定位

鱼翅、海参的精工制作显示产品的档次，市场形象就是高档产品，小笼包、咖喱鸡饭显示出的就是快餐的形象，主要满足低端市场与快节奏的需求。龙虾的创新制作除显示高档菜品外，还显示了不同于其他龙虾产品的特色，树立了有别于其他龙虾产品的市场形象。

3）价格定位

价格定位与很多种因素相关，如餐饮企业目标市场的需求、企业的赢利目标、企业所处餐饮市场的竞争程度、企业的经营成本和企业的营销策略等。如果餐饮企业选择的目标市场是高端商务客人，追求宴请的高规格和高质量，同时，企业的盈利目标是利润导向，企业所处的竞争环境比较宽松，那么，采取高价定位方法不仅有利于客户对于档次和品质的需要，也有利于企业形象的塑造和追求利润这一目标的达成；反之，亦然。如果一个餐饮企业选择的目标市场是大众餐饮市场，顾客追求经济实惠、方便快捷的菜品和服务，同时，市场竞争比较激烈，企业的营销策略希望短期内迅速占领市场，那么，减少高价菜品的数量，采取更有竞争力的价格将是最好的选择。

4）服务标准定位

快餐、零点、宴会的服务标准是不一样的，普通宴会和国宴的服务标准是不一样的，中式快餐和西式快餐的服务标准也是不一样的，中高端市场和大众型市场的服务标准更不一样。服务标准的定位要考虑目标市场的需求特点、餐饮类别、规模档次、产品特点和环境风格等很多因素，而这些的前提都离不开市场调研。

5）营销策略定位

市场调研可以为企业提供大量的数据，让企业了解自己的内外部环境、了解自己的客户群体、了解自己的竞争对手。大量的市场调研可以帮助企业更好地解决以下几个问题，从而营销策略迅速精准的打动客户。

Who：餐饮经营的市场消费者是谁？

What：客源市场中消费者的需求是什么？

Why：为什么买？消费者的消费动机是什么？

When：消费者的消费时间段是什么？何时推销？

Where：消费群体的区域分布？在哪里宣传推销产品最有效？

How：怎样吸引消费者购买？

2.1.2 餐饮市场调研的内容

餐饮市场调研的内容十分广泛，企业因调研的目的和要求不同，其调研的侧重点也有所不同。通常餐饮市场调研的内容主要涉及以下 5 个方面。

1. 市场环境调研

餐饮市场环境通常包括目标市场的宏观经营环境、行业环境、自然地理环境和社会环境。

1）宏观经营环境

（1）国家政局的稳定性、治安状况和法律环境。

（2）当地的经济发展水平、发展方向。

（3）当地居民的收入状况、消费水平、消费结构和消费趋势。

2）行业环境

（1）政府对饮食服务行业的相关政策、法规、税收及其他规定，如行业政策、价格税收政策、消费者权益保护法、环境保护法、广告法、食品卫生法等。

（2）原材料、劳动力资源、能源的供应情况及其来源的稳定性。

（3）商业繁盛情况和商业化的趋势与潜力。

3）自然地理环境

（1）区域的地貌、政治区域、城市的中心地带。

（2）交通、邮电、旅游、港口和城市建设等动态信息。

（3）与原材料和能源供应相关的自然气候、地理条件等。

4）社会环境

（1）当地的生活方式、饮食风俗和消费习惯及其变化。

（2）地区人口数量、地理分布、流动性、人口结构、团体单位的数量及类型等。

（3）社会的历史、文化、价值观及变化趋势。

（4）国际交往，主要食品原料生产流通。

通常考察目标市场的主要经济指标有以下几个。

（1）企业所在市场当年的国内生产总值，以及历年的数据。

（2）该市场的投资状况。

（3）对餐饮市场影响较大的旅游方面的数据，特别是一年来接待的游客数量，以及是呈发展趋势还是衰退趋势。

（4）把当地城镇居民人均可支配收入、全市职工平均工资、提供餐饮消费的收入比例，作为餐厅定价的参考依据。

（5）全市人口统计数量，包括非农业人口及农业人口数量、用来预测餐厅的客流量的大小，以及该地居民的消费水平和消费能力。

2. 市场需求调研

餐饮经营目标的确定依赖于对市场需求的了解。餐饮企业的消费者形形色色，民族、职业、性别、年龄、地域、口味各不相同，为了制定切实可行的经营目标，要对餐饮市场的消费需求进行调查。调查内容如下。

（1）消费者喜欢选择什么样的餐厅？

（2）菜单上应该有什么项目？

（3）消费者喜欢什么时间来就餐？

（4）消费者的消费动机是什么？

（5）消费者认为适宜的菜肴分量是多少？

（6）消费者能够接受的价位水平是多少？

（7）最受欢迎的饮料是什么？

（8）客人偏爱的装潢和流行色等是什么？

（9）消费者在餐厅有什么娱乐需求？

3. **餐饮产品调研**

餐饮产品调研是餐饮企业客观认识自身生产水平、准确定位的依据。餐饮产品调研主要从以下几方面进行。

（1）产品品种调研。了解本行业现有品种、特色、结构、消费者的认可程度、市场的流行品种、稀缺品种，现有产品在市场上的销量、销售效果及市场占有率等。

（2）产品质量调研。如产品外观形象、气味、内在品质、口感味道、加工水平、服务、卫生、环境等，了解进货渠道及运输、库存方面的知识。

（3）产品价格调研。如消费者对现行价格的接受程度、各类差价的合理性、价格对成本的反映程度、价格的市场竞争力、价格的变化趋势及利润高低等。

（4）产品新用途调研。如原有产品的新用法、新效能、新的适用范围、新的消费群体等。

（5）产品发展调研。如产品生命周期状况、市场占有率、销售潜力、对新产品的评价等。

4. **市场竞争调研**

对市场竞争进行调研的目的在于了解行业竞争情况，分析竞争形势，从而避免盲目开店，以致造成经营的失败，如了解竞争者的数量、规模、分布等基本情况；了解竞争者的竞争能力和优势、劣势；了解竞争者的发展方向和发展潜力；了解潜在竞争者的情况等。最大限度地掌握竞争对手的情况，有助于我们制定切实可行的经营策略，处于竞争的优势地位。

具体而言，市场竞争调研，首先要从了解所处地区的餐饮业整体状况开始。

（1）所在地餐厅（餐厅）的总数量，高、中、低档的比例。

（2）各类型餐厅的地理分布图。

（3）餐厅经营的发展趋势。

（4）大多数餐厅的经营状况。

其次，主要是对直接竞争者进行调查。直接竞争者包括：一是与本餐饮企业处于同一地段的其他餐饮竞争者；二是与本餐饮企业经营范围和目标顾客相似，提供类似产品和服务的竞争者。仔细搜索你的直接竞争者，然后详细调查下列内容。

（1）名称、类型、地理位置、总数量。
（2）面积与座位数，每餐的座位周转率。
（3）店面及内部装潢状况。
（4）营业时间、日营业高峰期。
（5）主要顾客类别。
（6）菜单及菜肴品质。
（7）人均消费额。
（8）服务状况。
（9）雇员工资。
（10）其他（营业年数、促销手段等）。

根据上述调查内容，可估算出竞争对手的销售收入，了解其经营状况。获得基本数据和情况以后，还要分析竞争对手经营成功的因素和惨淡经营的原因，竞争者的优势和缺陷是什么，与竞争者相比本企业有何特色与优势。这对确定新建餐厅的经营策略十分重要，通过对餐饮市场竞争环境的分析，不仅可以借鉴他人的长处和经验，更可以以此为依据判定企业的竞争策略，从而达到"以己之长克人之短"的效果。

5. 市场营销调研

餐饮市场营销调研主要针对销售渠道和促销方式展开。

1）销售渠道调研中需要了解的内容
（1）餐饮企业的主要销售渠道有哪些。
（2）各种分销渠道的特点和效用如何。
（3）中间商的经营能力如何、消费者对其评价如何。
（4）本地区团体购买者的规模及消费潜力等。

2）促销方式调研中需要了解的内容
（1）消费者对现有促销方式的反映如何。
（2）适合本特色餐饮企业产品特点的促销方式与活动有哪些。
（3）最适合本企业产品及消费对象的广告媒体是什么等。

当一系列营销策略确定并实施后，对营销管理人员来说并非万事大吉，还要对各个阶段取得的效果进行调研，取得实际资料后与预期目标做对比，得出修改或坚持原策划方案的决定。

2.1.3 餐饮市场调研的方法

餐饮企业市场调研的方法与企业通行的市场调研法相似，内容上有所不同，常用的方法很多，最主要的有询问法、观察法、资料调查法等。除此之外，还有委托法和实验法等。委托法是指企业委托调查机构进行资料信息收集，再整理出对企业有用的信息，从而决定企业的投资意向、经营策略、定场定位等。实验法就是在一定条件下进行小规模的实验，通过观察、询问、分析，了解其发展趋势的一种方法。例如，餐厅将个别菜肴的价格调高或调低，观察或访问消费者的反映，来判断价格变动后对销售量的影响。

1. 询问法

询问法是用询问的方式收集市场信息资料的一种方法，它是调查和分析消费者购买行为和意向的最常用的方法。询问一般是要求被询问者回答有关的具体问题，如对菜肴的口味、价格、服务、质量、上菜速度等方面的意见或建议。

1）询问的问题

询问时要避免用自己的观点影响调查对象。问题要简洁、明确，不能含糊其辞、模棱两可。问题可以包括开放式问题、封闭式问题。

（1）开放式问题。调查人员提问，被调查者自由回答。例如：你喜欢餐厅哪些方面，不喜欢哪些方面？你对餐厅服务有什么意见和要求？等。

（2）封闭式提问。

① 是非法。如：你对餐厅环境满意吗？
□是　　　　　　　□否

② 顺位法。如：请你按 1～4 顺序圈出你喜欢的菜肴。
□咸鱼豆腐煲　　　□臭豆腐煲　　　□海鲜豆腐煲　　　□牛肉粉丝煲

③ 对照法。如：你光临本餐厅的原因是：
□价格合理　　　□菜肴合口　　　□环境舒适　　　□服务周到　　　□交通方便

④ 多项选择法。如：你光临本餐厅的原因是：
□价格合理　　　□菜肴合口　　　□环境舒适　　　□服务周到　　　□交通方便

⑤ 量度答案法。如：某餐厅的上菜速度：
□非常快　　　□有点快　　　□中性　　　□有点慢　　　□非常慢

2）询问的方法分类

（1）问卷调查法。问卷调查法是运用问卷的形式，选取某一单位或一部分人，每人按问卷要求，在规定的时间内进行回答，由调查者按时回收，进行整理汇总，以取得市场信息。这种调研方法的优点是对象广、调查的面积大，被询问者有较充裕的时间考虑答案，费用较少。但是，问卷的回收率一般较低，而且不适宜调查较为复杂的问题。

很多餐厅将容易引起顾客不满并带有普遍性的问题设计成问卷，放在餐桌上，让客人在就餐时主动填写。这样既可以使顾客有意见能随时提出，便于企业随时改正，客人也会有较长的时间用问卷上的问题来观察餐厅，所以，这样收回的意见或建议具有真实性和积极意义。

（2）访问面谈法。访问面谈法就是调查人员直接访问被调查者，进行面对面的交谈来收集市场信息。这种方法的优点是当面交谈，不受问卷的约束，比较灵活，可以在交谈中互相发现、互相探讨，容易获得更深层次的信息和资料，并能增进了解，发展与顾客的关系。缺点是费时，调查结果受调查人员素质的影响。因此，这种调查事先要拟好提纲，并能控制谈话的局面。

（3）电话询问法。电话询问法就是通过电话询问被调查者问题或征求意见。这种方法主要用于对团队客人和订餐客人的调查。优点是方便迅速、费用低，但缺点是受时间限制而不能询问比较复杂的问题。

2. 观察法

观察法是在被调查者不知情的情况下，由调查人员到调查现场进行观察和记录其行为的一种调研方法。

观察法的优点是用旁边观察来代替当面询问，使被调查者不感到自己是被调查，从而获得更加客观的第一手资料，另外，对于一些不宜询问的内容可以采取观察法，如餐厅门前的客流量、车流量、就餐人数、每桌的就餐人数等。观察者可以是市场调查人员，也可以是服务人员，也可以借助辅助手段，如摄像机、照相机等。

观察法又可分以下几种。

（1）直接观察法。直接观察法就是由市场调查人员直接到现场观察消费情况，以取得所需的信息。例如，餐厅服务巡视中注意客人的表情神态，菜肴食用情况，或观察竞争对手的设施、价格、菜肴品质、陈设、灯光、服务水准等。

（2）实际测量法。实际测量法是对某项市场营销活动的效果进行实际的测定，以取得信息。例如，打折以后的就餐人数、酒水免费以后的翻台率或经营收入的变化情况等。

（3）行为记录法。行为记录法是由调查人员用特定的方法，把被调查者在一定时间内的行为记录下来，再从记录中找出所需的信息资料。例如，消费者点菜的时间、人均菜肴数量、就餐的时间等。

3. 资料调查（分析）法

1）资料调查法

资料调查法是利用内外部现成资料，运用统计的方法对调查项目进行分析的一种调查方法。这是一种间接的调查方法，可以弥补直接调查的不足，简便易行，节省人力和财力。但是资料分析法所依据的是历史资料，现实正在发生变化的各种因素可能不容易捕捉到。

资料调查法首先至关重要的一步就是找到所需信息，并尽量确保其全面、翔实。资料主要有两个来源。

（1）二手资料。可分为行业内部资料和行业环境外部资料。行业内部掌握着大量的二手资料，如预订单、客户档案、顾客意见调查表等。通过对行业内部资料的分析可获得多种情报，如从过去的销售资料中可得知哪些餐饮产品更受顾客欢迎，为未来产品开发提供参考。所以，行业内部资料可以说是最有效的资料。外部资料主要来自政府发布的有关信息文件、统计公告、行业协会发布的业内信息，以及报纸、杂志、书籍等登载的有关信息。收集二手资料所需时间短、经费少，能初步确定调查方向和重点，有助于更有针对性地收集原始资料。

（2）原始资料。为了本次调查目的，直接从调查对象处收集的信息。

2）资料分析法

找到资料以后需要对数据进行分析整理。资料分析法常用的形式有以下两种。

（1）发展趋势分析。即将过去的资料积累起来进行分析对比，进行合理的延伸以分析发展的趋势。例如,通过对全国餐饮业近 5 年的年营业收入情况的统计分析,能得到全国餐饮业营业收入的增长趋势。

(2)相关分析。为求得某一变量与另一变量之间的关系可以分析正、负相关因素。例如,市场的烹调原料的涨跌,势必影响到菜肴的价格。如果菜肴的价格不变,势必影响到毛利率或利润率。又如,餐厅门前修路可能会影响餐厅的营业。像这样由一种因素的变化而引起了相关因素的变化的情况,是调研中常遇到的问题。

2.2 餐厅选址

知识链接 2-1

肯德基商圈调查

决定中国肯德基发展如此成功的 3 个因素是,"地理位置,地理位置,地理位置。"曾经有人说过:"类似的行业选址的时候跟着肯德基和麦当劳走就不会错。"的确,肯德基的成功离不开其科学的商圈分析,以及以此为基础的选址策略。

肯德基科学的选址策略与商圈分析,是肯德基在中国市场成功的第一步。肯德基在进入某个城市之前,要做的第一件事就是通过有关部门或专业调查公司收集这个地区的资料。然后,根据这些资料开始划分商圈。商圈规划采取的是记分的方法。例如,这个地区有一个大型商场,商场营业额在 1 000 万元算 1 分,5 000 万元算 5 分,有一条公交线路加多少分,有一条地铁线路加多少分。通过打分,把商圈划分成好几大类,以北京为例,有市级商业型(西单、王府井等)、区级商业型、定点消费型,还有社区型、社区商务两用型、旅游型等。

在商圈的选择上,既要考虑餐厅自身的市场定位,也要考虑商圈的稳定度和成熟度,肯德基的原则是,一定要等到商圈成熟稳定后才进入,以规避风险。确定商圈之后,还要考察这个商圈内最主要的聚客点在哪里。例如,北京的西单是个成熟的商圈,但不可能西单任何位置都是聚客点,肯德基的目标是:力争在最聚客的地方开店。在这个区域内,人的流动线是怎样的、人从地铁出来后是往哪个方向走等,都要派人去掐表测量,然后将采集来的数据输入专用的计算机软件,就可以测算出能否在此地开店、投资额最多不能超过多少。事实上,商圈分析的结论是肯德基选择是否进入的主要依据。

案例评析

肯德基科学的选址策略与商圈分析,非常值得我们的餐饮企业借鉴。从肯德基利用商圈分析进行选址的成功案例可以看出,商圈分析是餐厅选址的重要依据。本案例中,肯德基在商圈分析中,既考虑了商圈的稳定性和成熟度,倾向于选择成熟的商圈规避风险,同时又充分考虑商圈的类型、特征和聚客点的位置,再根据餐厅的自身市场定位,最终选取合适的地址。由此可见,商圈分析中需要考虑很多影响因素。

2.2.1 餐厅选址的依据——商圈分析与选择

商圈是指店铺对顾客的吸引力所能达到的范围，即来店顾客所居住的地理范围。餐饮企业所在的位置就是商圈的轴心点。对商圈的分析和选择，需要考虑以下几个因素。

1. 餐厅的市场定位

在选址前，就要明确餐厅的经营定位，是要开一家什么经营类型的餐厅？中餐、西餐、火锅、快餐还是休闲餐饮？主打产品是粤菜、川菜、湘菜还是鲁菜？餐厅的特色是什么？在消费群体的定位上，主要针对哪个层面？在投资上是高档、中档还是大众化餐厅？不同的市场定位，目标客户群不同，在选址上肯定有所区别。

根据资料显示，美国13岁以下少年儿童平均每周吃7.9个汉堡包，美国家庭每4次外出就有3次是儿童决定在哪里就餐。孩子与家庭是中国肯德基的第一目标群，所以肯德基餐厅在中国出现频率最高的3个地方分别是中小学附近、车站附近和大型的商场附近。在学校附近建立肯德基店说明，餐饮行业首先要选定自己的目标客户群体，然后对客户群体进行分析，选择他们最有可能消费也最经常重复消费的地方建立自己的餐厅。

因此，必须根据自己的定位来选择未来餐厅的区域和地点，结合选定的地点进行综合考察和分析后做出适当的调整，这样才能够打造出让目标消费者中意的就餐场所。

2. 餐饮业商圈的特性

（1）区域差异性大。同一个地区存在两个或多个相同的商圈的概率是非常低的，不同商圈内顾客群不同，顾客的消费方式、消费行为、消费习惯和餐饮需求都不相同。

（2）餐饮消费需求变化快。餐饮行业消费者追求口味的多样化，选择不同类型的餐饮企业聚集的商圈，可以为消费者提供更多的选择，充分利用商圈的价值。

（3）餐饮业消费者忠诚度低。消费者忠诚度低，决定了餐饮企业一定要占据商圈中的最有利位置，即所谓的聚客点，选址时一定要考虑人流的主要动线会不会被竞争对手截住。

3. 商圈的成熟度和稳定性

通常，评价一个商圈成熟和稳定性的标准有很多，如商场、写字楼、购物娱乐场所的多少、交通的便利程度等，其中最重要的就是人气。考察这个商圈是新规划建成的还是由传统集市改造而成的，一般来说，传统集市改造而成的商圈有人气基础，发展会相对较为迅速；商圈的级别也是考察的因素之一，如果商圈是市级核心商圈，其辐射面积大，就意味着潜在市场巨大，而区级核心商圈则相对要逊色一些。

其实，评估一个商圈是否成熟还有一个简单的方法：著名连锁店和品牌店是否进驻。例如，餐饮业的标志品牌是麦当劳、肯德基，在服装业的标志品牌就是佐丹奴、G2000等，该类型的商户在选择店址前，已做过大量细致的市场调查，如果商圈不成熟，它们不会进驻。针对专业性强一点的商圈，具体如何衡量商圈的成熟性，就要从行业最具影响力的商家是否进驻方面入手。

知识链接 2-2

成熟的商圈——上海淮海路商圈

淮海路商圈是一个非常成熟、也是上海历史悠久的商业圈，其中购物中心林立，有许多大型的商务楼。地铁一号线在这里有 4 个停靠站点，交通非常便利，再加上附近的交通线路也很丰富，吸引了大量的人流。同时，淮海路商圈也是上海外企最集中的地方。淮海中路新天地路段更是上海甲级写字楼最集中的区域之一，如瑞安广场、中环广场、香港广场、新华联商厦等都是沪上著名的写字楼，淮海国际广场等甲级写字楼在淮海中路、陕西南路地区的落成，吸引了中外许多企业入驻。

对于不成熟的商圈又涉及两种较为普遍的状况：一是中心城市的不断延伸及卫星城的大量兴起，使得一大批边缘地区的餐饮商圈迅速崛起而产生大量商机；二是中心城市的"空心化"现象，使本就成熟的餐饮商圈缺乏上升动力甚至是处于不断萎缩之中。这两种情况在同一城市有可能同时发生。可见，不成熟商圈会通过发展变成成熟商圈，同样，成熟商圈一旦空心化也会变成不成熟商圈。

4. 商圈的半径距离

餐厅所在的位置就是商圈的轴心点，应该了解轴心点所在街区的情况、交通状况和具体位置。为了由地点定位繁衍出区域定位，必须通过半径标志，准确地画出各层商圈，即以店铺位置为轴心，以习惯性的一定距离为半径，画出商圈。国际上习惯性商圈的半径标准见表 2-1。

表 2-1　国际上习惯性商圈的半径标准

商　圈	交通工具特征	距离半径/米	时间/分	时速/千米
核心商圈	徒步圈	600	10	4
次级商圈	自行车圈	1 300	10	8
边缘商圈	汽车圈	6 000	10	40

对处在不同地区的餐厅来说，商圈的半径距离各有不同，要受当地人口密度、附近竞争餐厅、餐厅供应的菜肴差别、交通方式、餐厅声誉等因素的影响。而在大城市的市中心，餐厅的商圈半径通常只有两三条街道的距离；在市郊，则可能是十几千米的距离。另外，对于不同地区的餐厅，不同商圈顾客市场的份额不同。一般来说，一家餐厅顾客群中心核心圈的顾客占 55%～70%，次级商圈的顾客占 15%～25%，边缘商圈的顾客则较为少见。

影响餐饮业商圈半径距离的因素有很多，总结如下。

（1）当地人口密度。例如，餐厅所覆盖范围的总人口数、家庭数；餐厅所在区域的学校数、事业单位数、写字楼或者商场的数量；平时及节假日餐厅商圈的人流量等。

（2）周围构成竞争类餐厅或互补类餐厅的数目及其营业时间。

（3）单店供应菜品的吸引力。

（4）顾客交通方式。
（5）单店声誉。
（6）地区经济发展水平。
（7）消费者饮食消费习惯。
（8）消费娱乐的群聚效应。
（9）单店的地理位置。
（10）单店服务与产品的创新力度。

5. 聚客点的测算与选择

1）要确定这个商圈内最主要的聚客点在哪

过去古语说"一步差三市"。开店地址差一步就有可能差三成的买卖。这跟人流动线（人流活动的线路）有关，可能有人走到这该拐弯，则这个地方就是客人到不了的地方，差不了一个小胡同，但生意差很多。这些需要测量一套完整的数据之后才能据此确定地址。

例如，在店门前人流量的测定，是在计划开店的地点掐表记录经过的人流，测算单位时间内多少人经过该位置。除了该位置所在人行道上的人流外，还要测马路中间的和马路对面的人流量。马路中间的只算骑自行车的，开车的不算。是否算马路对面的人流量要看马路宽度，路较窄就算，路宽超过一定标准，一般就是隔离带，顾客就不可能再过来消费，就不算对面的人流量。

2）选址时一定要考虑人流的主要活动路线会不会被竞争对手截住

人流是有一个主要活动路线的，如果竞争对手的聚客点比本餐饮企业选址更好的情况下就有影响。例如，北京北太平庄十字路口有一家肯德基店，如果往西100米，竞争业者再开一家西式快餐店就不妥当了，因为主要客流是从东边过来的，再在那边开，大量客流就被肯德基截住了，店铺效益就不会好。

3）聚客点选择影响商圈选择

聚客点的选择也影响到商圈的选择。因为一个商圈有没有主要聚客点是这个商圈成熟度的重要标志之一。例如，某新兴的居民小区，居民非常多，人口素质也很高，但据调查显示，找不到该小区哪里是主要聚客点，这时就可能先不去开店，当什么时候这个社区成熟了或比较成熟了，知道其中某个地方确实是主要聚客点才开。

2.2.2 餐厅选址应考虑的因素

1. 区域规划

确定餐厅位置前，一定要向有关部门进行区域发展规划方面的咨询。区域规划往往涉及建筑的拆迁与重建。如果未经分析，餐厅就盲目上马，在成本收回之前就遇到了拆迁等问题，餐厅经营就会蒙受损失，或失去原有的地理优势。

2. 地区经济

搜集和评估周围商业快速增长的数据，这些信息有助于分析本地区的市场消费能力和收入水平。同时还需要关注所在区域的人口情况。一般来讲，开店位置附近人口越多，越密集越好。目前很多大中城市都相对集中形成了各种区域，如商业区、旅游区、大学区等。

3. 竞争

提供同类服务或不同服务的餐厅均值得关注，缺少任何一种形式的竞争都是值得考虑的，这可能意味着一个绝好的地点，或者一个糟糕的地点。

4. 地貌

地貌是在一个地点进行建筑必须考虑的因素，即表层土壤和下层土壤的情况。坡度和表层排水特性对餐厅的建筑有很大影响。通过土壤钻孔可以判定土壤能够承受的压力和适合设置地下排水区域和排放废弃物的设施布局，这将对以后的经营起很大作用。

5. 规模、外观

餐厅经营要有足够的空间。因为除了餐厅本身的建筑外，配套设施还有很多，如停车场、库房等。餐厅位置的地面形状要根据地形状况来确定，一般以长方形和正方形为佳，因为这样的形状土地利用率较高。

6. 地价

拥有许多令人满意条件的位置价格可能会很昂贵，因而会增加营业前投资额，使经营风险加大。是否选择昂贵低价要视餐厅的经营预期与自己的风险承受能力而定。

7. 店铺周围环境

环境的好坏有两种含义。一种含义是指店铺周围环境状况。例如，有的饮食店开在公共厕所旁或附近，不远处便是垃圾堆、臭水沟或店门外灰尘飞舞，或邻居是怪味溢发的化工厂等，这便是恶劣的开店环境。另一种含义指店铺所处位置繁华程度。选址是要考虑和购物中心、商业区、娱乐区的距离，一般以相近为宜，因为在消费过程中，距离近可产生连带消费作用。店铺若处在车站附近、商业区域人口密度高的地区或同行集中的一条街上，这类开店环境应该具有比较大的优势。另外，三岔路口、拐角的位置较好，坡路上、偏僻角落、楼屋高的地方位置欠佳。

8. 交通状况

交通状况指车辆通行状况、道路通畅程度，顾客到店后，停车是否方便；货物运输是否方便；从其他地段到店乘车是否方便等。交通条件方便与否与客源构成及就餐人数密切相关。经营午餐的餐厅要让顾客尽可能方便到达，甚至在同一座楼里。快餐厅要紧靠某条主要街道或者主要的公交站台、地铁口。为驾车旅行者服务的餐厅要设在旅行者很容易到达的地方，如麦当劳的"得来速"餐厅全都建在道路旁边、方便到达的中国石化加油站。特色餐厅位置稍偏问题不大，但是需要交通便利、位置醒目，有方便的停车场。

9. 周围设施对店铺是否有利

有的店铺虽然开在城区干道旁,但干道两边的栅栏使生意大受影响。因此在选择临街铺面时,要充分注意这点。如何选择呢?典型街道有两种:一种典型街道是只有车道和人行道,车辆在道路行驶,视线很自然能扫到街两边铺面;行人在街边行走,很自然进入店铺。但街道宽度若超过 30 米,则有时反而不聚人气。据调查研究,街道为 25 米宽,最易形成人气和顾客潮。另一种典型街道是车道、自行车和人行道分别被隔开,其实这是一种封闭的交通,选择这种位置开店也不太好。

10. 餐厅可见度

餐厅可见度指餐厅位置的明显程度。也就是说,无论顾客从哪个角度看,都可以获得对餐厅的感知。餐厅的可见度往往会影响餐厅的吸引力和客源。例如,国外麦当劳餐厅顶上往往树立一个大大的、红色的"M"标牌,非常醒目,使人很远就可以看见,因而增加了餐厅的吸引力,增加了客源。

11. 社区服务

目标地点所能拥有的水、电、气、通信等能源条件和保安、消防、垃圾废物处理等配套服务。这些对于餐厅经营影响很大,如济南南部山区餐饮垃圾废物处理能力很差,必然影响其吸引力和客源,不利于其长远发展。

12. 员工来源

员工来源即目标地点人力资源方面的情况,如用工年龄和性别、文化程度、家庭经济状况等,这对开业时的人员配备、使用有较大影响。当地员工对当地情况比较了解,使用这类员工不仅利于促销,还可节省因路途较远而提供的住宿费用等,但当本地人员素质不能满足需求时,只能从外地招募能满足需求的员工。我国 20 世纪 80 年代国际饭店管理集团较高层管理人员全都从境外带过来,薪水也高,大大增加了经营成本。

2.3 指 标 核 算

餐饮企业是以赢利为目的的企业,餐饮投资是指以收回投入资金并取得收益为目的的资金流出。餐饮投资项目的成败,关系到企业的经营甚至生存。建立科学的项目投资决策程序,认真进行投资项目的可行性分析,是降低投资风险的有效途径。

投资决策中往往使用现金流量来衡量。所谓现金流量,是指一个投资项目引起的企业现金支出和现金收入增加的数量。这里的"现金"是广义的现金,不仅包括各种货币资金,还包括项目需要投入的非货币资金的变现价值。

现金流量包括现金流出量和现金流入量两部分。

现金流出量由投资支出构成,主要包括投放在固定资产上的资金和投放在流动资产上的资金；餐厅建成开业后增加的各种经营成本；各种税款。

现金流入量由投资回收构成，包括餐厅开业后增加的营业收入；固定资产每年计提的折旧费；固定资产报废时的残值收入或中途转让时的变现收入等。

净现金流量（Net Cash Flow，NCF）是指一定期间现金流入量和流出量的差额。按照现金流量发生的时间来考察投资项目的净现金流量，则

建设期某年的净现金流量＝初始现金流量－该年的投资额

经营期每年净现金流量＝每年营业收入－营业成本＋折旧－所得税

2.3.1　餐饮筹建期投资额估算

投资估算是在对项目的建设规模、技术方案、设备方案、工程方案及项目实施进度等进行研究并初步确定的基础上，估算项目所需资金总额（包括建设投资和流动资金），并测算建设期分年资金需要量的过程。投资估算是编制项目建议书、可行性研究报告的重要组成部分，是项目决策的重要依据之一。

投资估算的内容包括固定资产投资估算和流动资金估算两部分。固定资产投资估算按照费用的性质划分，包括建筑安装工程费、设备及工器具购置费、工程建设其他费用、基本预备费、涨价预备费、建设期贷款利息等。流动资金是指生产经营性项目投产后，用于购买原材料、燃料、支付工资及其他经营费用等所需的周转资金。它是伴随着固定资产投资而发生的长期占用的流动资产投资，流动资金＝流动资产－流动负债。其中，流动资产主要考虑现金、应收账款和存货；流动负债主要考虑应付账款。因此，流动资金的概念，实际上就是财务中的营运资金。

具体到餐饮行业，投资估算的内容主要包括以下几个方面。

1. 对营业场所（建筑物）费用的估算

营业场所可以是租赁、购买或新建建筑物。

新建建筑费用可以分析近期刚刚建好的同类餐厅建筑费用。餐厅建筑费用是经营者根据经营方针和规模进行的基本投资之一，可以采用招标的形式，通过竞争达到降低费用目的。

建筑工程费是指为建造永久性建筑物和构筑物所需的费用。

（1）建筑工程和建筑本身的水电暖通气及装设、油饰等，列入房屋预算的各种管道电力、电信电缆导线敷设。

（2）设备基础、支柱、工作台、烟囱、水塔、水池等构筑物，窑炉砌筑和金属结构费用。

（3）三通一平，拆除旧有建筑物，临时用水电气路和完工后场地清理绿化美化费用。

购买或者租赁场地费用的估算，可以参照场地周边的同类型房屋出售或出租行情，或者聘请专业咨询师对房屋价值进行估算。装修费用参照建筑工程费的计算办法。购买或租赁场地费要考虑周全，包括公共设施、车位、垃圾台等都要估算清楚。租赁场地费估算一般按每平方米每日多少元计算。

无论是新建、购买还是租赁场地，都要考虑营业场地所在的地理位置是否处在餐饮经

营的"黄金地段",地段不同,客流量不同,租金、房产的售价和造价相差很大,对于成本费用和未来营业收入应做全面权衡,慎重确定,并以市场行情单价为依据,分别进行估算。

2. 设备及工器具购置费估算

设备及工器具购置费的计算方法为

设备及工器具购置费＝设备购置费＋工具器具购置费＋家具购置费

餐饮设施和设备包括厨房中的烹饪设备、储存设备、冷藏设备、运输设备、加工设备、洗涤设备、空调通风设备、安全和防火设备等。餐饮店的设施设备也有档次高低之分,档次较高的厨房设备大部分是不锈钢制的,所需投资较多,一般档次的厨房设备有铁合金、搪瓷、陶瓷等多种设备组合,应以实用、耐用、经济为前提酌情选购。各种档次的厨房设备价格都可从市场报价获取,购买时若是成批购买则还可获得优惠。在估算设备、设施费用时,应包括运输费和安装调试费。

工具器皿是指餐厅营业所需的各类物料用品,包括餐具,如各种碗、盘、盆、勺、筷,以及各种酒具、茶具等瓷器和玻璃器皿;布草类,如口布、台布、员工制服;还有菜单制作费用等。若是经营西餐,除必须增设西厨设备之外,一般工具器皿还包括刀叉、银器、酒车、餐车、烧烤车、饼车等。

家具费用主要指餐饮经营所需的餐桌椅、沙发、茶几、衣橱、装饰家具、收银台、备餐台等餐饮服务区域家具和一些必要的管理办公家具等。

设备及工器具购置费用应先根据确定的饭馆餐饮店的服务方式和桌位数,计算出各种家具和器皿需要的数量,再根据市场价格即可进行估算。

3. 筹资成本估算

在完成的建设投资（不含建设期利息）估算和分年投资计划基础上,根据筹资方式（银行贷款、企业债券）、金融及筹资费率（银行贷款利率、企业债券发行手续费率）等进行计算。如果经营者使用自有资金投资,资金成本也可按贷款计算其利息,凭此反映筹建费用的全貌。

4. 劳动力成本估算

餐饮企业劳动力成本由管理人员、服务人员及厨师的工资组成。可按不同人员的工资标准乘以人数来估算。各类人员的工资水平,在各劳动力市场都有平均工资标准可供参考。

通常,餐饮企业人员编制和组织机构设置取决于很多因素。

（1）餐厅类型的多少。类型越多,专业化分工越细,内部人员、部门越多,组织机构规模越大。例如,大型饭店餐饮一般都设有中餐厅、西餐厅、咖啡厅、酒吧间、自助餐厅等各种类型的餐厅,有的甚至多达十几个。不仅餐厅专业化程度高,而且厨房分工会与此相适应,组织机构必然大。

（2）餐厅接待能力的大小。餐厅的接待能力是由座位数决定的。座位越多,规模越大,用人越多;与此相适应,厨房规模也越大。反之,相反。餐饮组织机构的规模和人员编制必须和餐厅接待能力相适应。

（3）餐饮经营的专业化程度。餐饮业主要有饭店和社会餐厅两种类型，两者的组织机构形式各有不同。饭店是一种综合性服务行业，其中的餐饮部只是其组织机构的一部分，餐饮管理中所需的工程、财务、安全、培训、人事劳动等管理工作由企业职能管理部门承担。因此，饭店餐饮部组织机构的规模可以相对较小。而社会餐厅都是独立的企业，需要建立全套组织机构，在餐厅接待能力相同的情况下，组织机构规模相对较大。

（4）餐饮经营市场环境。处于卖方市场条件下的企业市场环境好，用餐客人多，餐厅座位周转快，用人相对较多；而处于买方市场条件下的企业情况则相反。因此，餐饮组织机构的规模和形式会随着市场环境的变化而调整。

知识链接 2-3

管理层次设置多少较合适？这由管理跨度决定。管理跨度指一名上级领导者所能直接有效地领导下级人数。直接领导下级的人数多少一般与业务的复杂程度和工作量大小有关。通常层次越高、业务越复杂，直接管辖的下属就越少，合理的跨度最多为 12 人。

5. 营运费用估算

营运费用是指用以维持餐厅的开业和正常营业的费用。包括前期市场调研的费用、办理营业执照和卫生许可证等相关手续的费用、广告营销费用、员工培训费用、原材料采购费用、日常管理费用及其他开业费用等。

6. 其他费用估算

其他费用包括工程建设其他费用、基本预备费估算和涨价预备费估算等。

1）工程建设其他费用

这是指建设投资中除建筑工程费、设备工器具购置费、安装工程费以外所必须花费的其他费用。

2）基本预备费估算

项目实施中可能发生难以预料的支出，预留的费用，主要指设计变更及施工过程中可能增加的工程量的费用，又称不可预见费。一般由 3 项费用组成。

（1）在批准的设计范围内，技术设计、施工图设计及施工过程中增加的工程费用。设计变更、工程变更、材料代用、局部地基处理等费用。

（2）一般自然灾害造成的损失和预防自然灾害所采取的措施费用。

（3）竣工验收时为鉴定工程质量对隐蔽工程进行的必要的挖掘和修复费用。

3）涨价预备费估算

工期较长的项目，由于建设期内可能发生的材料、设备、人工等价格上涨引起的投资增加，需要事先预留的费用，也称价格变动不可预见费。

2.3.2 餐饮经营期指标测算

1. 营业收入测算

餐饮收入主要指由于出售饰品、菜肴、饮料等所取得的收入。具体包括以下几项。

（1）餐费收入。包括餐饮企业所取得的各种正餐、早点、夜宵和宴会收入等。

（2）饮品收入。是指餐厅所取得的各种饮料及酒水收入。

（3）服务费收入。是指餐厅为客人消费的一定比例收取的服务费收入。

（4）小卖部收入。是指餐厅为客人提供各种商品（如香烟、纸张等）所取得的收入。

（5）其他收入。是指餐厅为客人提供上述服务以外的各种杂项收入，如场租费、开瓶器等。

餐饮收入主要取决于各个餐厅的餐位数量、座位周转率、人均消费水平和预算期天数，计算公式如下：

年营业收入＝座位数×人均消费额×餐次×座位周转率×年营业天数

在进行餐饮收入测算时，座位数和年营业天数是在投资项目筹划阶段就可以确定下来的，是已知的，只有座位周转率和人均消费额是未知数，它们需要市场调研人员通过多种途径，运用各种方法，综合考虑影响营业收入的各种不可控因素后才能确定下来。例如，按照调研资料，结合市场情况、客源情况和竞争情况等，测算座位周转率；结合当地的社会经济发展水平、消费水平、物价变动和餐厅经营的定位等因素，测算每餐的人均消费水平。在整个过程中，考虑的因素、搜集的数据越全面、详细，越能保证预测的准确性。

【例 2-1】 某中餐厅有餐位 200 个，开午餐、晚餐两餐，午餐的座位周转率是 80%，人均消费额为 38 元，晚餐的座位周转率是 110%，人均消费额为 50 元，测算年度营业收入为

（200×80%×38＋200×110%×50）元×360＝6 148 800 元

2. 成本费用测算

餐饮成本测算主要包括三部分。

（1）营业成本。即制作食品菜肴的原材料、调配料及其他销售产品的购入价格。

（2）营业费用。包括固定费用和变动费用。固定费用主要指与餐饮经营活动直接相关的固定开支，如固定工资、折旧、广告宣传费、服装费、维修费等；变动费用随营业额的变化而变化，如水电费、燃料费、洗涤费、低值易耗品摊销、物料消耗及其他费用。

（3）税金及附加费。如营业税金、为员工缴纳的各项保险费等。

其中，餐饮业的主营业务成本，包括变动的营业费用，都随着餐厅接待数量和客人消费水平的不同而变化，事先无法预计，只能通过毛利率来测算成本支出额，测算方法如下：

年营业成本＝座位数×人均消费额×餐次×座位周转率×
年营业天数×（1－预计平均毛利率）

【例 2-2】 某中餐厅有餐位 200 个，每日三餐，每餐座位周转率是 60%，人均消费额为 30 元，毛利率为 50%，测算该餐厅年度食品原材料成本为

（200×30×3）元×60%×360×（1－50%）＝1 944 000 元

2.3.3 投资决策分析

按照是否根据货币时间价值进行统一换算，项目投资决策的基本方法分为静态方法和动态方法。

静态方法不考虑货币时间价值，是直接按投资项目形成的现金流量进行计算的方法，

主要包括投资回收期法（静态）和投资利润率法。

动态方法考虑货币的时间价值，对投资项目产生的现金流量按货币时间价值进行统一换算，在此基础上进行计算，又称贴现法，主要包括净现值法和内部收益率法。

1. 投资回收期法（静态）

投资回收期是指从项目的投建之日起，用项目所得的净收益偿还原始投资所需要的年限。

（1）若餐厅开业后各年的净收益（即净现金流量）均相同，则静态投资回收期的计算公式如下：

$$投资回收期 = \frac{原始投资额}{年净现金流量}（年）$$

（2）如果各年的净收益不相同，则静态投资回收期可根据累计净现金流量求得，也就是在现金流量表中累计净现金流量由负值转向正值之间的年份。其计算公式为

$$投资回收期 = 累计净现金流量开始出现正值的年份数 - 1 + \frac{上一年累计净现金流量的绝对值}{出现正值年份的净现金流量}$$

通常餐饮企业会设定一个投资回收期的标准，当项目测算的投资回收期在可接受的范围内时，项目可行。一般而言，投资者总是希望尽快收回投资。

2. 投资利润率法

投资利润率表示年平均利润占总投资的百分比，即

$$投资利润率 = \frac{年平均净利润}{投资总额} \times 100\%$$

在使用投资利润率这一决策方法时，餐饮企业通常规定一个要求达到的最低投资利润率，如果项目估计的投资利润率超过企业要求的最低限度，则项目可以实施。

3. 净现值法

净现值（Net Present Value，NPV）是指将投资项目未来产生的现金流入量和现金流出量按照一定的贴现率，折算成现值，计算它们的差额。贴现率的选择是净现值法的关键，一种办法是根据资金成本来确定，另一种办法是根据企业要求的最低资金利润来确定。净现值指标是反映项目投资获利能力的指标，是一种比较科学也比较简便的投资方案评价方法。其计算公式为

$$NPV = \sum_{t=1}^{n} \frac{I_t}{(1+r)^t} - \sum_{t=0}^{n} \frac{O_t}{(1+r)^t}$$

式中　NPV——净现值；

　　　I_t——第 t 年的现金流入量；

　　　O_t——第 t 年的现金流出量；

　　　r——折现率；

n ——投资项目的寿命周期。

净现值法还有另外一种表示方式,即餐饮投资项目开业以后的净现金流量,按照一定的折现率折算成现值,减去项目原始投资之后的余额。即

净现值＝未来报酬的总现值－初始投资额

$$NPV = \sum_{t=1}^{n} \frac{NCF_t}{(1+r)^t} - C_0$$

式中 NPV ——净现值;
NCF_t ——第 t 年的净现金流入量;
C_0 ——初始投资额;
r ——折现率;
n ——投资项目的寿命周期。

决策标准：净现值≥0,方案可行;净现值<0,方案不可行;净现值均>0,净现值最大的方案为最优方案。

优点：①考虑了资金时间价值,增强了投资经济性的评价;②考虑了项目计算期全部的现金流量,体现了流动性与收益性的统一;③考虑了投资风险性,风险大则采用高折现率,风险小则采用低折现率;④净现值能够明确地反映出从事一项投资会使企业增值（或减值）数额大小,正的净现值即表示企业价值的增加值。

缺点：①净现值的计算较麻烦,难掌握;②净现金流量的测量和折现率较难确定;③不能从动态角度直接反映投资项目的实际收益水平;④项目投资额不等时,无法准确判断方案的优劣。

4. 内部收益率法

内部收益率法（Internal Rate of Return，IRR 法）又称财务内部收益率法、内部报酬率法,是用内部收益率来评价项目投资财务效益的方法。所谓内部收益率,就是资金流入现值总额与资金流出现值总额相等、净现值等于零时的折现率。内部收益率是一项投资可望达到的报酬率,是能使投资项目净现值等于零时的折现率。

1）内部收益率法的计算步骤

（1）在计算净现值的基础上,如果净现值是正值,就要采用这个净现值计算中更高的折现率来测算,直到测算的净现值正值近于零。

（2）再继续提高折现率,直到测算出一个净现值为负值。如果负值过大,就降低折现率后再测算到接近于零的负值。

（3）根据接近于零的相邻正、负两个净现值的折现率,用线性插值法求得内部收益率。

2）决策准则

内部收益率大于公司所要求的最低投资报酬率或资本成本,方案可行;内部收益率小于公司所要求的最低投资报酬率,方案不可行;如果是多个互斥方案的比较选择,内部收益率越高,投资效益越好。

内部收益率法的优点是考虑了投资方案的真实报酬率水平和资金时间价值,能够把项目寿命期内的收益与其投资总额联系起来,指出这个项目的收益率,便于将它同行业基准

投资收益率对比，确定这个项目是否值得建设。例如，使用借款进行投资，在借款条件（主要是利率）还不明确时，内部收益率法可以避开借款条件，先求得内部收益率，作为可以接受借款利率的高限。但内部收益率表现的是比率，不是绝对值，一个内部收益率较低的方案，可能由于其规模较大而有较大的净现值，因而更值得建设。另外，内部收益率的计算过程比较复杂、烦琐，所以在各个方案选比时，必须将内部收益率与净现值结合起来考虑。

2.4 餐厅的设计与布局

2.4.1 餐厅设计与布局概述

1. 餐厅设计的概念和类型

餐厅设计的概念不同于建筑设计和一般的公共空间设计，在餐厅中人们不仅仅追求美味的食品，更需要一种舒适愉悦的就餐环境。更多的时候，餐厅的设计强调的是一种文化氛围和顾客精神追求的满足。餐厅设计包括餐厅的店面外观和内部空间布局、设计风格与创意、色彩与照明、内部陈设及装饰布置等，也包括了影响顾客用餐效果的整体环境和气氛。

餐厅按照不同的分类标准可以分成若干类型。餐代表餐厅与餐馆，而饮则包含西式的酒吧与咖啡厅，以及中式的茶室、茶楼等。不同种类的餐厅，设计的风格理念、空间布局、色彩和灯光设计、家具陈设及装饰品等各方面都有其各自不同的特点和要求。

按照经营内容可以把餐厅划分为高级宴会餐厅、特色餐厅、主题餐厅、快餐厅、西餐厅、自助餐厅等。通常宴会厅要求空间通透，餐座、服务通道宽阔，设有大型的表演和演讲舞台。一些高级别的小团体贵宾用餐要求空间相对独立、不受干扰、配套功能齐全，甚至还设有接待区、会谈区、文化区、娱乐区、康体区、就餐区、独立备餐间、厨房、独立卫生间、衣帽间和休息卧室等功能空间。特色餐厅和主题餐厅主要用于企事业接待、商务洽谈、小型社交活动、家庭团聚、亲友聚会和喜庆宴请等，要求空间舒适、大方、体面、富有主题特色，文化内涵丰富，服务亲切周到，功能齐全，装饰美观。快餐厅要求空间简洁、运作快捷、经济方便、服务简单、干净卫生。西餐厅主要是按西式的风格与格调进行空间设计，并采用西式的食谱来招待顾客，分传统西餐厅、地方特色西餐厅和综合、休闲式西餐厅。

按照餐饮规模和空间大小可以划分为大型、中型、小型餐厅：小型指100平方米以内的餐厅，这类空间比较简单，主要着重于室内气氛的营造；中型指100～500平方米的餐厅，这类空间功能比较复杂，除了加强环境气氛的营造之外，还要进行功能分区、流线组织及一定程度的围合处理；大型指500平方米以上的餐厅，这类空间应特别注重功能分区和流线组织。

2. 餐厅设计的原则

1）顾客导向性原则

餐厅的设计首先应根据市场定位，在以顾客为导向的前提下进行。一个餐厅得以在市场上立足与发展，其根本在于是否受到顾客欢迎，顾客看重什么，顾客的需求点在哪里。

"以顾客为导向"应该真正地了解顾客的需求，从最根本上给顾客以关怀。一些餐厅一味地追求豪华材料的堆砌来强调高档，似乎必须采用高档进口材料、水晶吊灯，才能带给客人高档的享受，才能吸引客人，而没有注意到客人真正的需要，更没有认识到为客人创造一个好的生态环境的重要性。

2）方便实用性原则

合理的布局和设计决定于功能上的要求。餐厅的设计是餐厅经营的基础环节，其空间设计、造型设计及室内陈设等都必须以实现餐厅营业功能为依据，以餐厅的经营理念为出发点。不同等级、规模、经营内容及理念的餐厅，其餐厅设计的重点和原则也各有不同。因此，餐厅设计除了要注重顾客的需要以外，还必须考虑如何方便服务与管理。例如，在自助餐厅的空间布局上，自助餐台的位置就需要兼顾就餐空间和厨房，一方面要方便宾客自助选餐，另一方面还要靠近厨房出菜口，以方便菜品供应和补充，从而设计最短最便捷的后勤服务路线，最低限度地减少服务流线与宾客流线的交叉与重合。

3）独特灵活性原则

餐厅设计的特色与个性化是餐厅取胜的重要因素。随着人们对餐饮消费要求的逐步提高，餐厅设计更多的强调主题化、文化性、特色和灵活度。越来越多的餐饮企业通过文化氛围的营造与文化附加值的提升来吸引顾客，通过对餐厅某些方面如店面、店内布局、色彩、陈设、装饰等合适的调整变更，达到常变常新的效果，通过树立餐饮企业鲜明的形象来打造特色化的品牌。

4）全方位设计原则

餐厅是餐饮企业向顾客提供餐饮产品及服务的场所，以人为服务对象，产品具有高情感性的特征。顾客在就餐过程中，感受到的是餐厅营造的整体氛围和多元的空间环境。因此，餐厅的设计和布局，不仅包括平面设计及在此基础上形成的立体空间设计，还包括动态设计和意境设计。

（1）动态设计。主要突出餐厅设计的流动性，即在餐厅中运用运动的物体或形象，不断改变处于静止状态的空间，形成动感景象，增强餐厅的活力与情致，如充满自然气息的喷泉溪流和花鸟鱼虫、不断播送各种菜品信息的电子显示屏、旋律优美的背景音乐等。

（2）意境设计。意境设计是餐厅设计的升华，是餐厅整体设计的核心和灵魂。它是餐厅经营者根据企业的理念信条或经营主题进行的空间设计，通过导入企业形象策略来实现意境设计，如按企业视觉识别系统中的标识、字体、色彩而设计的图画、短语、广告等均属意境设计。

3. 餐厅设计的内容

餐厅设计的内容主要分为餐厅外部空间设计及餐厅内部空间设计。

1）餐厅外部设计

具体包括：①餐厅外观造型设计；②餐厅标识设计；③餐厅门面设计；④餐厅橱窗设计；⑤店外绿化布置。

2）餐厅内部空间设计

具体包括：①餐厅室内空间布局设计；②餐厅动线设计；③餐厅主体色彩设计；④照

明的确定和灯具的选择；⑤家具的配备、选择和摆放；⑥地毯及其他装饰织物的选择及铺放；⑦餐具的选择和配备；⑧室内观赏品、绿化饰品的陈设；⑨员工形象及服饰设计。

4. 餐厅的设计程序

餐厅的设计程序，首先是调查、了解、分析现场情况和预算，做好顾客消费的定位和经营形式的决策，充分考虑并做好原有建筑、空调设备、消防设备、电器设备、照明灯饰、厨房、燃料、环保、后勤等因素与餐厅设计的配合；然后确定主题风格、表现手法和主体施工材料，根据主题定位进行空间的功能布局，并做出创意设计方案效果图和创意预想图；再和业主一起汇审、修整、定案；最后进行施工图的扩初设计和图纸的制作，如平面图、天花图、地坪图、灯位图、立面图、剖面图、大样图、轴测图、效果图、五金配件表、灯具灯饰表、室内装饰陈列品选购并制作好详尽的设计说明等。

餐厅的设计程序具体可表示如下：熟知现场→了解预算→分析经营→考虑因素→决定风格→创意方案图→审核修整→设计表达（平面图、立面图、结构图、效果图、设计说明等）→材料选定→跟进施工→家具选择→装饰陈设→调整完成。

知识链接 2-4

中式餐厅的室内设计风格和特征

在我国传统的餐饮模式中，中式餐厅是宾馆、饭店和老字号特色饭店的主要餐饮场所，使用频率较高。中式餐厅是以品尝中国菜肴、领略中华文化和民俗为目的的，故在环境整体风格上应体现中华文化的精髓（图 2-1）。中式餐厅的装饰风格、室内特色，以及家具与餐具、灯饰与工艺品，甚至服务人员的服装等都应围绕文化与民俗展开设计创意与构思。

图 2-1 中式餐厅

1. 平面布局与空间特色

中式餐厅的平面布局可以分为两种类型，以宫廷、皇家建筑空间为代表的对称式和以中国江南园林为代表的自由与规格相结合的布局。

（1）宫廷式。这种布局采用严谨的左右对称方式，在轴线的一端常设主宾席和礼仪台；

该布局方式显得隆重热烈，适合举行各种盛大喜庆宴席，布局空间开敞、场面宏大，与这种布局方式相关联的装饰风格与细部采用或简或繁的宫廷做法。

（2）园林式。这种布局采用园林的自由组合的特点，将室内的某一部分结合休息区处理成小桥流水，而其余各部分结合园林的漏窗与隔扇，将靠窗或靠墙的部分进行较为通透的二次分隔，划分出主要就餐区与若干次要就餐区。这种园林式的空间给人以室内空间室外化的感觉，犹如置身于花园之中，使人心情舒畅、增进食欲，与这类布局方式相关联的装饰风格与细部常采用园林的符号与做法。

2. 家具与风格

中式餐厅的家具一般选取中国传统的家具形式，尤以明代家具的形式居多，因为这一时期的家具更加符合现代人体工学的需要。除了直接运用传统家具的形式以外，也可以将传统家具进行简化、提炼，保留其神韵，这种经过简化和改良的现代中式家具，在大空间的中式餐厅中得到了广泛应用。正宗的明清式样的家具则更多地应用于小型雅间当中。

3. 照明与灯具

中式餐厅的照明设计应在保证环境照明的同时，更加强调不同就餐区域进行局部重点照明。进行重点照明的方法有两种。

（1）采用与环境照明相同的灯具（常常为点光源）进行组合，形成局部密集，从而产生重点照明。这种方法常常应用于空间层高偏低，以及较为现代的中式餐厅。

（2）采用中式宫灯进行重点照明。这种方法常结合顶棚造型，将灯具组合到造型中，适合较高的空间，以及较为地道的中式餐厅。这种传统中式宫灯应根据空间的高低来确定选用竖向还是横向的灯具。

4. 装饰品与装饰图案

（1）传统吉祥图案的运用。传统吉祥图案拙中藏巧，朴中显美，以特有的装饰风格和民族语言，几千年来在民间装饰美术中流行，给人们对美好生活的向往带来精神上的愉悦。吉祥图案包括龙、凤、麒麟、鹤、鱼、鸳鸯等动物图案和松、竹、梅、兰、菊、荷等植物图案，以及它们之间的变形组合图案等。

（2）中国字画的运用。中国字画具有很好的文化品位，同时又是中式餐厅很好的装饰品。有3种长宽比例：横幅、条幅和斗方，在餐厅装饰中到底确定何种比例和尺寸，要视墙面的大小和空间高度而定。

（3）古玩、工艺品的点缀。古玩、工艺品也是中式餐厅中常见的点缀品，其种类繁多、尺寸差异很大。大到中式的漆器屏风，小到茶壶，除此之外，还有许多玉雕、石雕、木雕等，也有许多中式餐厅常见的福、禄、寿等瓷器。对于较小的古玩和工艺品常常采用壁龛的处理方法，配以顶灯或底灯，会达到意想不到的视觉效果。

（4）生活用品和生产用具。生活用品和生产用具也常常用于中式餐厅的装饰，特别是那些具有浓郁生活气息和散发着泥土芬芳的用品和用具常常可以引起人们的深思。这种装饰手法在一些旅游饭店的中式餐厅中运用颇多，它可以使游客强烈地感受到当地的民风民俗。

案例评析

本案例探讨了中式餐厅的室内设计，从设计风格、功能分区、家具、照明、装饰等方面,阐述了中式餐厅的设计内容和特点。从本案例中我们可以发现,餐厅设计包括餐厅的店面外观和内部空间布局、设计风格与创意、色彩与照明、内部陈设及装饰布置等很多方面。中式餐厅是餐厅经营的重要类型之一,中式餐厅的设计在环境整体风格上充分体现了中华文化氛围的营造,强调的是一种顾客文化精神追求的满足。

2.4.2 餐厅的功能布局

1. 餐饮功能区

1) 门厅和顾客出入口功能区

门厅是独立式餐厅的交通枢纽,是顾客从室外进入餐厅的过渡空间,也是留给顾客第一印象的场所。因此,门厅的装饰一般较为华丽,视觉主立面设店名和店标。根据门厅的大小还可设置迎宾台、顾客休息区、餐厅特色简介等。

2) 接待区和候餐功能区

休息厅是从公共交通部分通向餐厅的过渡空间,主要是迎接顾客到来和供客人等候、休息、候餐的区域。休息厅和餐厅可以用门、玻璃隔断、绿化池或屏风来加以分隔和限定。

3) 餐饮功能区

餐饮功能区(图 2-2)是餐厅的主要重点功能区,是餐厅的经营主体区,包括餐厅的室内空间的尺度、功能的分布规划、来往人流的交叉安排、家具的布置使用和环境气氛的舒适等,是设计的重点。用餐功能区分为散客和团体用餐席,单席为散客,二席以上为团体客。有 2~4 人/桌、4~6 人/桌、6~10 人/桌、12~15 人/桌。餐桌与餐桌之间、餐桌与餐椅之间要有合理的活动空间。餐厅的面积可根据餐厅的规模与级别综合确定,一般按 1.0~1.5 平方米/座计算。

图 2-2 餐饮功能区

餐厅面积的指标要合理,指标过小,会造成拥挤;指标过大,会造成面积浪费,利用率不高和增大工作人员的劳动强度等。

4) 配套功能区

配套功能区一般是指餐厅营业服务性的配套设施,如卫生间、衣帽间、视听室、书房、娱乐室等非营业性的辅助功能配套设施。餐厅的级别越高，其配套功能就相应越齐全。有些餐厅还配有康体设施和休闲娱乐设施，如表演舞台、影视厅、游泳池、桌球、棋牌室等。

卫生间要容易找，其入口不应靠近餐厅或与餐厅相对，卫生间应宽阔、明亮、干净、卫生、无异味，可用少量的艺术品或古玩点缀，以提高卫生间的环境质量。

5）服务功能区

服务功能区也是餐厅的主要功能区。主要是为顾客提供用餐服务和经营管理服务的功能。服务功能区一般设在大厅显眼位置并靠近服务对象。服务功能区一般包括备餐台、收银台、营业台等。

（1）备餐台或备餐间。其功能是存放备用的酒水、饮料、台布、餐具等菜品，一般设有工作台、餐具柜、冰箱、消毒碗柜、毛巾柜、热水器等。在大厅里的席间增设一些小型的备餐台或活动酒水餐车，供备餐上菜和酒水、餐具存放之用。

（2）收银台。通常设在顾客离席的必经之处，也有的单独设置在相对隐蔽的地方，收银台一般是结账、收款之用，设有计算机、账单、计算机收银机、电话及对讲系统等，高度在 1 000～1 100 毫米为佳。

（3）营业台。用来接待顾客、安排菜式、协调各功能区关系等，设有订座电话、计算机订餐、订餐记录簿，营业台高度一般在 750～800 毫米，宽度为 700～800 毫米，配有顾客座椅和管理人员座椅等。

2. 制作功能区

制作功能区的主要设备有消毒柜、菜板台、冰柜、点心机、抽油烟机、库房货架、开水器、炉具、餐车、餐具等。厨房的面积与营业面积比为 3∶7 左右为佳。一般的制作流程是：采购进货→仓库存储→粗加工→精加工→烹煮加工→明档加工→上盘包装→备餐间→用餐桌面。

厨房的各加工间应有较好的通风和排气设备。厨房各加工间的地面均采用耐磨、不渗水、耐腐蚀、防滑和易清洁的材料，并应处理好地面排水问题，同时墙面、工作台、水池等设施的表面均应采用无毒、光滑和易清洁的材料。

2.4.3　餐厅的风格与创意设计

餐厅的创意设计是餐厅总体形象设计的决定因素，它是由功能需要和形象主题概念而决定的。餐饮功能区是餐厅进行创意和艺术处理的重点区域，它的创意设计应体现建筑主题思想，是室内设计的延续和深化。设计题材和艺术创意的手法非常广泛，可取材于餐厅的经营内容、地区特色、时代风貌和整体环境等。创意设计的关键是设计主题的定位和施工材料的选择和制作技术的配合。

餐厅设计风格的定位是餐饮设计的华彩乐章，是以目标消费群的审美需求和欣赏品位为设计根本，以经营内容为设计准则，经过周密细致的前期调研与准备而进行的设计风格定位。餐厅中的"文化，情趣，品位"强调的就是设计的风格在商业空间中的具体体现。餐厅设计风格主要有以下几种。

1. 现代简约主义风格

简约主义是以简洁的表现形式来满足人们对空间环境感性的、本能的和理性的需求。简约主义把设计的元素简化到它的本质，强调元素内在的魅力，以单种颜色作为基本色调，最大限度地表现陈设的品质、灯具的光亮、色彩的活力。简约的表现背景颜色可以是单纯的、灰色的、热烈的，用色平整、面大、鲜活、有层次。家具要统一、要完整，强调灯光烘托陈设品，如织物、雕塑、工艺品等要素，制造情调。现代简约主义风格的餐厅举例如图 2-3 所示。

图 2-3　现代简约主义风格的餐厅

2. 中式风格

在餐厅设计者的手中，古老的中国丰富而渊博的历史文化素材，可以被充分利用，从而营造出质朴又华美的中国风。中式风格的运用，其共同特点主要体现在材料和制作工艺上，如传统木构架建筑中藻井天棚、挂落、雀替的构成和装饰，以及明、清家具造型和款式特征等。空间中常装饰有以古代典故为题材的人物壁画、浮雕、木刻版画等，大到柱梁、门窗，小到桌椅牙签，雅致而不失富贵之感。

3. 异国风情风格

现代餐厅中有很多像曼谷村、印度等东南亚地域性特点非常强的餐厅，其装修风格主要以东南亚一些国家或城市的异国民族特色为主。很多装饰材料和家具都是从原属地进口的，保证了室内风格的原汁原味。从色彩搭配、材料使用和工作人员的服装，以及各式食品上充分地体现其餐厅的特色和与众不同，使客人一进入餐厅，就有身临异国他乡的感觉。

4. 田园生态风格

田园风格运用大量绿色植物，将餐厅布置成了室内花园，在室内环境中力求表现悠闲、舒畅、自然的田园生活情趣，也常运用天然木、石、藤、竹等材质质朴的纹理，创造自然、简朴、高雅的氛围。

5. 地方特色与民族风格

在以各地方菜系为主的特色餐厅设计中，经常从地域传统与历史文脉中寻求鲜明而独特的切入点，运用富有民族性的色彩、材质、陈设等装饰手段来凸显各地域的饮食特点，也可以依据历史上菜系间的相关传说等人文素材加以强化，并运用现代设计语言和技术手段加以创造性的诠释，从而有效地传达出不同地域饮食文化的魅力。

6. 混搭风格

混搭风格的餐厅设计在总体上呈现多元化、兼容并蓄的特点。室内布置中古今中西于一体，如传统的屏风、摆设和茶几，配以现代风格的墙面及门窗装修、现代的沙发；或者欧式古典的琉璃灯具和壁面装饰，配以东方传统的家具和埃及的陈设、小品等。

2.4.4 餐厅的色彩设计

1. 餐厅的色彩构成

室内设计中的色彩构成可以概括为三大部分。

（1）作为大面积的色彩，对其他室内物件起衬托作用的背景色，如墙面、地面、天棚，它占有极大面积并起到衬托室内一切物件的作用。

（2）在背景色的衬托下，以在室内占有统治地位的家具为主体色。各种不同品种、规格、形式、材料的各式家具是室内陈设的主体，是表现室内风格、个性的重要因素，它们和背景色彩有着密切关系，常成为室内总体效果的主体色彩。

（3）作为室内重点装饰和点缀的面积小却非常突出的重点色或称强调色。包括织物，如窗帘、帷幔、台布、地毯、座椅等；陈设品，如灯具、工艺品、绘画、雕塑等；绿植，如盆景、花篮、吊兰、插花、不同花卉、植物等。

餐厅的色彩举例如图2-4所示。

图2-4 餐厅的色彩

2. 室内设计色彩构图的基本原则

室内设计色彩构图的基本原则是色彩的统一与变化，所采取的一切方法，均为达到此目的而做出选择和决定，应着重考虑以下问题。

（1）主调。室内色彩应有主调或基调，冷暖、性格、气氛都通过主调来体现。对于规模较大的建筑，主调更应贯穿整个建筑空间，在此基础上再考虑局部的、不同部位的适当变化。主调的选择是一个决定性的步骤，因此必须和要求反映的空间主题十分贴切。

（2）大部位色彩的统一协调。主调确定以后，就应考虑色彩的施色部位及其比例分配。作为主色调，一般应占有较大比例，而次色调作为与主调相协调（或对比）色，只占小的比例。

（3）加强色彩的魅力。背景色、主体色、强调色三者之间的色彩关系绝不是孤立的、固定的，既要有明确的层次关系和视觉中心，又不刻板、僵化，才能达到丰富多彩。

3. 餐厅色彩设计的要点

（1）首先要确定餐厅总体的色彩基调，再针对餐厅的不同区域功能来设定搭配的局部色调。

（2）处理色彩关系一般是根据"大调和，小对比"的基本原则。

（3）餐室内环境的色彩处理，必须在充分考虑自然环境的情况下来进行，色相宜简不宜繁，纯度宜淡不宜浓，明度宜明不宜暗，主要色彩不宜超过3个色相为好。

（4）在缺少阳光的区域和利用灯光照明的餐饮包房里，可以多采用明亮的暖色相，以调节其明亮的温暖气氛，增加亲切感。阳光充足的地区里或炎热地方，则可多采用淡雅的冷色相，给人以凉爽的感觉。

（5）在门面招牌、接待区、厕所、电梯间和其他一些逗留时间短暂的地方，使用高明度色彩可获光彩夺目、干净卫生的清新感觉。在咖啡厅、酒吧、西餐厅等地方则使用低明度的色彩和较暗的灯光来装饰，能给人一种温馨的情调和高雅的气氛。用餐区和包房等逗留时间较长的地方，使用纯度较低的各种淡色调，可以获得一种安静、柔和、舒适的空间气氛。在快餐厅、小食店、食街等餐厅里，使用纯度较高和鲜艳的色彩则可获得一种轻松、活泼、自由、快捷的用餐气氛。

2.4.5 餐厅的照明设计

无论是雅致大气的中餐厅还是浪漫高端的西餐厅，或者是种种风格迥异的酒吧，大多数餐厅都有自己的主题，而照明设计就需要配合这些主题，为整个空间营造出良好的氛围。餐厅的照明设计举例如图2-5所示。

图2-5 餐厅的照明设计

1. 餐厅的光源

餐厅的光源来自自然采光和人工照明两个方面。自然采光主要是指日光与天空漫射光，人工照明包括各种各样的电源灯。

1）餐厅的自然采光

日光不仅节能资源，没有污染，且适合人的眼睛，其本身的变化也使得环境丰富多彩，让人愉快。通过取消位置不好的窗户，或者加大、减少及改变窗户形状等方法，可以改变日光进入的位置和强度。使用中空玻璃、窗帘和家具的布置，可以起到保温、隔热、隔声和控制阳光、调节光线的作用。

2）餐厅的人工照明

人工照明是通过各种灯具照亮室内空间，有强光、弱光、冷色光、暖色光、可调节照度和光色的照明等。餐厅的人工光源主要包括白炽灯和荧光灯两大类。餐饮空间的照明可以分为以下三大类：一类是照明光，主要的功能是为整个空间提供足够的照度，可以由吊灯、吸顶灯、筒灯及光带来提供；一类是反射光，主要由各类反射光槽来提供，其目的主要是为了烘托空间气氛，营造温馨浪漫的情调，使整个环境富有层次变化；还有一类是投射光，由各种投射灯具所提供，投射光具有吸引视线、限定范围的作用，常用来突出墙面重点装饰部位及装饰画等。投射光也常用来照亮绿植，勾勒其优美的姿态。

2. 餐厅外部照明

1）招牌照明

招牌照明方式有两种：一种是用投光灯投射招牌、店标，便于远距离识别；另一种是用灯光映衬招牌，在招牌的背后以高亮度的光线为背景，以实体字遮挡光线，清晰地映衬出字体外轮廓，使之易于识别。

2）霓虹灯照明

霓虹灯因为内充气体不同，电流大小变化，可以呈现出不同的色彩，还可以造成闪烁感和动感。霓虹灯可以组成面光源与线光源，色彩鲜艳、富于变幻，而且易于加工。在餐厅外霓虹灯常常用来强调形体的外轮廓，组成各种图形、标志与字体。

3）橱窗照明

橱窗照明可以采用点光源，重点照射被陈列的食品。灯具应选用显色性比较高的白炽灯，白炽灯的光线强调暖色，使食品的色泽更为鲜艳诱人。

3. 餐厅内部照明

1）顶面类灯具

顶面类灯有吸顶灯、吊灯、镶嵌灯、扫描灯、凹隐灯、柔光灯及发光天花板等类型。例如，有的西餐厅的顶面灯具与平顶镜面相结合，活跃而轻盈。

2）墙面类灯具

墙面类灯具有壁灯、窗灯、檐灯、穹灯等种类，散光方式大都为间接或漫射照明。光线比顶面类灯具更加柔和，局部照明给人以恬静、清新的感觉，易于表现特殊的艺术效果。

3）便携式灯具

便携式灯具是指没有被固定的安置在某一地点，可以根据需要调整位置的灯具，如落地灯或台灯等。落地灯或台灯一般用于餐厅的待客区及休息区等区域。

4. 餐厅照明艺术效果

1）创造气氛

光的亮度和色彩是决定气氛的主要因素。室内的气氛也由于不同的光色而变化，许多餐厅、咖啡馆和娱乐场所，常常用加重暖色光（如粉红色、浅紫色）使整个空间具有温暖、欢乐、活跃的气氛；强烈的多彩照明，如霓虹灯、各色聚光灯，可以使室内的气氛活跃生动起来，增加繁华热闹的气氛。

2）加强空间感和立体感

空间的不同效果，可以通过光的作用充分表现出来。亮的房间感觉要大一点，暗的房间感觉要小一点。也可以利用光的作用，来加强希望注意的地方，如趣味中心，还可以用来削弱不希望被注意的次要地方。照明也可以使空间变得实和虚，许多台阶照明及家具的底部照明，使物体和地面"脱离"，形成悬浮的效果，而使空间显得空透、轻盈。

3）光影艺术与装饰照明

餐厅设计中可以利用各种照明装置，在恰当的部位，以生动的光影效果来丰富室内的空间，既可以表现光为主，也可以表现影为主，还可以光影同时表现。装饰照明是以照明自身的光色造型作为观赏对象，通常利用电光源通过彩色玻璃射在墙上，产生各种色彩形状，用不同光色在墙上构成光怪陆离的抽象"光画"，是表示光艺术的又一新领域。

2.4.6 餐厅的陈设与装饰设计

餐厅的陈设与装饰设计和布置是体现餐厅文化氛围的重要方面，是餐厅文化层次高低雅俗的一个标志。如果说餐厅的色彩与照明给顾客留下的是整体印象，那么陈设与装饰则是在各个细部上处处提醒顾客这家餐厅的与众不同。餐厅工艺饰品的陈设一方面显示了餐厅的文化层次，另一方面对餐厅主题的塑造也有举足轻重的作用。

1. 餐厅织物陈设

餐厅的织物主要指地毯、窗帘、家具软包织物、陈设覆盖织物、靠垫等。餐厅中的织物品种繁多，在餐厅室内的覆盖面积大。织物具有独特的形态、色彩与质感，给人柔和、舒展、温暖的心理感受，因此如果使用得当将增强餐厅的气氛、格调、意境，同时对空间的软化、表现文化层次等都有很大的影响。例如，采花式、综合式图案地毯适合铺在会客或休息区域，能使客人自然聚拢，产生亲切的感觉；条状地毯适合铺在走廊或大厅中，按照人们行走的路线呈连续形图案；在餐厅、宴会厅中满铺的地毯大都采用四方连续型图案；散花一般比较碎小，这对客人就餐时掉下来的食物有一定的掩饰作用。

2. 餐厅墙面装饰陈设

墙饰的种类繁多，现代餐厅或饭店的餐厅内不仅运用各种绘画、书法、装饰画等装饰墙面，还运用各种工艺品、民风民俗日用品及织物、金属等表现文化风情、艺术流派等。餐厅的墙面装饰举例如图 2-6 所示。

1）各种绘画与书法

中国书法及绘画均以笔、墨、纸、砚为基本工具和材料，画幅形式基本相同。以中国书法或绘画为墙饰的餐厅一般是宴会厅或者规格较高的中餐厅。现代的西餐厅常以水彩画作为室内主要墙面装饰。

2）工艺品墙饰类

工艺品墙饰包括镶嵌画、浮雕画、艺术挂盘、织物壁挂等，风格多种多样，往往比普通绘画更具有装饰趣味。用于墙面装饰的还有陶制品、瓷盘及弓箭、乐器、草帽、渔网、动物头骨、扇面、风筝等，别具风味。例如，有的餐厅用京剧脸谱作为装饰；有的酒吧在墙上挂有蓑衣、斗笠、渔网，具有浓郁的水乡风味等。

图 2-6　餐厅的墙面装饰

3）摄影作品

摄影作品是一种纯艺术品，摄影的内容可以分为艺术性和历史性两种。艺术性摄影主要是静物、风景和人物，强调色彩、构图和意境；历史性摄影是某些历史事实的记载。巨幅摄影作品常作为室内夸大空间感的界面装饰。由于摄影作品能真实地反映当地当时所发生的情景，因此常常具有纪念意义，它既是艺术品又是纪念品。

3. 餐厅雕塑及摆饰

1）餐厅雕塑

现代室内雕塑以立体的艺术增强空间的艺术感，有的雕塑是点缀、陪衬，有的雕塑是主景，都以特有的造型吸引人的注意，也提高了餐厅的文化品位。设在规模宏大的餐厅门厅处的雕塑尺度较大，成为构图中心。设在餐厅、宴会厅内的雕塑尺度较小，有些甚至只是桌上的摆设。

2）餐厅摆饰

摆饰是一种相对于挂饰而言的需要平面安放的观赏工艺品。摆饰品经特定的背景和灯光布置，以突出的艺术效果装饰室内，如陶器、瓷器、木雕等。我国有许多民间工艺品及实用品，如竹编、草编等；还有许多仿古文物器皿，如仿青铜器、仿古盔甲、兵器、早期电话等。

4. 餐厅植物绿化陈设

餐厅店外绿化有利于突出餐厅入口，衬托建筑，美化环境，吸引顾客；绿化能够起到适当的遮挡作用，对要求相对安宁与隐蔽的餐厅与停车场有很大帮助，还有隔离噪声的功能，有利于保障餐厅不受外界干扰，创造安静环境。

餐厅内人流量较大，各种菜肴、酒精饮料均会散发气味，再加上空调房间本身的空气欠佳，绿色植物在餐厅内提供氧气及湿润、净化空气的调节功能就显得非常重要。除此之外，绿植在餐厅公共活动区间内还能起到分隔及组织空间的作用。以低矮的花台、水池及盆栽等绿化作为分隔物比其他隔断更显得亲切与自然，更能给空间增添生动活泼的情趣。餐厅的植物绿化陈设举例如图 2-7 所示。

图 2-7　餐厅的植物绿化陈设

本章小结

餐饮市场调研是市场细分和市场定位的基础，是进行餐饮形象、餐饮产品、餐饮服务标准和餐饮营销策略的设计的依据。进行餐饮市场调研时，首先要根据调研的目的确定所需的信息内容，再根据要收集信息的特征选择适当的调研方法。

商圈分析与选择是餐厅选址的重要依据，除此之外，餐厅选址还需要考虑很多因素。

建立科学的项目投资决策程序，认真进行投资项目的可行性分析，是降低投资风险的有效途径。投资决策中往往使用现金流量来衡量。

餐厅设计包括餐厅的店面外观和内部空间布局、设计风格与创意、色彩与照明、内部陈设及装饰布置等，也包括了影响顾客用餐效果的整体环境和气氛。

关键术语

市场调研　Marketing Research
市场细分　Market Segmentation
市场定位　Marketing Positioning
净现金流量　Net Cash Flow，NCF

净现值　Net Present Value，NPV
内部收益率　Internal Rate of Return，IRR

复习思考题

一、选择题

1. 以下分别属于哪种市场调研方法？
（1）提问客人：本餐厅哪些方面使你满意？（　　）
（2）您对餐厅的环境满意吗？（YES/NO）（　　）
（3）在餐厅巡视，注意菜品剩余情况。（　　）
（4）通过企业内部销售记录了解有关信息。（　　）
　　A. 资料分析法　　B. 访谈法　　C. 问卷法　　D. 观察法

2. 某餐厅有餐位240个，每天开中餐和晚餐，客均消费额为45元，餐厅上座率为180%，那么天天酒店的月销售收入是（　　）万元。
　　A. 58.32　　B. 64.8　　C. 116.64　　D. 38.88

二、简答题

1. 餐饮市场定位的内容有哪些？
2. 餐饮市场调研都需要调研哪些方面的内容？
3. 投资决策分析有哪些方法？
4. 餐饮筹建期投资额估算包括哪些内容？
5. 餐饮功能区都包括哪些部分？

三、思考题

请结合餐饮业实际，分析餐厅选址要考虑哪些因素。

实际操作训练

结合本章内容所学，以小组为单位，进行充分的市场调研，并据此提出一份大学生餐饮创业计划，计划内容包括拟筹建的餐饮企业的规模、市场定位、经营类型、名称、选址、投资决策分析及餐厅的基本设计理念和功能布局。

第3章 厨房管理

本章知识要点

知识要点	掌握程度	相关知识
厨房管理基础知识	熟悉	（1）厨房的概念、分类及生产特点 （2）厨房管理的含义 （3）厨房管理的基本职能 （4）厨房管理的主要任务 （5）厨房管理的方法
厨房管理制度	熟悉	（1）厨房的工作制度 （2）厨房的值班制度 （3）厨房的卫生制度 （4）厨房的安全制度等
厨房管理的运转流程	掌握	（1）确定厨房的生产目标 （2）调查分析客情，进行各项预测 （3）进行菜单的筹划 （4）制定各项生产标准 （5）用料订货，组织采购等十大环节
厨房组织机构及人员配置	熟悉	（1）厨房组织机构的形式 （2）烹调师配置和各岗位职责、素质要求
厨房的设计与布局	熟悉	（1）厨房设计与布局的要求 （2）厨房设计与布局的程序和方法 （3）厨房设计与布局的内容
厨房设备及用具管理	熟悉	（1）厨房设备及选购原则 （2）厨房设备及用具的使用和保养 （3）厨房设备的管理方法

本章技能要点

技能要点	掌握程度	应用方向
厨房组织机构及人员配置	重点掌握	管理人员进行厨房组织机构设计及配置相应人员
厨房设计与布局的设计方案和编写要求	掌握	管理人员能够编写厨房设计方案

导入案例

一天,季老板和朋友来到新丽晶酒店吃饭,发生了这样的一件事情。"晚上好,先生!请问吃什么菜?"实习生关颖热情接待。"来个生炒麦菜、椒盐虾、蒸荷粉荷和白粥。"季老板答道。"好的,请稍候,马上给你们送过来。"关颖下单后送到厨房。不一会儿菜上来了,"盐水麦菜,请慢用。""小姐,请等一下,我们没有点这个菜啊,我要的是生炒麦菜,你们弄错了吧。""是吗?我不知道呀,那帮你们换菜吧。"过了不到两分钟,送菜服务员端上了生炒麦菜。"咦?生炒麦菜怎么这么多叶,它的刀工怎么和刚才那个一样,煮的怎么那么烂?"季老板边看边嚷道。"小姐,你这个菜好像只是换汤没换药吧?这像是把刚才那盘菜倒掉汤,然后过一过热锅而已,哪是生炒麦菜呢?算了,你还是给我换个别的菜吧!"季老板的朋友接口说:"哎,老季,你今天还是把生炒麦菜这个喜好放弃得了,随便来一个蒜蓉菜心算了。我们这样换来换去,会不会让他们觉得我们很烦啊!我以前听说有的餐厅,如果有某张台的客人太烦,那些厨师们会给他们的菜加些'特殊味料'——像是唾液、残渣菜汁……我看我们刚才点那个生炒麦菜还是不要吃为妙。"季老板一听朋友这一说,胃口大打折扣。"今天怎么这么倒霉啊!"大家感叹。果然,那碟蒜蓉菜心上桌后,季老板和朋友没有谁敢对它下筷子了。

讨论题

这个案例中反映出了厨房管理中的什么问题?应如何改进?

评析

从这件事来看,首先,该酒店对厨房的管理还不够、不得法。厨师不注重菜品质量,因小失大,目光只停留在短利中,企业的发展应从长远利益出发,客人就是企业的生存之本,是员工的衣食父母。厨房管理的好坏直接关系到酒店餐饮部门的兴衰。其次,餐厅的管理也不够。餐厅和厨房的沟通做得不好,对客人的投诉只是一种应付式态度,没有做到真正地解决问题,不重视投诉,是对客人的不尊重。

一家酒店若没有让客人感觉被尊重,这犯了服务业的大忌。我们应以真诚的态度对待客人,既然问题已发生,就不该回避它,应积极面对,真诚向客人道歉,以实际行动来改过。当客人点了另一种菜时,我们可以免费送上客人原先点的那道菜,给客人惊喜。真诚服务的确可以消除客人心中的疑虑,为客人的再次光临奠定基础。

酒店餐饮界的同仁要想在 21 世纪使自己经营的酒店餐饮事业继续兴旺下去,就必须抛开陈旧思想,用更新的管理理念去迎接挑战。在 21 世纪,人们的整体生活水平的提高,饮食追求的不再是温饱,人们讲究的是一种"享受",一种对生活的品味。要做到与时俱进,我们就要不断完善自己,改进服务质量,赢得客人的青睐。

3.1 厨房管理基础知识

3.1.1 厨房的概念、分类及生产特点

1. 厨房的概念

餐饮服务产品包括劳务服务和实物产品。厨房就是生产这些实物产品的地方。因此,厨房的概念可以这样表述:厨房是指餐饮企业以餐饮生产经营为目的,为服务餐饮宾客而进行菜点制作的生产场所。

2. 厨房的分类

1)按照规模大小分类

依照生产的规模,厨房可分为小型厨房、中型厨房、大型厨房。

2)按照厨房生产的产品特点分类

依照生产的产品特点,厨房可分为中餐厨房、西餐厨房、凉菜厨房、卤水烧烤厨房、燕鲍翅明档、热菜厨房、面点厨房、西点厨房等。

3)按照销售服务对象分类

依照不同的销售服务对象,厨房可分为零点厨房、宴会厨房。

3. 厨房生产的特点

厨房是餐饮企业唯一生产实物产品的部门,而这一实物产品有别于其他的工业产品。菜点主要是通过厨房人员手工制作,原料的采购供应随季节的变化而改变,因而导致厨房的生产、制作过程具有自身的特点。

1)生产量的不确定性

厨房生产的菜点是先有宾客订货而后进行生产,而其他的工业产品是先生产后有消费者。由于宾客经常会受到天气、季节、交通、节假日等因素的影响而变化是否到餐饮企业用餐的决定,这就使厨房的生产量难以准确预计,从而给厨房的备料、人员安排和管理上带来一定的困难。这就需要厨房的管理者根据以往的销售资料、以往的生产经验来做出较为准确的预测。

2)生产制作的手工性

厨房生产的菜点品种繁多,规格各异,生产量小,技术复杂程度不一,决定了厨房生产方式以手工操作为主;另外,手工生产特有的模糊性和经验性,自然会造成生产人员对菜点的质量要求不同,而出现手工制作的差异性。这种差异性作为厨房生产的一种缺陷,导致了菜点品质的非标准化和不稳定性。同时,烹饪产品也因此而呈现出丰富多彩的口味与特色。

3)产品具有特殊性

首先,菜点产品是食用性商品。菜点产品与普通商品一样,具有价值和使用价值,并

且需要通过前厅服务宾客消费来实现其价值。因此菜点产品价值的实现有赖于厨房生产和前厅服务两个方面的配合。

其次,产品规格多,生产量小。菜点产品的制作量,根据客人多少和菜点种类的多少而决定。因此,菜点生产往往表现为个别的、零星的、时断时续的、规格不一的作业方式。

再次,个别订制决定生产。一个中型的厨房通常每天需要提供百余种菜点,而这些菜点在内容上、形式上、数量上、制作方法上各有不同。宾客来餐厅就餐,对菜点的需求往往表现为个别订制,一桌菜点需不重样地搭配变化,而这正是厨房生产的一大特殊性。

最后,产品销售的即时性。消费者从进餐厅到离开餐厅,快者半小时,慢者需1~2小时。而在这短暂的时间内,餐饮生产、销售、消费三者同时进行。这不仅要求厨房的各项准备工作要充分,还要求每一位厨师在生产过程中具有熟练的烹调技艺。菜点一经生产,其预期的质量效果随着时间的延长而降低,色、香、味、形、温等发生相应的变化。因此厨房生产应与前厅销售服务密切沟通,保证菜点即出即销。也只有这样,才能满足消费者的要求。

4)产品的数量受时间和场所的限制

餐饮产品的销售,有一定的时间性,限定在早餐、中餐、晚餐的时段,其他时间一般没有销售量。与此同时,如果厨房狭小,应有的设备不足或厨房人员也不够,就是在开餐高峰时段,菜点的生产和销量也必定会受到影响。

5)烹饪原料和菜点成品易腐败变质和损耗

烹饪原料大多是鲜活的,含有各种营养素,如果在运输、加工过程中保管不善,极易腐败变质。菜点的成品如不及时销售,也容易被细菌、灰尘污染,甚至被内部职工偷吃消耗。这样,就有导致成本提高、利润下降的可能。

6)菜点质量的不稳定性

厨房产品质量的不稳定因素主要表现在以下几个方面。

第一,菜点必须因人、事、地点、季节等变化而变化。

第二,菜点生产具有一定的协作性,因为一道菜点需要数人共同协作才能制作完成,如果上一道工序不合格,就会影响下一道工序的质量,以致整个产品的质量都受到影响。

第三,由于菜点生产是手工操作,每一位厨师的技术都存在差异,所做菜点的质量就有所不同;即使是同一位厨师,往往因为体力、情绪、环境等因素的影响,也会生产出不同质量的产品。

第四,同样的烹饪原料,由于产地不同、季节的不同,在烹饪加工中也会发生不同的变化。

3.1.2 厨房管理的含义

厨房是餐饮企业的生产部门,负责将各类食品原料经过科学合理的加工,烹制出具有技术艺术含量,具有风味特色的各种菜点,在满足宾客需要的同时为餐饮企业创造经济效益。因此,厨房管理的含义主要是指在满足宾客需要的目标下,对厨房的人、材、物等进行管理,即对厨房人员安排、餐饮原料,以及厨房设备、工具和生产流程及产品质量等的管理。准确地说,厨房管理是指依照一定的规律、原则、程序和方法,对厨房内的各种资源（人员、原材料、能源、资金、设备、时间等），进行有效的计划、组织、指挥、协调和监督，充分发挥员工的积极性，以实现餐饮企业经营目标的活动过程。

3.1.3 厨房管理的基本职能

厨房管理的基本职能就是通过计划、组织、指挥、控制、协调、反馈等程序，利用厨房内的各种资源，以最小的消耗，取得最大的经济效益。

1. 计划职能

厨房的生产计划是各项工作的基础，它是依据餐饮经营方针和经营目标，从设计菜单到厨房的运转程序，以及制定各种规格、标准等内容的一种运筹规划。要使生产计划得以实施，还要了解厨房现有的技术水平、人员数量、烹饪设施和设备，了解同行及竞争对手的经营水平、规模、特色等，并根据历年的销售资料进行指标数据的预测。而且，该计划应在其他相关计划之前先制订出来，否则，将会出现混乱。相关的计划，如员工培训计划、设施设备更新计划、厨房改造计划、菜点开发创新计划等。计划在实施过程中，要及时检查、总结计划的执行情况，不断提高计划的有效性。

2. 组织职能

组织是实现计划的手段，也是计划的延续。组织职能就是管理者根据计划的要求，建立一个有效的、得力的组织机构，厨房的管理者应合理地组织人员，协调各部门和各工种人员的工作。根据个人的性格特点和专长，正确配备和选择各岗位负责人和技术骨干并规定其职责和权力，使每个人都有较合适的工作岗位，做到人尽其才，使组织机构充分发挥作用。

3. 指挥职能

厨房是由许多工种、环节组成的，是分工协作的联合体。要使它成为一个有机整体，做到令行禁止，步调一致，必须要有强有力的指挥系统。根据工作的进展情况和计划目标的完成情况，随时发出指令，以保持厨房各项活动的顺利进行。

4. 控制职能

厨房是一个动态的生产部门，内外条件一直处于变化之中，要想有效地实现既定目标，仅仅有良好的计划和组织指挥是不够的，还要有严密的控制系统。这个控制系统主要是检查和监督每个部门、每个岗位的各项工作的进展是否与原定的标准、计划和目标相符合。检查、分析计划执行的情况，关键是揭露偏差，找出产生偏差的原因和克服的办法。

5. 协调职能

管理学家把协调称为"管理中的管理"。厨房的协调就是将厨房内外，各个环节的工作，各个方面的力量做新的综合平衡，动态调整实施计划的力量，使之相互协调，配合默契，紧紧围绕着生产计划来开展工作，以便能够顺利完成经营目标。

6. 反馈职能

反馈的目的就是调整检验决策和计划，使管理更加有效。厨房生产与管理信息的反馈来自3个方面：一是厨房内部生产人员对厨房所订的各项计划在实施过程中的意见；二是厨房外部对厨房生产的意见，即餐厅服务人员和宾客对厨房生产的意见；三是市场信息对厨房生产的影响。市场信息包括市场饮食动态、市场原材料的供给等方面情况。通过各渠道的信息反馈来修订下一步的生产计划和其他计划，并及时调整当前的工作目标，改进工作方法，提高管理效率。

3.1.4 厨房管理的主要任务

1. 提供优质餐饮产品，开创独特的饮食风格

提供优质产品，就是提供能满足宾客要求的优质菜点和良好的服务。这是厨房管理最基本的任务。开创独特的饮食风格，就是要分清本店经营的主次，发挥本店的技术专长，充分利用名特物料，运用独创技法和独有菜式，力求新颖别致，振人耳目，并且亮出名店、名师、名菜、名点的旗帜，显现与众不同的饮食风格。

2. 建立合理的组织机构，调动烹调师的积极性

一个厨房必须有一个合理的组织机构，充分利用这个机构，合理组织人力，量才使用，人尽其才。及时检查和督导厨房生产，发现问题，迅速纠正。正确对待烹调师提出的要求，仔细分析，鼓励和帮助烹调师发挥特长，调动其积极性，提高菜点的质量。

3. 加强厨房生产的成本控制，做到标准化、规格化生产

餐饮产品价格的高低，直接关系到消费者的利益，也是宾客反映强烈的问题。要控制成本，必须抓菜单的定价控制；抓原材料的控制（采购、验收、保管、领料、发放）；抓烹饪生产过程中的控制（加工、切配、烹调、装盘），做到标准化、规格化生产。只有层层控制，才能保证菜点的品质，保证菜点生产的获利。

4. 设立精练、高效的生产运转系统

餐饮管理要为整个厨房设立一个科学的、精练的、确有成效的生产运转系统。例如，济南净雅海鲜大酒店在厨房管理中率先使用计算机点菜系统和成本控制系统，取消厨师长开列菜单的繁杂工作，一菜一单，前厅和厨房终端同时接收，菜随单走，单菜单炒，上菜迅速，不易出错，大大提高了生产运转效率。

5. 建立健全岗位责任制，制定基本的规章制度

健全各项规章制度，是厨房管理成败的重要保证。各项规章制度必须是切实可行的，它可以使每一个岗位的生产人员明确自己的职责和具体的任务，以保证各项工作按标准、按程序、按规格进行。制度一旦制定公布，厨房管理者必须严于律己，模范执行，确保制

度的严肃性。正如喜来登集团提出的制度好比"红炉":一是它一直保持热烫;二是你若碰它,它就烫你(你不碰它,它也不会主动烫你);三是任何人碰它,都会被烫。

6. 加强培训,提高烹调师的素质

对烹调师进行多方面的教育和培养,是厨房管理的重要任务之一。例如,文化基础的提高、职业道德的培养、岗位职责的学习、专业技能的培训等。要不断地灌输厨房管理的新理念,努力提高烹调师的素质和整体水平,增强参与市场竞争的能力。

3.1.5 厨房管理的方法

1. 大厨工作制

大厨工作制也叫厨师长工作制。一般来讲,一个厨房的管理如何,关键在于厨师长。厨师长的技艺、能力、人格和所采取的管理方法,会直接影响厨房的管理工作。因此,厨师长对厨房的人员组织、各个岗位的安排、厨房物料的管理、菜点的生产质量,以及餐饮服务和销售的协调等,都负有重要的责任。一个合格的、好的厨师长,就能够带动整个厨房,把厨房的管理搞上去。大厨工作制的管理方法可以参考餐饮经营管理方法中的"人本管理法"。

2. 岗位工作制

岗位工作制也叫制度管理法。明确厨房的岗位职责,建立健全厨房管理制度,并把这种制度具体落实到各个工作岗位上去,就能很好地完成厨房的工作任务。例如,成本控制可通过成立以"最小成本核算单位"为标准的工作小组,对该岗位的成本进行详细、有效的控制。以头灶主厨小组为例,主灶、主墩、主荷三人组成一个小组,从菜品设计、原料采购申报单、菜品的推出,以及每天本小组的菜品销售额、所消耗的原料成本等,都要有详细的记录和报表,对工作量和工作业绩的考核,一清二楚。因此,岗位职责的落实是衡量和评估每个人工作的依据,是工作中进行相互沟通协调的依据,也是选择岗位人员的参照标准,同时也是实现厨房工作高效率的保证。

厨房管理制度是规范和纠正员工工作行为的措施。要想管理好厨房,在工作上卓有成效,就必须运用制度来约束员工的行为。科学的厨房管理,是依靠一整套的规章制度来执行的。岗位工作制,就是在完善科学的管理模式。

3. 激励工作法

在厨房生产过程中,要提高生产率,稳定产品质量,就必须重视人的作用。现代饭店的管理经验证明,人力资源决定着其他资源的使用效果和运转效果,故必须调动人的积极性。而激励就是调动烹调师积极性的主要方法之一。

激励工作法就是餐饮管理者运用奖励或鼓励的方式,去激发和刺激烹调师工作热情的一种方法。人的行为是由刺激引起的,刺激是产生人的行为的条件,也是促进人的行为、激发和调动人的积极性和创造性的重要手段。美国哈佛大学的詹姆士(James)博士曾经指出:"绝大多数的职工为了应付企业指派给他的全部工作,一般只需付出自己能力的20%~30%,即能达到企业的需求。"也就是说,烹调师为了"保住饭碗",在工作中只需付出很小一部分智慧和能力就能说得过去。如果管理者能利用有效的激励手段,使烹调师付出全部能量的80%~90%,烹调师的工作表现和厨房的业绩将会发生重大的飞跃。

4. 改造后进法

对于后进的烹调师来讲,更应采取主动的方法来调动他们的积极性,也就是改造后进法。管理者要积极主动地关心他们,耐心地实施心理辅导,分析后进的原因,安排合适的工作岗位,充分发挥他们的特长,使其树立工作信心。另外,通过有效的培训,加以严格的督导和帮助,使其感受到成功的喜悦;对屡教不改者,实施严格的纪律约束,让其感觉到压力。对于一些老资格的烹调师的不思进取的表现,不能听之任之,有违反店纪店规行为的,要严肃处理,否则会严重影响到整个厨房的管理。但是在处理上要慎重,注意言辞褒贬得当,在公开场合要不失时机地对他们的努力表现给予表扬,赞扬其丰富的工作经验和以往对餐饮企业所作的贡献,并号召其他烹调师向他们学习。在自尊自爱心理的驱使下,他们的工作表现将会保持在一定的水平上,有时还会将一些后进的烹调师带动起来一起努力工作,这就是改造后进法所产生的效果。

5. 纪律处分法

对经过改造还不能见效的个别烹调师,就要采取纪律处分法来进行管理。纪律处分的方法有很多,根据违反规章的程度,可以有以下几种处分:口头警告;书面警告(过失单);扣罚奖金、工资;降职;停职;劝其辞职;除名等。纪律处分不是为处分而处分,要讲惩前毖后,治病救人的原则。纪律处分是管理者在管理过程中使用的最后一种方法,在惩罚前要做到事先警告,应向犯错误的烹调师讲清利害关系,让其了解为什么要进行处分,不要搞突然袭击。处分要及时,否则受处分的者对处分与错误之间的关系可能变得模糊,降低了执行纪律的作用。

3.2 厨房管理制度

3.2.1 制定厨房管理制度的意义

厨房管理制度是规范和纠正烹调师工作行为的措施。科学的厨房管理是依靠一整套的规章制度来运行的,制度应该成为厨房生产运转的支撑平台,既是烹调师工作的规范,也是烹调师利益的根本保障。

3.2.2 厨房管理制度的内容

1. 厨房的工作制度

厨房的工作制度是每一位厨房人员必须遵守和执行的基本规则。它的主要内容有厨房人员的工作时间、工作态度、工作纪律、仪表仪容、上下班签到,以及员工用餐等方面的规定。厨房工作纪律示例如图 3-1 所示,厨房烹调师签到考核表、月评估表示例见表 3-1 和表 3-2。

> **厨房工作纪律**
>
> （1）烹调师按时上班,履行签到、签时手续；进入厨房须按规定着装、戴帽,保持仪表、仪容整洁,洗手后上岗工作。
> （2）服从上级领导,认真按规定要求完成各项任务。
> （3）工作时间内,不得擅自离岗、串岗、看书、睡觉等,不准做与工作无关的事。
> （4）不得在厨房区域内追逐、嬉闹、吸烟,不得做有碍厨房生产和厨房卫生的事。
> （5）不得坐在案板及其他工作台上,不得随便吃拿食物,不得擅自将厨房食品、物品交与他人。
> （6）自觉维持保养厨房设备及用具。不得使设备带病操作,或将专用设备改作他用。损坏公物按规定赔偿。
> （7）自觉养成卫生习惯,保持工作岗位及卫生包干区域的卫生整洁。
> （8）厨房系食品生产重地,未经厨师长批准,不得擅自带人进入。

图 3-1　厨房工作纪律

表 3-1　厨房烹调师签到考核表

工号	入岗		当日注意事项	离岗		备注
	签名	时间		签名	时间	
当班仪容仪表检查						

厨师长/主管_____

表 3-2　厨房烹调师月评估表

班组:_____　　　　　2005 年　月　日

工号	姓名	工作质量	协调配合	纪律	节约原料	卫生	出勤情况	总评	员工签名	上司签名	备注

注：以分值评估。　　　　　　　　　　　　　　　　　　　　　　　　　厨师长_____
附：厨房烹调师评估项目内容
（1）工作质量（1～10 分）。客人表扬、投诉,菜点加工、配份、烹制、装盘出品成功率；下道工序对上道工序的满意程度。

（2）协调配合（1~5分）。值班责任心；同事合作，互相补台；礼貌待人，关心集体，积极建议。

（3）纪律（1~10分）。服从领导，遵规守纪；督促提醒他人遵守纪律。

（4）节约原料（1~5分）。合理用料不浪费，主动检查库存，建议处理积压物品；协助成本核算、控制。

（5）卫生（1~10分）。食品及操作卫生；个人卫生，衣着形象；环境、用具、包干区卫生；卫生活动；防止和避免卫生事故。

（6）出勤情况（1~5分）。按时上、下班；迟到、早退；病事假、年假、产假、其他休假；主动、服从加班、补休。

（7）总评（1~10分）。签到（签时）考校表；菜点处理记录表；来自相关部门的意见；其他有关检查记录资料。

2. 厨房的值班制度

厨房的值班人员必须遵守值班制度，如：准时到岗；准时离岗；认真填写值班记录；当遇到不能解决的问题要及时向值班经理汇报；应妥善处理各种突发问题。值班的日记应一班交一班，要明确值班职责、值班时间、值班地点等，并承担值班的责任等内容。

3. 厨房的卫生制度

厨房卫生是厨房管理的重头事项，厨房卫生制度应依据国家颁发的《中华人民共和国食品卫生法》和有关条例，根据当地政府和餐饮业规定的卫生要求，制定合乎实际情况的厨房卫生制度。卫生制度的具体内容应包括如下几个方面。

（1）卫生要求。

（2）卫生标准。日常卫生标准、周期卫生标准等。

（3）卫生内容。个人卫生、食品卫生、环境卫生、设备卫生等。

4. 更衣室管理制度

更衣室是提供给员工更换工作服的场所；更衣室的橱柜是存放衣物和工具的，因此，制度要求员工在更衣室的橱柜中不得存放个人的贵重物品及不属于个人所有的其他物品。厨房人员还必须遵守更衣室的其他有关规定。

5. 安全制度

为杜绝各种事故，厨房安全制度应包括以下几个方面。

（1）食品及原料的卫生安全。

（2）设备使用的安全。

（3）人员在工作中的安全。

（4）厨房环境安全。

（5）厨房内食品仓库的安全。

6. 奖励制度

为了促进社会主义的物质文明和精神文明的建设，造就一支高素质的烹调师队伍，使厨房管理工作更有成效，奖励制度应明文规定奖励目的、奖励条件、奖励程序、奖励方法等内容。

7. 纪律检查制度

纪律检查制度要有两方面内容：一是违规、违章的考核办法、处罚办法；二是自检自纠。工作检查应包括管理性质的检查、自身工作的检查及相互监督检查等内容。

【例3-1】 违规、违章过失处理制度（节选）

1）A类过失

（1）菜品有腐烂、变质现象，被客人退回。

（2）菜品烹制有严重质量问题，被客人退回。

（3）员工偷吃偷拿食品、原料，被发现。

……

2）B类过失

（1）上班时不穿工装。

（2）值班人员不填写《值班日志》。

（3）因菜肴出品太慢，引起顾客投诉。

……

3）C类过失

（1）不讲个人卫生，头发零乱，面容、双手不洁，指甲过长。

（2）擅自着工装外出。

（3）工装不清洁，上班不佩戴工号牌或佩戴不端正。

……

4）处罚奖励标准

（1）凡一个月之内出现上列过失之一者，予以罚款处理，由当班管理人员开出罚单，经当事人签字后将罚单送达财务部，月底从该员工的工资中一次性扣除。

（2）A类过失违反一次罚款××元；B类过失每出现一次罚款××元；C类过失每出现一次罚款××元。

（3）凡在一个月之内没有任何过失记录的员工，月底给予××元的一次性奖励。

8. 其他制度

其他制度，如会议制度、原料进出制度、定期盘存制度、请销假制度、市场考察制度、厨房设备保修制度等。

3.3 厨房管理的运转流程

3.3.1 确定厨房的生产目标

厨房的生产目标是根据餐饮经营目标而制定的。在制定厨房生产目标时，要进行广泛的调查，以确定厨房生产的规模、生产的特色，并根据服务的主要对象，来确定生产指标和利润指标。

3.3.2 调查分析客情，进行各项预测

调查分析客情可从两方面入手：一是消费者意愿；二是消费特征。从消费者意愿方面主要掌握宾客希望设立哪些饮食项目、什么风味的菜肴、营业时间如何、菜点的数量、价格多少为适宜、对有盘饰的菜肴是什么态度等。从消费特征来看，可以了解到消费的层次、消费的数量和消费的水平。通过分析客情，设计餐饮产品的档次和特色。

预测主要是指客源倾向和客源需求预测，厨房生产成本的消耗和生产量的预测，新设备、新原料、新技术对厨房发展的影响的预测，产品价格和利润的预测等。预测有长期的，也有短期的。餐饮生产的预测往往使用短期预测和近期预测两种。所谓短期预测，就是半年或3个月的预测；近期就是3个月以内的预测；近期预测的精确度较高，能及时反馈信息，以便更好地、更有效地制定厨房的生产目标。

3.3.3 进行菜单的筹划

菜单是厨房设计与布局的纲领，是厨房一切工作的依据。菜单标志着一个厨房的生产特色，同时也反映了厨师的技术力量。菜单制约着厨房生产的全过程。从采购原料、加工、烹制菜肴直到销售，厨房的一切工作都是围绕菜单进行的。

3.3.4 制定各项生产标准

制定各项生产标准就是为了便于管理者进行监督和评价，确保菜点符合质量标准，符合成本要求。因为厨房生产的手工性、经验性、烹调技术的差异性，以及厨房分工合作的生产方式，都会导致产品的数量、形状、口味、色泽的不稳定。如果一家餐厅所提供的菜点无法保证质量的一贯稳定性，就会失去吸引力，也就很难树立起特有的饮食形象。由于各行其是，管理者也无法进行督导。因此，各项标准的制定，可作为厨房人员的工作指南；也可作为厨房管理者检查、控制的依据。例如，标准食谱可作为厨房的控制标准，也可作为烹调师培训的内容之一。

3.3.5 用料订货，组织采购

厨房通常是根据菜单的内容确定采购的品种。根据正常销售量确定原材料的订购量；根据菜肴的制作要求来制定原料的规格、质量；根据用料的时间来制定采购的时间和到货的时间。

3.3.6 验收

验收就是检查采购送来的货物数量是否符合订购数量，原料的质量是否符合采购的规格标准，价格是否符合标准价格或事先预订的价格等。也就是说，验收不仅要检查数量，还要检查质量和价格。如果验收时发现不符合要求的原料要进行退货。

3.3.7 领料和发放

厨房使用的鲜活原料一般是直接进货，其他物料需经仓库领料。领料是厨房生产的一个环节。厨房应派专人领料，领料单必须由厨师长签字才能生效。仓库必须凭手续齐全的领料单发货。对于从仓库领回的物品，厨师长要亲自复核或派专人核实数量，以避免出现管理上的漏洞和差错。

3.3.8 合理加工烹调

（1）制定加工标准，如涨发率、净料率、拆卸料、加工程序等。
（2）按标准食谱进行配份。
（3）按标准食谱进行合理烹制、装盘。
（4）按时出菜，掌握出菜的速度。

3.3.9 成品的销售

厨房对菜点的销售应坚持凭出菜单提供菜点。对销售的频率做记录，对销售量特别高或销售量特别低的菜肴要进行分析，查找原因。对客人的投诉意见要予以重视，及时纠正。厨房对预制的成品菜肴或剩余食品要加强管理，防止损耗。

3.3.10 阶段性经营分析

阶段性经营分析主要是指以下 3 个方面：生产成本指标的分析、产品质量的分析、产品销售的分析。

通过这 3 个方面的分析，找出存在的问题，分析问题存在的原因，制定改进措施，促进下一阶段厨房生产的正常运转。厨房管理的具体实施（图 3-2）是一个循环往复的过程，通过循环，不断提高厨房的管理水平。

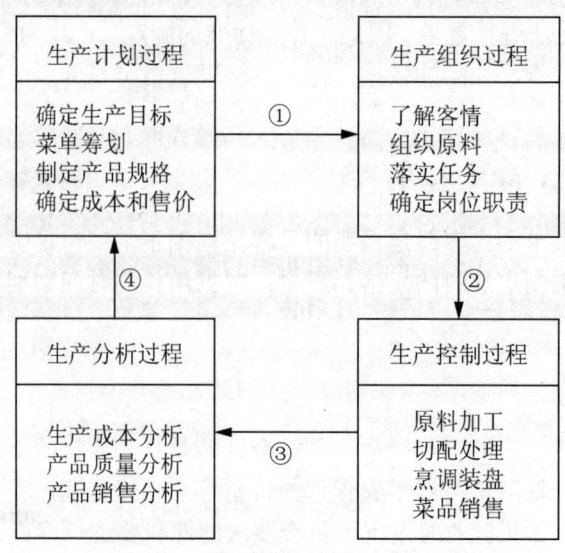

图 3-2　厨房管理运转流程示意

3.4 厨房组织机构及人员配置

3.4.1 建立厨房组织机构的意义

厨房组织机构是厨房生产运作的基础和载体,设计好组织机构是保证厨房生产良好运作的前提。建立厨房组织机构是厨房工作效率、产品质量、信息沟通和职权履行的保障,有利于高度专业化。

3.4.2 厨房组织机构的形式

1. 组织机构设立的原则

1) 因事设职与因人设职相结合的原则

组织设计的根本目的是保证组织目标的实现,是使目标活动的每项内容都落实到具体的岗位和部门,即"事事有人做",而非"人人有事做"。因此,组织设计中,逻辑性地要求首先考虑工作的重点和需要,要求因事设职,因职用人,而非相反。但并不意味着组织设计中可以忽视人的因素,忽视人的特点和人的能力。

2) 权责对等的原则

在厨房组织机构的每个层次都应有相应的责任,承担多大的责任,就应该赋予相应的权力。如没有明确权力或权力的应用范围小于工作要求,则可能使责任无法履行,任务无法完成。当然,对等的权责也意味着赋予某个部门或岗位的权力不能超过其应负的职责。权力大于工作的要求,虽保证任务的完成,但会导致不负责任地滥用,甚至会危及整个组织的运行。

3) 管理幅度适当的原则

管理幅度是指一个管理者直接有效地指挥控制下的人数。通常,一个管理者的管理幅度以3~6人为宜,影响厨房生产管理幅度大小的因素主要有以下3个。

(1) 层次因素。厨房内部的管理层次要与整个餐饮企业相吻合,层次不宜多,上层由于考虑问题的深度和广度不同,管理幅度应小一些;而基层管理人员与厨房员工沟通和处理问题比较方便,幅度可大一些,一般可达10人。

(2) 作业形式因素。因厨房烹调师集中作业可比分散作业的管理幅度大些。

(3) 能力因素。下属自律能力强、技术稳定、综合素质高、幅度可大些;反之,就要小些。

2. 厨房组织机构的形式

1) 大型厨房的组织机构

大型厨房设总厨师长(行政总厨),指挥整个厨房系统的生产运行,通常大型厨房设若干个分厨房,负责各自的食品原料加工,并按规格配份,供应各餐厅,其组织机构如图3-3所示。

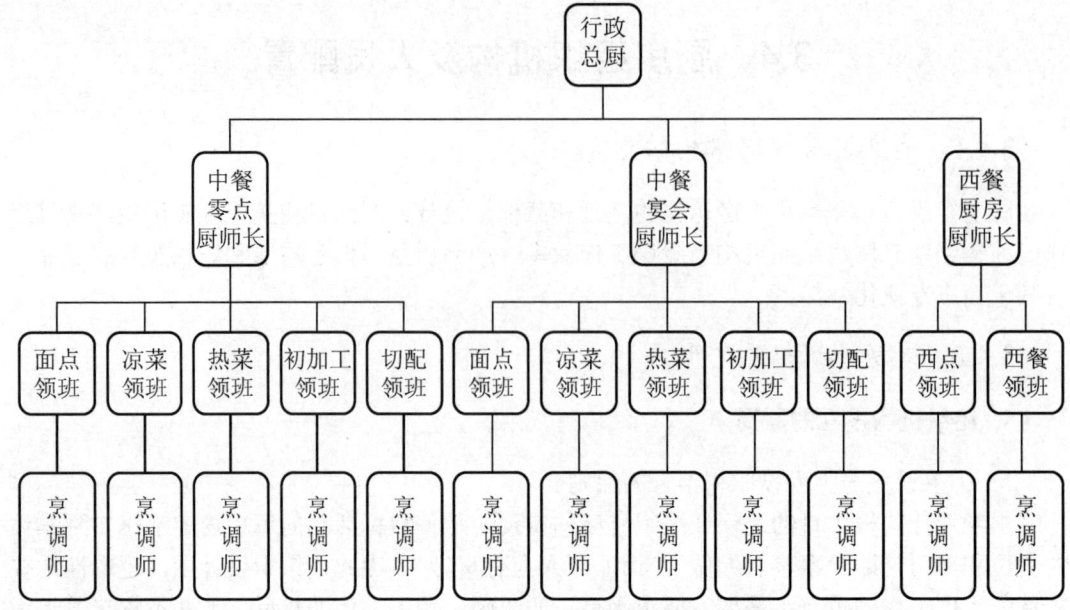

图 3-3 大型厨房的组织机构

厨房组织、厨房机构并非一成不变的，随着经营方式、策略的变化，厨房组织机构也需做相应的调整，以反映厨房生产各岗位和工种间的最新关系。

2）中型厨房的组织机构

中型厨房通常由餐饮部副经理或总厨师长负责整个厨房系统的生产运行，可设一个中餐厨房和一个西餐厨房，两个厨房兼有多种生产功能。中型厨房也可以采取大型厨房组织形式，设有若干个分厨房和中心厨房，只是厨房的规模稍小、岗位较少，其组织机构如图 3-4 所示。

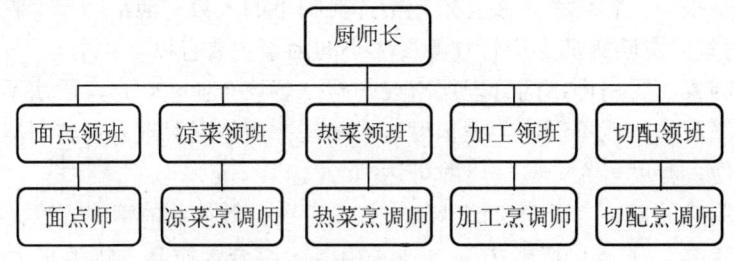

图 3-4 中型厨房的组织机构

3）小型厨房的组织机构

小型厨房规模较小，受厨房面积、厨房设备、烹调师等诸条件的限制，厨房组织形式较简单，通常由一名非脱产的厨师长对生产进行监督和指导。这种组织形式从管理人员到员工不存在中间层次，权力集中，命令统一，决策迅速，便于相互交流沟通，其组织机构如图 3-5 所示。

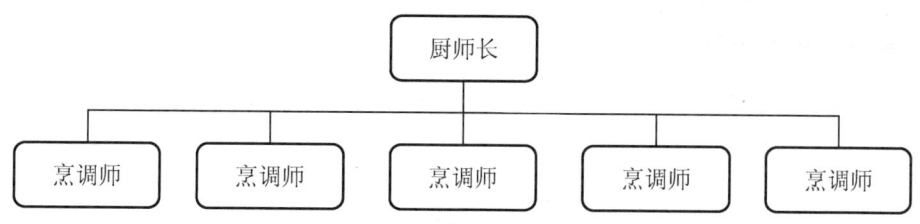

图 3-5　小型厨房的组织机构

3.4.3　烹调师配置和各岗位职责、素质要求

1. 烹调师配置的原则

1）以满负荷生产为中心的原则。
2）管理幅度适当的原则。
3）分工协作的原则。
4）符合劳动力成本控制的原则。
5）提高工作效率的原则。
6）根据工作预测配置烹调师的原则。
7）根据职务分析和岗位分析配备烹调师的原则。

2. 确定烹调师配置数量的方法

1）按比例确定

国外饭店一般以 30～50 个餐位配备一名烹调师，其间差距主要在于经营品种的多少和风味的不同。国内档次较高的饭店一般是 15 个餐位配一名烹调师；规模虽小但规格高的特色餐饮企业，甚至每 7～8 个餐位就配一名烹调师。中西方烹调师配比有较大悬殊，其原因主要是由于产品结构、品种数量、生产制作的繁简，以及原料的加工和设备、设施的配套使用等情况的不同而造成的。

粤菜厨房内部烹调师配备比例一般为一个炉头配备 7 个烹调师，如 2 个后镬（炉头）、2 个打荷、1 个上杂、2 个砧板、1 个水台、1 个大案（面点）、1 个洗碗、1 个剪菜煮饭、2 个走楼梯（跑菜）、2 个插班（如果炉头数在 6 个以上，可设专职大案，专职伙头）。其他菜系的厨房，炉灶烹调师与其他岗位烹调师（含加工、切配、打荷等）的比例是 1∶4，点心与冷菜烹调师的比例为 1∶1。这些均可用作参考。

2）按工作量确定

将规模、生产品种既定的厨房，每天所有加工制作菜点所需要的时间累计起来，即可计算出完成当天餐饮所有生产任务的总时间，再乘以一个烹调师轮休和病休等缺勤的系数，除以每位烹调师规定的日工作时间，便能得出烹调师的配置数量。公式为

$$总时间 \times (1+10\%) \div 8 = 餐饮生产人数$$

3）按岗位描述确定

根据厨房规模，设置厨房各工种岗位，将厨房所有工作任务分岗位进行描述，进而确定各工种岗位完成其相应任务所需要的人手，汇总厨房用工数量。

3. 厨房各班组的职能

由于厨房的组织形式各不相同，各班组的职能也就不尽相同。归纳起来厨房可由六大班组组成。

（1）加工班组。加工班组主要负责菜点原料的拣摘、洗涤、加工、切割，是为配菜打基础的部门。对厨房生产成本控制有很大的作用。

（2）配菜班组。配菜班组主要负责菜肴主料、配料、小料进行有机的配伍，为炉灶烹调做准备。该班组决定单位菜肴的用料数量，对厨房生产成本控制起着至关重要的作用。

（3）炉灶班组。炉灶班组将已配制好的菜肴原料烹制成符合风味要求的成品，并及时有序地提供出品。该班组是形成菜品风味、体现酒店厨师水平的重要部门。

（4）冷菜班组。冷菜班组包含着卤水部、烧腊部，负责开胃菜、烧烤、卤水菜肴、生冷菜肴、食品雕刻的制作出品工作。该班组的技艺精致与否，体现菜点的艺术性档次。

（5）面点班组。面点班组负责面食、米饭、粥、糕点食品的制作出品。

（6）燕鲍翅明档组。明档组一般设在零点大厅或迎门大厅里，明火亮灶，负责燕、鲍、翅、参、肚等高档原料的烹制，一般由专人制作，或由灶头、打荷、上杂共同完成。

4. 厨房的岗位职责与烹调师的素质

1）行政总厨的职责与素质要求

（1）岗位职责。负责整个厨房的组织、指挥、运转管理工作；通过设计、生产富有特色的菜点吸引客源；进行菜点质量和成本控制，为餐饮企业创造出最佳的经济效益和社会效益。

（2）素质要求。有强烈的工作责任心，高尚的职业道德；身体健康、无传染病、无色盲；受过专业技术训练、厨房管理、烹饪美学及营养学方面的专业培训；有较高的外语口语表达能力；有较高的组织协调能力、语言文字能力、业务实施能力；8年以上厨师长工作经验；具有国家认证的行政总厨职业资格证书。

2）中西厨房厨师长岗位职责与素质要求

（1）岗位职责。主要负责协助行政总厨全面负责中西厨房的生产管理工作；研究与发展适合本店特点的中西菜品；控制厨房食品成本；带领员工从事生产制作；注重培养各厨房领班管理能力和厨师的独立操作能力。

（2）素质要求。有为烹饪业做贡献的事业心，工作上认真负责；身体健康，经过营养配餐的专业技术培训；达到中级外语水平，西餐厨师长要有较高的翻译水平；有5年以上领班工作经历；具有国家认证的厨师长职业资格证书。

3）切配领班岗位职责与素质要求

（1）岗位职责。带领本组人员按规格切配原料，及时地向炉灶组提供备料。

（2）素质要求。有事业心，工作上认真负责；身体健康，经过烹饪专业的技术培训；有5年以上领班工作经历；具有国家认证的烹调师高级职业资格证书。

4）加工领班岗位职责与素质要求

（1）岗位职责。带领全组员工按规格加工原料，及时向切配组提供精料。

（2）素质要求。身体健康，有事业心，工作上认真负责；经过烹饪专业的技术培训；有2年以上领班工作经历；具有国家认证的烹调师中级职业资格证书。

5）冷菜领班岗位职责和素质要求

（1）岗位职责。带领员工进行冷菜制作，合理地安排冷菜雕刻、卤水的制作及上菜程序。

（2）素质要求。身体健康，有事业心，工作上认真负责；经过冷菜和雕刻的技术培训，有较高的审美能力；有5年以上领班工作经历；具有国家认证的烹调师高级职业资格证书。

6）面点领班的岗位职责与素质要求

（1）岗位职责。带领本组员工进行面点的加工制作，根据宴会的规格，穿插供应面点。

（2）素质要求。身体健康，有事业心，工作上认真负责；经过烹饪专业中西面点的技术培训；有5年以上领班工作经历；具有国家认证的烹调师高级职业资格证书。

7）炉灶厨师的岗位职责与素质要求

（1）岗位职责。接受领班的工作指令和督导，根据菜单准备好当天使用的调料和佐料；认真执行操作规程，负责菜品的烹调工作，满足客人对菜品的特殊要求；正确使用厨房设备与用具，负责检查其运转情况，做好维护与保养工作；节省消耗，降低成本。

（2）素质要求。热爱本职工作，对工作积极负责；身体健康，品貌端正，无传染病；高中（或中等职业技术学校）毕业或同等学力，获取烹调师中级职业资格证书；精通烹调原理，了解原料在加热过程中的理化反应；能正确识别油温，掌握火候，翻锅自如，出锅及时，装盘熟练，成形美观。

8）切配厨师的岗位职责与素质要求

（1）岗位职责。接受领班的工作指令和督导，根据菜单准备菜品的切配工作；根据菜肴质量要求，进行加工处理，提高原料利用率，严格控制成本；按照标准菜单配菜，按接到菜单的顺序交炉灶厨师烹调；负责岗位的操作卫生，定期清理冰箱，检查设备和用具的运转情况。

（2）素质要求。热爱本职工作，对工作积极负责；身体健康，品貌端正，无传染病；高中（或中等职业技术学校）毕业或同等学力，获取烹调师中级职业资格证书；熟悉原料的特性、营养价值和干货涨发知识，掌握原料品质、鉴定保管知识，精通成本核算；熟悉菜品的制作方法和特色，精于刀工。

9）打荷工的岗位职责与素质要求

（1）岗位职责。负责当天餐具的准备工作，并负责菜肴的装盘美化；与前台配合，控制出菜节奏和次序，按菜单分别走菜；负责菜品的上浆、挂糊等原料准备工作；负责菜品的蒸制工作；开餐前后做好岗位操作卫生。

（2）素质要求。热爱本职工作，对工作积极负责；身体健康，品貌端正，无传染病；了解菜品的制作方法和工艺要求，了解宴席上菜程序；具有一定烹饪美学知识，熟练、协调的进行菜点装盘和点缀。

10）粗加工岗位职责与素质要求

（1）岗位职责。对购进的原料进行认真拣摘、洗涤、保证原料的清洁卫生；保证原料营养成分，保持加工原料的原始色、香、味、形；熟悉原料的特性，注意分级利用，减少存放时间，及时送厨房使用；注意收集厨房的食品原料下脚，进行综合利用，努力降低食品成本；及时做好岗位操作卫生。

（2）素质要求。热爱本职工作，对工作积极负责；身体健康，品貌端正，无传染病；熟悉动物解剖知识，了解原料的特性，熟悉食品原料质量鉴别知识。

11）水台岗位职责与素质要求

（1）岗位职责。掌握各种飞禽走兽，海、河鱼鲜类原料的初步宰杀加工，能识别各种动物的肥、瘦、老、嫩、雌、雄，懂得饲养工作；及时给水产活养池换水、增氧，提高水产品的成活率；每天负责雪柜、冰箱清理，搞好水台岗位周围的清洁卫生；协助精加工厨师的工作。

（2）素质要求。热爱本职工作，对工作积极负责；身体健康，品貌端正，无传染病；掌握各类动物鲜活原料的初步宰杀加工，熟悉各种动物的鉴别知识，会饲养可食用动物。

12）冷菜岗位职责与素质要求

（1）岗位职责。接受领班工作指令和督导，根据菜单和开餐任务，准备好食品用料和用具；负责一切冷菜及花色拼盘、水果盘的制作，严格把好质量关，贯彻食品卫生制度；每天检查冰箱内的食品质量，应做到当天制作当天出售；检查冷菜间的设备和用具的运转情况，做好维护和保养工作。

（2）素质要求。热爱本职工作，对工作积极负责；身体健康，品貌端正，无传染病；精通各种冷菜的制作方法，精于雕刻，有较高的审美能力。

13）面点岗位职责与素质要求

（1）岗位职责。接受领班的工作指令和督导，根据开列的菜单和开餐任务，准备好食品原料和用具；负责中式面点及风味小吃的制作，按比例配制食品，控制食品成本；严格执行食品卫生法规，把好食品卫生质量关；检查面点房的设备和用具的运转情况，做好维护和保养工作。

（2）素质要求。热爱本职工作，对工作积极负责；身体健康，品貌端正，无传染病；精通各种面食、糕点的制作方法。

3.5　厨房的设计与布局

3.5.1　厨房设计与布局的要求

1. 厨房设计要确保工艺流程的顺畅

厨房生产从原料购进开始，经过初加工、切割配制到烹调出品，是一项接连不断、循序渐进的工作，因此在设计厨房时，应考虑所有作业面和设备的分布与厨房加工生产出品的次序相结合，要避免走回流路与交叉路，特别要防止各厨房烹调出菜路线与洗刷间、储物间、消毒室交错。在厨房的物流和人流的路线的设计布局时，应充分考虑到各厨房领料、清运垃圾路线的畅通。

2. 部门应尽量安排同楼层，尽量缩短服务距离

厨房作业流程如图3-6所示。厨房的生产、加工应集中紧凑，安排在同一楼层、同一区域内。这样可减少原料、成品的运输距离，提高工作效率，减轻厨房员工的劳动强度，便于管理者集中控制和督导，在实际设计中由于面积所限，同一楼层不能容纳全部的厨房和工作室，可以将职能相近的工作室、干货室、卤水间、烧烤间等合并到同一厨房，同一楼层内合并的厨房一定要考虑到各楼层之间的关系，尽量设在中间地带。要尽量使出品厨房接近餐厅，这样有利减少产成品的运输时间，加快上菜速度，最大限度地保证产品的口味。

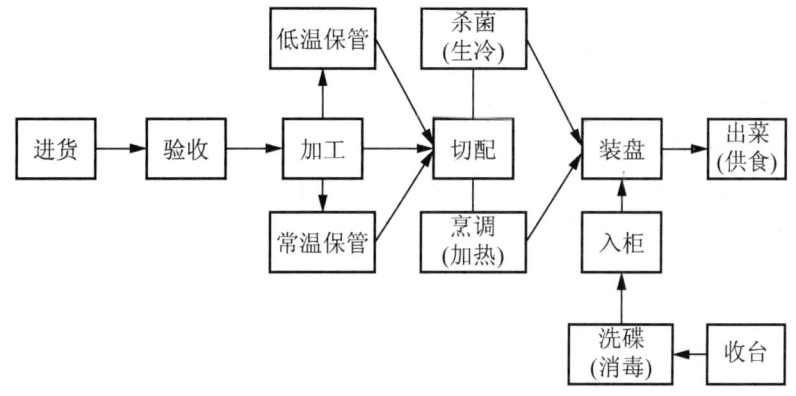

图 3-6 厨房作业流程

3. 注重食品卫生和生产安全

厨房设计布局还应考虑到卫生和安全因素，食品的卫生是厨房生产经营的先决条件，厨房的安全生产也是非常重要的，它与食品卫生并重于厨房生产经营之上。

4. 留有调整发展空间

厨房在设计布局时要避免设备的紧密排列，要留有发展空间，应考虑到中长期的发展规划和厨房设计出现的新形式，以便在以后的厨房调整中留有余地。

3.5.2 厨房设计与布局的程序和方法

楼房的建筑设计者往往先入为主地对厨房进行设计和布局。而这些厨房所需的功能，建筑设计者并不十分了解。更有甚者，在餐饮、经营策划、经营目标、经营方式、经营品种等都没有确定的情况下，就开始厨房的设置了。这样的厨房布局和设计可能装修很豪华，但厨房的功能不能满足餐饮生产和厨师操作的需要，结果出现厨房完工交付之日也是改造开始之时的怪现象。

理想的厨房设计布局的一般程序和方法如下。

（1）在地点选择、经营策划、经营目标、经营方式、经营品种等都确定的情况下，按照厨房的使用功能来决定整体的设计思路。

（2）根据整体思路，再进行厨房位置和面积的确定、内部环境设计的确定、具体布局的确定，以及厨房其他方面布局的确定，如照明要求、温度控制、噪声控制、色调的确定及设备摆放距离等因素的确定。

（3）在以上各种因素都基本确定的情况下，实施整个厨房的具体设计和布局。

（4）按照一定的比例，画出厨房整体设计和布局的图纸，并标出代码。

（5）在图纸下面，具体标出图纸中代码所代表的设备、设施和摆放的用具的名称，并标出具体的面积和体积尺寸。

（6）最后，应估算出整个厨房的设计费用，设备、设施及用具的采购费用等。

厨房的设计是一项综合工程。一般来说，大型厨房设计大致有以下人员参加：厨房建设设计人员、厨房装饰设计人员、厨房水暖工程技术人员、饭店管理人员、厨房策划人员、厨房管理人员、厨房操作人员等。

厨房初建时期，在听取厨房管理和操作人员建议的基础上，以厨房建设设计、土建水暖、工程技术和装饰设计人员为主拟订建设方案草案，经厨房管理部门审核后，由投资方最后核定。厨房建筑完成后，对厨房内部的设计与布局则应以厨房策划、管理、操作人员为主，拿出设计布局方案，经厨房管理部门审核后实施。

3.5.3 厨房设计与布局的内容

1. 厨房面积的设计与设施布局

厨房面积应与餐厅有一个合适的比例。厨房面积对顺利进行厨房生产是至关重要的，它将直接影响到厨房的工作效率和生产量。在实践上，厨房面积的设计虽没有严格的标准或计算公式，但可根据就餐人员的数量来确定，其参考数据见表3-3～表3-5。

表3-3 面积比例简表

餐饮各部分名称	餐饮各部分占餐饮总面积比例
餐厅	50%左右
厨房	21%左右
其他（如办公室、仓库等）	29%左右

表3-4 根据餐厅餐位确定厨房面积

餐厅餐位数/人	人均占有面积/平方米	厨房面积/平方米	厨房占总面积的比率
100	0.6	50	50%左右
250	0.48	118	47%
500	0.46	220	44%
750	0.4	307	41%
1 000	0.35	380	38%
1 500	0.33	525	35%
2 000	0.3	640	32%

表 3-5　中餐厨房生产区域面积分配情况一览表

厨房各生产岗位名称	所占厨房总面积的比率
炒锅岗	30%
配菜岗	15%
面点粉笼岗	15%
凉菜卤水烧腊岗	10%
原料初加工岗	15%
鲍翅明档岗	10%
厨师长	5%

2. 厨房设备布局

（1）相背形布局。相背形布局是把所有的烹调设备背靠背地组合在厨房内，置于同一通风排气罩下，厨师相对而站，进行操作。工作台安装在厨师背后，其他公用设备可分布在附近的地方。这种布局由于设备比较集中，使用一个通风排气罩比较经济，但存在厨师操作时必须多次转身取工具、原料，以及必须多走路才能使用其他设备的缺点。

（2）直线形布局。这种布局适用于大型餐馆分工较细的操作过程。所有主要烹调设备通常依墙直线排列，置于一个长方形通风排气罩下。每位厨师按分工专门负责某一类菜肴的加工烹制，所需的设备均分布在左右和附近。与之相应的厨房其他设备（如打荷台、出菜台）等也是直接排放。这种布局使厨房整洁清爽，流程合理通畅。

（3）U 形布局。厨房设备较多而所需生产人员不多，出品较集中的厨房部门可按 U 形布局。这种布局一般将工作台、冰柜及加热设备四周摆放留一出口供人员、原料进出，这样人可以在中间操作取料方便，而且可节省跑路距离。这种布局一般适用于点心间，冷菜间，火锅、涮锅操作间等。

（4）L 形布局。L 形布局通常将设备沿墙设置成一个直角形，当厨房面积、形状不便于设备做直线形或相背形布局的，往往采用 L 形布局。这种布局是将小型设备放在一边，大型设备呈直线形放置于另一边，两边相连呈直角形式，集中加热抽排烟，这样厨师可兼顾同一组设备，可节省人力。这样布局一般在面点生产间、西饼屋和小型厨房得到应用。

3. 厨房的高度设计

厨房的高度设计，主要是指炉灶烹调操作间的高度设计。高度在 2.8～4.3 米较为适合。

4. 厨房的配套设施设计

1）通风设施设计

厨房内通风设施的选择，是厨房通风良好的先决条件。厨房通风设施的选择，主要是依据厨房的面积大小所能容纳的空气体积数和厨房每小时的换气次数，来决定厨房每小时应输出和输进的空气数。为此，可按公式：$M=V \times S$ 进行计算。

在上述公式中，M 代表厨房内每小时输入输出的空气体积，单位是立方米；V 代表厨房内空气体积,单位是立方米;S 代表每小时换气次数。据测定,一个厨房内换气的次数应不低于每小时 40 次,不高于每小时 60 次,也就是说,厨房内每小时适宜的换气次数应在 40~60 次之间。

2)照明设施设计

厨房照明,应达到光线适度的要求。厨房内照明为 200~300 勒克斯,加工烹调工作台的照明是 350~400 勒克斯。同时光照还应达到确保工作人员的安全为标准。

3)温度设施设计

厨房内温度应常年保持在 20℃左右为宜。有条件的厨房应安装空调装置,调节厨房内温度。

4)消声设施设计

厨房是产生噪声的地方。噪声主要来自排风设备、排气设备、冰箱冷冻设备及厨房内刀工切配声音、煎炸烹调等食品制作声音。可以安装消声设备,消除这些机器、器械所产生的噪声。

5)冷热水供应、排水设施设计

厨房内冷热水应该都有,这就要求厨房内的灶台,应分别接通冷热水供应管道,并且在灶台上面也分别安装冷热水开关,最好是每个灶台安装一对冷热水开关,以方便烹调制作。

厨房内的排水设施是地面排水槽、排水槽盖、排水槽出入口、下水口、下水道等。地面排水槽的走向应是朝着下水口的方向越来越低,以防止槽内水涨满时,形成水的回流。

5. 厨房的装修设计

厨房的地面,应使用卫生、耐脏、防滑、耐磨,不吸水和油、易打扫的地面装饰材料。厨房墙面和天花板的装饰主要是从美观和卫生两个角度来考虑的。墙面材料应选择耐腐蚀、耐潮湿、不易积存油污或较易清洗的瓷砖、瓷瓦等装饰料。同时,厨房内烟雾和水汽遍布各个角落,所以,墙面瓷砖应从墙角一直铺到和天花板相接之处。

3.6 厨房设备及用具管理

3.6.1 厨房设备及选购程序

1. 厨房设备的要求

1)卫生

由于厨房设备是生产供人食用的产品的,大部分设备将与食品直接接触。所以,国家要求厨房设备必须符合有关标准,必须通过有关设备毒性试验的检验、设备必须无味、无毒,不给食品带来污染和损害并易清洁、消毒、杀菌等,它是对厨房设备的最基本的要求。

2)较高的抗腐蚀性

在厨房生产过程中,大部分设备与酸、碱、盐、油、蒸汽、热空气等物质直接接触,这要求设备与器具有良好的抗腐蚀性能和化学稳定性能,即使在高温热辐射、热油等的条件下，也要有良好的抗氧化性和抗腐蚀性，不能因上述原因而生成有害人体健康和损害食品风味、营养的成分，更不能使器具和设备生锈和遭到损坏。

3）较强的耐磨性

由于烹饪过程中的特殊性，热损和机械磨损较突出，频繁进行加热和操作要求设备和部件具有较好的性能。

2. 厨房设备的分类

1）原料预处理设备

原料预处理设备是烹饪原料在烹制前进行机械加工的装置。可分为两大类。

（1）原料加工设备。主要有锯骨机、切片机、榨汁机、搅拌机、绞肉机、家禽脱毛机等。

（2）面点加工设备。例如，和面机、压面机、搅拌机、打蛋机等。

2）加热设备

加热设备是对烹饪材料进行加热或熟制处理的设备，根据能源的不同可分为燃料设备和电热设备。

（1）燃料设备。以固体、液体、气体燃料为热源的设备，如炉台灶炉、煲仔炉等。

（2）电热设备。以电为能源，且能够经济而有效的用于食品热处理方面的设备，如电烤箱、微波炉、电煎锅、电炸锅等。

3）其他设备

厨房设备中还有其他一些不可缺少的设备，如制冷设备、通风排气设备、清洁消毒设备、给水设备、供电照明设备、消防设备等。

4）厨房器具

厨房器具的分类方法多样，按用途可分为加工类器具、烹调类器具、其他器具。

3. 厨房设备的选购程序

1）项目提出

根据生产规模、经营方针和厨房的实际需要，提出所需的设备清单。

2）调查研究

（1）餐饮企业提出项目的理由与背景、设备的利用率和潜力状况、安装设备的环境条件、能源的供应情况、资金来源、操作和维护的技术水平和人员配备等方案。

（2）设备制造厂方面。厂家信誉情况、技术水平、质量状况及售后服务。

（3）费用、售价、运输费、安装费、保险费等。

3）进行可行性研究

（1）总论。酒店投资项目的背景和历史条件，对研究结果的概要说明及项目存在问题和解决方案。

（2）与项目有关的市场状况和前景。

（3）设备与所需能源的关系。指对保证设备正常运转所需的能源、辅助材料和配件等物资条件应有充分的分析研究。

（4）环境保护。指设备运行是否存在排放废气、油烟和噪声污染问题，并提出解决方案。

（5）设备投资方案的经济评价。经济评价是可行性研究的主要内容，要说明投资总额、资金来源、投资方案的经济效益，要对多种方案进行客观比较，选择最佳方案。

（6）项目的实施计划。要精心安排项目的规划、设计、采购、安装、试验和投产等工作。

（7）可行性研究结论。综合各项分析，从技术、经济方面归纳可行性意见，并明确存在问题和提出解决方案。

3.6.2　厨房设备及用具的使用和保养

厨房设备及用具是经营投资的重要部分，更是厨房生产中必不可少的条件之一，加强厨房设备的使用保养也是厨房管理的重要内容。

厨房设备及用具一般有冷库、冰箱、烤箱、打蛋机、粉碎机、压面机、微波炉、炒灶、蒸灶、西菜炉、烙箱、煲仔灶、烤炉、炒锅、铁筷子、笊篱、油盐子、调料盒、刀、雕刻刀、菜墩子、配菜马斗、炊帚、擀面杖、面盆及其他工具、用具。

厨房设备及用具的使用必须根据各种设备说明书进行培训、操作，并将所有说明书集中保存（备查）。主要设备做到专人使用、定期保养维修，若有不安全、不正常的迹象应及时报修。

各种设备的放置位置要恰当合理，要便于使用、便于维修保养、利于设备不受有害气体与其他腐蚀物的影响。各种设备都应保持清洁，定期清洗、清理。

储存物品要区分品种、类型而分别放置。工具、用具也要有使用手续，集中放置。个人使用物品个人保管。

3.6.3　厨房设备的管理方法

（1）建立设备档案，做好分类编号。
（2）分级归口制定维修保养规程，实行岗位责任制。
（3）随时考核设备使用效果，提高设备利用率。
（4）制定设备及用具卫生清理的制度和规范，落实到人。

知识链接 3—1

厨房六常管理

餐饮六常管理法是传统的"5S"管理与实际相结合的一种现场管理方法，它通过对酒店人、机、料、法、环等实施"六常"（即常分类、常整理、常清洁、常维护、常规范、常教育）管理，培养人们良好的工作习惯，从而生产出高品质的产品和实现高品质的服务，杜绝或减少浪费，提高生产力，提升企业形象及竞争力。

（1）常分类。明确区分需要和不需要的物品；不需要的物品及时处理掉。
（2）常整理。需要的物品降到最低用量，并按规定定位、定量摆放整齐，明确标示。
（3）常清洁。经常清扫，保持整洁。
（4）常维护。对分类、整理、清洁的成果予以维护、保持。
（5）常规范。对人的行为进行规范。
（6）常教育。通过批评教育让员工养成良好的习惯。

案例分析

专程参观厨房

青岛的夏天，蔚蓝色的天空，蔚蓝色的大海，美丽的东方酒店矗立岸边。这天，餐饮部办公室来了三位客人。带头的索先生是东北某大酒店的餐饮部经理。他们一直仰慕青岛东方酒店的厨房设计和卫生管理，这次专程前来参观学习。

三位客人在东方酒店董经理的带领下来到厨房。一看，果然名不虚传，厨房设计很有特色。只见制作中餐、西餐等各种食品的专用间相互隔离，但又互相衔接；厨房高度达 5.2 米；墙壁全部采用防水、防毒、不渗不漏、便于清洗的瓷瓦、瓷砖等建材装修；屋顶是铝制天花板，平整光亮，无缝隙，不凝水珠；厨房地面由红色地砖铺就，一无积水，二无黑斑，三无油垢；防虫、防尘、防蝇、防腐、防鼠等卫生设施一应俱全；各种餐具、茶具、酒具的数量均可接待人数的 3 倍。三位客人连声称赞，他们在厨房拍了许多照片，画下了平面布置图，并在记事本上记下了很多东西。

在一个加工间的墙壁前，三位客人突然停住了脚步。原来那儿张贴着一张《厨房卫生管理制度》，上面有厨房工作人员的个人卫生要求、各食品加工间的卫生管理要求、原材料的选购验收和加工制作过程的卫生管理要求、成品和半成品的存放规定等详细内容。东北客人频频点头称道。

"我们还有'五定'制度，即定人、定点、定岗、定时、定责任区；有'四隔离'制度，即生熟隔离、鱼肉隔离、成品与半成品隔离、食物与杂物隔离；个人卫生要求'四勤'，即勤洗澡、勤洗手、勤剪指甲、勤换工作服；餐具有'四过关'制度，即洗、刷、冲、消毒。我们的厨房环境卫生实行责任区包干负责制，夜厨每天负责天花板、灯罩和排气扇等高处和其他卫生死角的清洁，甚至连保鲜纸的使用都有十分详细的规定。"董经理不无自豪地介绍道。三位客人听了不时发出啧啧叹声。他们又进一步了解到东方酒店厨房制度的 3 个特点："严""细""明"。制度之"严"在于卫生考核和奖惩相结合，凡发现不按食品卫生要求操作的人员或不清洁卫生的现象，立即停止工作并进行整改，还要扣班组奖金。餐饮部全体人员每年至少检查一次身体，并进行一次食品卫生法及卫生管理制度的考试，凡不合格者即令其下岗培训，或调离岗位，或予以劝退。制度之"细"在于所有条款都规定得具体，如"加工海产品所用过的器具及加工人员的双手都必须及时用 1%食醋洗刷消毒 5 分钟"，细致程度可见一斑。制度之"明"则在于检查落实，责任明确，班组包片，个人包件，部门每月考核。厨房内每个人对自己的卫生责任了如指掌，对他人的职责范围同样一清二楚，这样就不会再有卫生死角了。由于东方酒店厨房卫生工作抓得紧，因此先后获得了"全国卫生城市检查优胜单位""山东省食品卫生达标先进单位"等荣誉称号。

请结合案例分析

酒店宾客一般不会走到厨房里去，因此酒店领导对厨房的管理是否可以比对餐厅的管理松一点？

本章小结

厨房生产活动的正常运作管理，首先要通过比较成熟而先进的厨房管理方法，调动烹调师的积极性，从而能动、高效、高质量地完成厨房生产任务；厨房生产运作的正常进行，必须以完善、健全的各种厨房管理规章制度为保证。因此，通过制度的细化和规范化，厨房的管理才能进入一个正常有序的运作流程。

其次，要建立起合理的厨房生产组织机构，并本着科学、合理、经济、高效、实用的原则，配置相应资格的烹调师。根据厨房生产规模结构的不同，厨房组织机构可分设为不同形式。现代大型厨房、中型厨房和小型厨房的组织机构各有特点。厨房烹调师的配置，包括两层含义：一是指满足厨房生产的所有烹调师（含管理人员）的配备，也就是厨房烹调师定额；二是指烹调师的分工定岗，即厨房各岗位选择、配置烹调师的标准。这种标准，就是烹调师各岗位的职责和素质要求。

最后，通过了解厨房设计与布局的要求，明确厨房设计与布局的编写程序和方法，在实践中，对厨房设计和布局的所有内容进行细致的研究和落实。并且对厨房设备及用具的选购、使用、保养和管理的方法和措施有一个详细的、全面的认识，在实际工作中，掌握厨房各种设备、设施和用具管理的原则和方法。

关键术语

厨房　Kitchen

厨房管理　Kitchen Management

激励工作法　Incentive Method

厨房管理制度　Kitchen Management System

复习思考题

一、选择题

1. 厨房根据规模可分为（　　）。
    A. 小型厨房　　　　B. 中型厨房　　　　C. 大型厨房　　　　D. 超大型厨房
2. 厨房按照其生产的产品特点可分为（　　）等类型。
    A. 中餐厨房　　　　B. 西餐厨房　　　　C. 凉菜厨房　　　　D. 面点厨房
3. 下列内容中，属于行政总厨的岗位职责的是（　　）。
    A. 负责整个厨房的组织、指挥、运转管理工作
    B. 通过设计、生产富有特色的菜点吸引客源
    C. 进行菜点质量和成本控制，为餐饮企业创造出最佳的经济效益和社会效益
    D. 注重培养各厨房领班管理能力

二、简答题

1. 厨房管理的基本职能、主要任务各是什么？
2. 厨房管理的方法有哪些？
3. 厨房布局有哪些类型？

第4章　餐饮菜单管理

本章知识要点

知识要点	掌握程度	相关知识
菜单概述	熟悉	（1）菜单的概念 （2）菜单的作用 （3）菜单的种类
菜单设计与编排	熟悉	（1）菜单设计的基本原则 （2）菜单的基本内容 （3）菜单设计者的素质要求
菜单制订程序	掌握	（1）准备所需参考资料 （2）推行标准菜谱 （3）初步设计构思 （4）菜单的装潢设计
菜单定价	熟悉	（1）影响菜单定价的因素 （2）菜单定价的目标 （3）菜单定价的方法 （4）菜单定价的策略
菜单的艺术装饰	掌握	（1）菜单封面设计 （2）菜单色彩的选择 （3）菜单用纸的选择

本章技能要点

技能要点	掌握程度	应用方向
菜单设计	重点掌握	能够根据餐厅类型及经营特色设计菜单

> 导入案例

眉州东坡"四季菜谱"创新

随着时代的发展、社会的进步,人们对饮食也越来越讲究,如季节性,正所谓"不时不食",不属于某个时节的菜品,就不在那个季节吃。反过来说,时令菜也越来越受欢迎,正所谓"因时而食"。但是,很多餐厅的菜谱常年不变,一年到头都是那些老菜品,了无新意。不过,也有不少餐饮企业捕捉到了其中的商机,适时推出了时令菜和四季菜谱,眉州东坡就是其中之一。早在2001年,眉州东坡就把突出新菜形成制度,之后又推出了四季菜谱,对四季菜谱系统命名并进行了注册。眉州东坡的四季菜谱,主要是对主菜谱的辅助,同时也是一种创新。一般来说,主菜谱上所没有的、时下比较流行的、应季的菜品,都是四季菜谱着力打造的,另外还有一些传统的菜品,眉州东坡也会拿来进行改造创新,最后以新的面貌呈献给顾客。眉州东坡菜谱的特点,就是创造时尚、坚持经典,秉承传统。四季菜谱的推出,可谓眉州东坡创造时尚的代表作之一。咏春、沁夏、赏秋、煨冬四大季节菜谱,无论是菜品的研发创新,还是菜谱的设计制作,都是当今餐饮界四季菜谱的扛鼎之作,引领了时代的潮流。从2012年开始,眉州东坡每个季节的新菜谱推出之时,都会召开新闻发布会,吸引了众多餐饮同行和大众媒体的关注。

讨论题
1. 餐饮企业菜单对经营有什么作用?
2. 餐饮企业如何利用菜单进行营销?

评析

菜单是餐饮企业经营的重要工具,对餐饮企业具有重要作用。而案例中的餐饮企业充分认识到了这一点,他们把应季菜和时令菜的研发和推广也渐渐程序化、专业化,获得了较好的经营效果,实为企业利用菜单促进经营业绩提升的典范。

4.1 菜单概述

4.1.1 菜单的概念

"菜单"一词来自拉丁语,原意为"指示的备忘录",是厨师用于备忘而记录的菜肴清单。现代餐厅的菜单,不仅要给厨师看,还要给客人看。菜单是餐厅作为经营者向用餐者展示其各类餐饮产品的书面形式的总称,即餐厅的商品目录和介绍书。菜单是餐厅的消费指南,也是餐厅最重要的"名片"。

4.1.2 菜单的作用

1. 菜单是沟通餐饮经营者与消费者之间的桥梁

餐厅通过菜单向客人介绍餐厅提供的产品、推销餐饮服务,体现餐厅的经营意图。客人则通过菜单了解餐厅的类别、特色、产品、价格,并凭借菜单选择自己需要的产品和服务。菜单起着促成买卖的媒介作用。

2. 菜单是餐饮销售的控制工具

菜单是管理人员分析菜肴销售状况的基础资料。管理人员定期对菜单上每项菜品的销售情况、顾客喜爱程度、顾客点菜价格敏感度等进行分析统计,会发现菜点生产计划、烹调技术、菜点定价及菜点选择方面的问题。从而能帮助管理人员更换菜点品种,改进生产技术,改善菜点的促销方法和定价方法。

3. 菜单是餐饮促销的重要载体

促销体现为两方面。
(1)通过提供信息向顾客促销,包括菜点图片,引起顾客丰富的想象,勾起顾客食欲,图片展示能促进高利润菜品的销售;
(2)菜单美观的艺术设计衬托餐厅的形象,容易使顾客产生好感,从而达到促进销售的目的。

4. 菜单决定餐饮营业的档次和风格

当你进入餐厅看到餐厅中使用的是纸垫式菜单,那么你可以判断这是一家什么档次的餐厅?当然是服务快捷简单的快餐厅。如果你看到的是装帧考究、图片精美的合页式菜单呢?那这家餐厅的档次肯定不会很低。同样,如果你在餐厅中看到的是西餐菜单,那么马上就能判断这家餐厅的风格是西餐厅。

5. 菜单决定食品原料的采购与储存

固定菜单要求原材料采购、储存保持一定稳定性。而循环式菜单要求采购与储存要经常变动,从而使其变得纷繁复杂。

6. 菜单决定餐饮设备

中式菜单要采用中式生产设备,西式菜单要采用西式生产设备。做牛扒必须使用烤板、做北京烤鸭必须使用挂炉,烤乳猪经常使用明烤炉,每种菜式都有相应的加工烹制设备和服务餐具。菜式越多,所需设备种类就越多;菜式水平越高,所需设备餐具就越特殊。菜单在一定程度上决定了餐饮的设备成本。

7. 菜单决定餐饮成本的控制

原料昂贵菜肴过多,导致成本过高;精雕细刻菜肴过多,增加劳动成本。餐饮成本管理要从菜单设计开始。

8. 菜单决定厨房布局及餐厅装饰

厨房布局及餐厅装饰同样受菜单内容的影响。连锁经营的肯德基、麦当劳、汉堡包王具有完全相同的厨房布局，因为其连锁店间具有完全相同的菜单；而中餐厅就很难找到布局完全相同的厨房，因为菜单内容总有不同。中式菜单就决定了厨房和餐厅一定是中式风格的，同样，西式菜单也决定了厨房和餐厅一定是西式风格的。中式厨房、餐厅的布局要求与西式厨房、餐厅的布局要求大相径庭，快餐厨房、餐厅与正餐厨房、餐厅的设备安排和装修装饰也相去甚远。

4.1.3 菜单的种类

1. 零点菜单

零点菜单是餐厅使用最广泛、最基本的菜单。它按一定的程序排列餐厅提供的各式菜点，每个菜都有单独的价格，就餐宾客可以根据其消费能力、口味喜好自由选择所需的菜点，其价格层次和结构比较开阔，能满足不同消费者的需求。零点菜单不但普遍适用于一般社会餐馆，而且同样适用于旅游饭店的各类正餐厅、风味餐厅、咖啡厅等。

2. 套餐菜单

套餐是根据顾客的需求，将各种不同营养成分、不同食品原料、制作方法、菜式、颜色、质地、味道及不同价格的菜肴合理地搭配在一起，设计成一套菜单，并制定出每套菜肴的价格。套餐菜单上的菜肴品种、数量、价格全是固定的，顾客不能自由选择，只能购买固定的一套菜肴。套餐菜单的特点是节省了顾客点菜时间，价格比零点菜单更便宜。

3. 宴会菜单

宴会菜单（图4-1）是根据客人的饮食习惯、口味特点、消费标准和宴请单位或个人的要求而特别制定的菜单。餐饮企业一般会根据季节、标准等制定几套宴会菜单，当客人前来预订时再根据客人的要求做适当的调整。宴会菜单体现饭店或餐厅的经营特色，菜单上的菜肴是该饭店或餐厅著名的美味佳肴，并在原料和工艺的协调方面进行了认真的筹划，同时还根据不同的季节安排一些时令菜肴。

4. 自助餐菜单

自助餐形式的菜单多种多样，有的以美食广告的形式宣传促销，更多的是与自助餐食台的布置装饰结合，菜台以同样的规格和巧妙的布局标示菜点饮品，可看作"立体菜单"。自助餐菜单的定价方式一般也有两种：一种是与套餐菜单相同的包价方式，即价格固定，然后由客人任意选

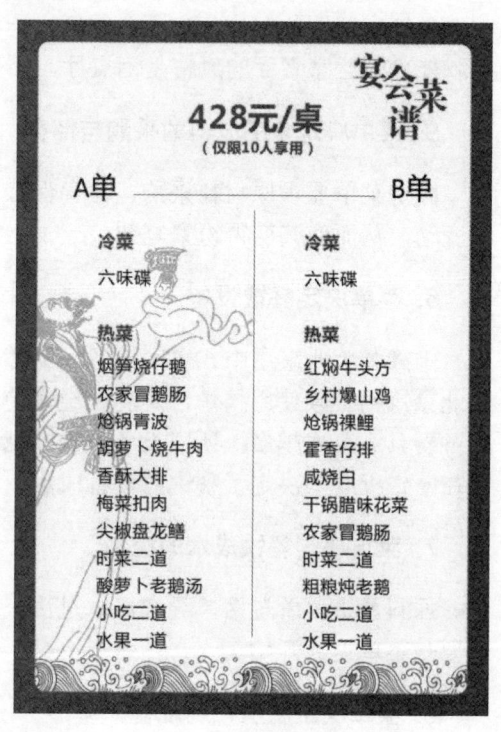

图4-1 宴会菜单

择餐厅所提供的所有菜点；另一种是每种菜点单独定价，客人选择某种菜点就支付该菜点的价格。常见的自助餐形式菜单有自助餐宴会菜单、冷餐会菜单、鸡尾酒会菜单、池畔花园烧烤等户外自助餐餐饮活动的菜单。

5. 酒水单

酒水单的类型与内容依据餐饮场所的功能和提供的服务项目设置，其表现形式和菜单相似。酒单和菜单同等重要，相当一部分餐饮企业的菜单与酒单合二为一，但最好还是单独设计酒单。酒单应清楚、整洁和精美，不宜太复杂，而且应根据客人的需求经常更新。

4.2 菜单设计与编排

因为菜单对餐厅的经营管理具有重要的意义和作用，所以餐厅在设计和制定菜单时不能马虎了事，而应精心设计，制作出一份精美、科学合理的菜单。

4.2.1 菜单设计和制作的原则

1. 以顾客需求为导向

餐厅要以顾客需求为导向，顾客喜欢吃什么菜、吃什么档次的菜必须清楚。因为满足顾客需求是餐厅经营制胜的根本，所以菜单设计也必须体现顾客的需求，如是大众化菜还是风味菜，是川菜还是粤菜。顾客的需求不同，菜单的设计是完全不同的。

2. 体现出自己的特色

餐厅首先要根据自己的经营方针来决定提供什么样的菜单。菜单设计要尽量将反映本店特色的菜肴列于菜单上，进行重点推销。即使大众化的餐厅，往往也有几道拿手菜、看家菜。因为如果没有几道稳得住、立得牢的看家菜，便很难吸引老主顾、新客源。因此，设计的菜单一定要突出特色，突出"拿手好菜"和"拳头产品"，把它们放在菜单的醒目位置，单列介绍，只有体现了自己的特色，才能给顾客留下深刻的印象。

3. 不断创新菜品以适应消费者

变是世间万物存在的根本，循规蹈矩只会走向失败。社会不断发展，顾客的口味和餐饮的形势也在不断变化，所以菜单也要推陈出新。最好是一个季度或半年更换一次，如果菜单长期不换，会缺乏吸引力，从而失去顾客；菜单长期不换，会影响菜肴的正常供应，因为有些原料受季节的影响，季节过后，会出现菜单上有菜，而实际上无货供应的局面，从而影响餐厅的信誉；长期不换菜单也不利于厨师烹调技艺的提高。菜单变更除了考虑季节因素以外，还要注意顾客饮食习惯的变化，如在营养、健康和健美等方面的饮食要求。

4. 设计美观大方

菜单不仅是餐厅的宣传工具，也是艺术品。所以菜单的式样、大小、颜色、字体、纸质、版面安排需要与餐厅的等级和气氛相协调，要与餐厅的陈设、布置、餐具、服务人员的服装相适应。大众化的餐厅尽管无需装饰精美的菜单，但美观大方的菜单，对增加菜品的销售是有帮助的。

5. 能创造经济效益

餐厅经营的最终目的是赚钱盈利，所以设计菜单时不仅要考虑到菜品的销售情况，更要考虑其盈利能力。如果菜的价格过高，顾客就可能接受不了；如果菜的价格过低，又会影响毛利，甚至可能出现亏损。因此，设计菜单时，应适当降低高成本菜的毛利而提高低成本菜的毛利，以保证在总体上达到规定的毛利率。

6. 量力而行，确有把握

以自己的能力为依据设计菜单，才能确保其发挥最佳的效用。所以，菜单设计者应对餐厅的生产能力做到心中有数，且具备过硬的生产服务技艺，保证所选择的菜品质量能达到预期的效果。这就要求在策划菜品时应充分考虑厨房生产人员的技术水平，同时要配有生产许多菜品的专用设备。

总之，在设计菜单时，要综合考虑上述几项原则和依据，只有如此，才能制定出较为科学合理的菜单。而且对于新制定的菜单，餐厅还必须对其进行测试，经过分析完善后，正式投入使用。

7. 形式多样不断创新

传统的菜单一般为纸质的，顾客阅读时较为方便，制作成本一般较低；但是菜单更新或菜品变化时，原菜单均需重新编排印刷，增加了餐饮企业的成本。随着科技的进步，现在不少餐饮企业都采用电子菜单（图 4-2），平板电脑或手机逐渐被越来越多的企业用作菜单的载体。同时，电子菜单也为餐厅实现远程点菜、O2O 服务模式，提升服务效率等提供了可能。这种变化不仅是菜单形式的变化，更体现了餐饮企业运用现代科技成果服务于顾客的服务形式的更新。

图 4-2　电子菜单

4.2.2 菜单的基本内容

菜单作为计划书，它的内容和分类要方便厨房的生产安排和销售统计。作为销售工具，首先要能清楚地、有逻辑地将信息正确而迅速地向顾客传递，同时通过内容的编写、顺序的安排及艺术处理影响顾客购买，引导他们多购买及选择餐厅最愿销售的菜品。一份完整的菜单一般应包括如下内容。

1. 餐厅名称和标识

餐厅的名字和标识（图 4-3）是餐饮菜单的主要内容之一，是影响客人对餐厅的第一印象的重要因素，在菜单设计中非常重要。一般来说，餐厅的名字和标识总是会出现在菜单的首页最醒目的位置，并且要使用比较引人注意的字体、颜色和图案，以引起客人的关注，造成一定的视觉冲击，使客人对餐厅留下深刻印象。

图 4-3　餐厅标识

2. 菜品的名称和价格

菜品的名字会直接影响顾客的选择。顾客往往会凭借品名去挑选其未曾品尝过的菜品。菜单上的品名会在就餐顾客的头脑中产生一种联想。顾客对餐饮是否满意在很大程度上取决于看过菜单品名后对菜品产生的期望值，而更重要的是，餐厅提供的菜品能否满足顾客的期望。有关菜品名称的设计是十分重要的。同样的一种食品，它的色、香、味是始终不变的，但如果给它某个特定的名称，它就会在人们头脑中产生一种特定的印象。同样的，菜品的不同名称也会引起不同的联想。深圳的香江酒楼把镇江名菜"柴把鸡"改名为"抱财鸡"，前后经营效果大不一样，可见菜品名称的重要。在给菜单上每种菜品命名时，一方面要尽量确切，不能太离奇；另一方面还要看到，菜品名称毕竟不是严格的科学命名，所以，可以在菜品名称的文字上多下些功夫。中式菜名有的如实反映原材料、配料情况、烹调方法和地方特色，或冠以创始者之名；有的针对食客搜奇猎异的心理，抓住菜的特色加以夸张，引人入胜的菜名，如"霸王别姬"是清蒸甲鱼和鸡；还有的则以讨口采而取名，如庆功祝捷宴上的"龙虎大会"是由蛇肉、猫肉烧成的；而寿宴上的"寿比南山"，则是一只南瓜、山鸡做成的菜，可谓音义无关，寓情、寓意、寓礼。中餐菜品名称中很多就富有这种寓意，如"百花齐放""腰缠万贯""天女散花"等。

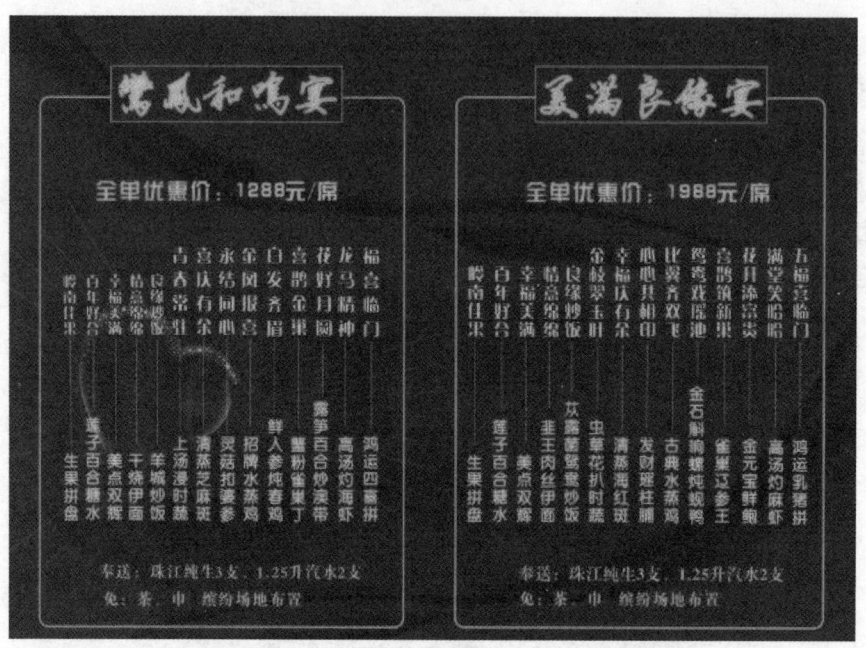

图 4-4　菜品名称

3. 菜肴特点、风格和制作等描述性说明

一份好的菜单的文字介绍，应该做到描述详尽，令人读后浮想联翩，从而起到促销的作用。有些菜单只是列出菜肴名称和价格，有些虽然列具了待销食品，但文字介绍杂乱无序，读起来味同嚼蜡，这都会影响促销。如果把菜单与杂志广告相比，其文字撰写的耗时费神程度并不亚于设计一份精彩的广告。菜品介绍可以简单，也可以详尽，其主旨就是为了增加菜品的趣味性和销售价值。例如，"奇门遁甲"这道菜就可以如此描述：此菜主要原料为鳝鱼脐门和甲鱼，实为鳝鱼脐门炖甲鱼，取谐音而得名"奇门遁甲"，常用来称颂主客双方的机变通达、前程远大。

4. 告知性说明

告知性说明包括餐厅的餐厅营业时间、服务内容、餐厅地址及其简况、电话号码、预订方法、联系人等内容。

5. 特别推荐菜单

菜单式餐饮企业非常重要的推销工具，为更好地提高销售效果，餐饮企业常常需要制作专门的菜单，对餐厅的特色菜、创新菜、高利润菜、原材料不宜久存的菜品等进行特别推销，这种菜单就叫做餐厅的特别推荐菜单（图 4-5）。特别推荐菜单经常被制作成单页菜单，或者制作成活页菜单，形式灵活，随时根据餐厅菜品或原材料的变化而及时推出。

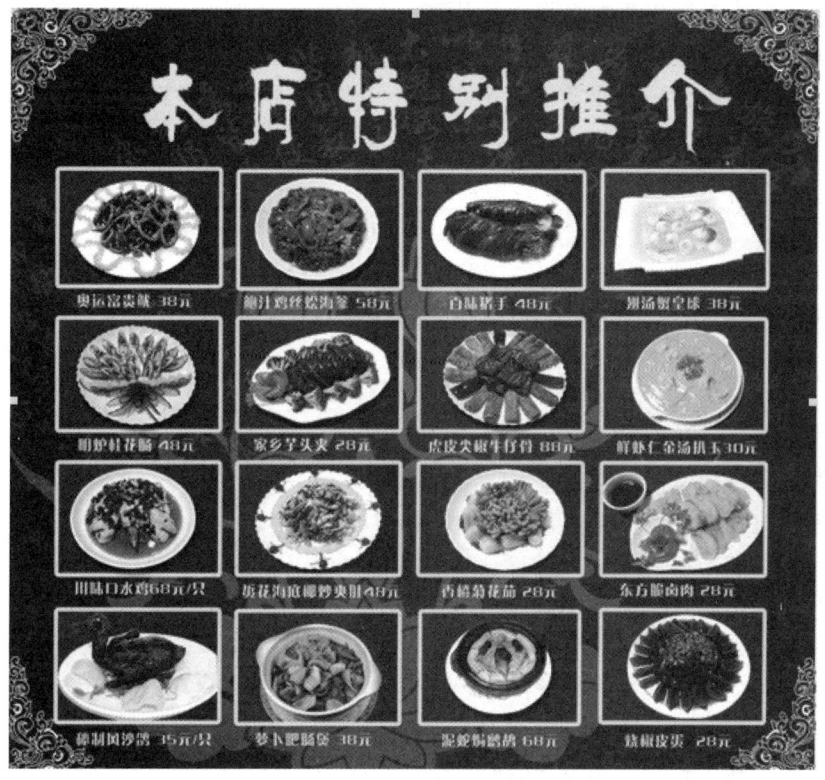

图 4-5　特别推荐菜单

4.2.3　对菜单设计者的素质要求

菜单的设计与制作工作是一项艺术性和技术性都很强的复杂工作，不是任何人都能胜任的。因为菜单设计在很大程度上受到设计者态度和能力的限制，所以菜单设计者要对菜肴知识有足够的了解，并富于创造性和想象力。不能把菜单设计看作一项日常杂务性工作，草草应付，使菜单失去吸引力。在实际经营中，许多中小餐厅把菜单设计全部交由某一位厨师承担，所开列出来的品种也是该厨师会做的品种。忽视了其中有很多不是顾客需要的品种，在其艺术性方面，则更显拙劣，毫无创新，缺乏吸引力，最终将导致经营的失败。

具体来说，菜单设计者应具有的素质有以下几项。

（1）具备广泛的食品原料知识。熟悉原料的品种、规格、品质、出产地、上市季节及其价格等。

（2）有深厚的烹调知识和较长的工作经历，熟悉各种菜肴的制作方法、时间和需用的设备，掌握菜肴的色、香、味、形、质地、质量、规格、装饰、包装（使用的餐具）和营养成分。

（3）了解餐厅的生产与服务设施、工作人员的业务水平。

（4）了解顾客需求及菜肴发展的趋势，善于结合传统菜肴的优点和现代餐饮习惯，有创新意识和构思技巧。

（5）有一定的美学和艺术修养，善于调配菜肴的颜色和稠度，善于菜肴的造型。

（6）善于沟通技巧，虚心听取有关人员的建议，具备筹划带有竞争力菜单的能力。

总之，只有具备较高职业素质，并具有一定权威性和责任感的烹调师才能设计和制作出科学完美的菜单。

4.3 菜单制订程序

对菜单进行制作和设计时，要按部就班、有条不紊地进行。其具体程序主要包括 4 个步骤。

4.3.1 准备所需参考资料

所需的参考资料包括以下几项。

（1）各种旧菜单，包括企业正在使用的菜单。

（2）标准菜谱档案。

（3）库存信息和时令菜单、畅销菜单等。

（4）每份菜成本或类似信息。

（5）各种烹饪技术书籍、普通词典、菜单词典。

（6）菜单食品饮料一览表。

（7）过去销售资料。

4.3.2 推行标准菜谱

标准菜谱是指关于菜点烹饪制作方法及原理的说明卡，它列明某一菜点在生产过程中所需要的各种主料、辅料及调料的名称、数量、操作方法、每份的量和装盘工具及其他必要的信息。利用标准菜谱不仅有利于计划菜肴成本，同时经营人员充分了解菜点的生产和服务要求，也有利于实现产品质量标准化的目的。

4.3.3 初步设计构思

刚开始构思时，最好选用一张空白表格，把可能提供给顾客的菜点、饮料、酒水等先填入表格，再综合考虑各项因素后确定菜单的内容。

4.3.4 菜单的装帧设计

在对菜单进行装帧设计时，可召集有关广告宣传、美工、有经验的厨师及相关管理人员，对菜单的封面设计、式样选择、图案文字说明等工作进行讨论。

但是无论在哪个步骤，设计者都必须把顾客的需求放在第一位，优先考虑他们的消费动机和心理因素，然后以此为依据，做好各步骤工作。

4.4 菜单定价

餐饮产品的价格是否合理，对产品的销售、企业在市场中的竞争力及其市场占有率、企业的营业收入和利润等都会产生极大的影响。因此，价格历来是企业经营管理中最敏感的问题，必须引起餐饮企业管理者的高度重视。

4.4.1 影响菜单定价的因素

1. 内部因素

内部因素主要有成本和费用、定价目标、产品、档次、原料、工艺、人力资源、经营水平、餐饮企业的形象等方面。

2. 外部因素

外部因素主要有市场需求、竞争因素、市场发展情况、环境、本地区人民生活水平、气候、消费者的心理价位等方面。

4.4.2 菜单定价的目标

1. 保本导向定价目标

在市场不景气或竞争异常激烈的情况下，许多餐饮企业为了生存，在定价时只求保本，待市场需求回升或企业有了一定知名度后再提高价格。另外，也有一些企业集团或公司为方便接待来往的客户而开办一家餐饮企业，此类餐饮企业也通常以保本为定价目标。

当餐饮企业的营业收入与固定成本、变动成本和营业税之和相等时，企业即可保本。餐饮企业保本点的营业收入等于固定成本除以贡献率（贡献率为 1－变动成本率－营业税税率），用公式表示为

保本点营业收入＝固定成本÷（1－变动成本率－营业税税率）

餐饮企业的固定成本包括房租、水电费用、人力资源成本、餐酒茶具消耗、管理费用、财务费用等。

餐饮企业的变动成本一般是指餐饮原料的成本，有些企业的变动成本也包括燃料费用。餐饮企业的平均变动成本率一般为 40%～60%，主要根据餐饮企业的等级或饭店的星级来确定。

餐饮企业的营业税税率属于固定税率，一般为 5%。

2. 利润导向定价目标

1）目标收益率

根据目标收益率来确定企业的定价目标，是最常见的利润导向定价目标。这种目标可以是获取占营业额一定百分比的利润率，也可以是获得一定的投资收益率，还可以是获得一定数额的利润。

餐饮企业要实现一定的目标利润，其营业收入可用公式表示为

营业收入＝（固定成本＋目标利润）÷（1－变动成本率－营业税税率）

2）追求最高利润

大多数餐饮企业均采用追求最高利润的定价目标。值得注意的是，追求最高利润，并不等于餐饮产品的最高价格，而是追求企业的长期最高总利润。为了实现这一目标，餐饮企业可能在短期内为了争取更多的消费者，而采用低价薄利的定价策略，或牺牲局部利润，如酒水饮料的进价销售或推出某些特价菜肴等，以争取整个企业的最高利润。

3）获得满意的利润

有些餐饮企业以获得令业主（投资者）满意的利润为定价目标。此类企业规定在将来的某一时期内（一般为一年）实现的利润数额或利润增长率，以确保企业的长期生存与发展。另外，许多餐饮企业认为对企业能否实现最高利润的目标很难精确地估量，因此也以获得满意的利润数额作为定价目标。

3．营业额导向定价目标

1）增加营业收入

大多数餐饮企业都相信营业额的增长即意味着利润的增加，但若通货膨胀严重、能源紧张或餐饮原材料缺乏，也会导致生产和销售成本、费用的增加，即使营业额增加，也未必会增加利润额。因此，虽然仍有企业以增加营业额为定价目标，但这些企业也同时将企业的利润作为定价目标。

2）维持原有的市场

在餐饮业的竞争日趋激烈的今天，许多餐饮企业都采取各种方法，以保持企业原有的客源市场，并据此作为定价目标。这些餐饮企业有固定的客户，为他们提供适口的餐饮产品，以使自己保持与本企业规模和声誉相适应的营业额水平。

3）开辟新的客源市场

作为有远见卓识的餐饮企业，往往采取各种方法来开辟新的客源市场。在原有市场已经饱和的情况下，针对本企业的具体情况，选择新的目标市场，并以他们的消费水平为依据来确定定价策略，很容易获得成功。

4．竞争导向定价目标

在市场经济条件下，竞争是不可避免的。当餐饮企业面对竞争时，通常会采用竞争导向的定价目标。竞争导向定价目标是指餐饮企业为应付或避免竞争而采用的一种定价目标，主要有以下两种情况。

1）应付或避免竞争

有相当多的餐饮企业制定产品价格的主要依据是对市场有决定影响的竞争者的价格。在一般情况下，消费者对价格较为敏感，因此，这些企业的餐饮产品价格不一定与竞争对手的价格完全相同，但会根据自己的具体情况而制定比竞争对手略低或稍高一些的价格。这些企业在成本、费用或消费者的需求发生变化时，如果竞争对手的餐饮产品价格保持不

变,它们也会维持原有的价格,但若竞争对手做出价格变动的决定时,它们也会对价格进行相应的调整,以应付竞争。

2)非价格竞争

有些知名度较高的餐饮企业通常会以非价格竞争作为定价目标。这些企业非常强调企业的兴旺取决于菜点和服务的质量及企业的品牌,而不与竞争对手进行价格竞争。采用这种定价目标的企业实际上是餐饮行业的佼佼者,其产品已经得到消费者的认可,也已经培育了一批忠诚的消费者。

4.4.3 菜单定价的方法

旅游饭店及餐饮企业的餐饮产品定价方法较多,且各不相同。每种定价方法各有优点和缺点。各饭店及餐饮企业应根据自己的具体情况及不同的产品类别灵活选用定价方法。

1. 成本导向定价法

成本导向定价法就是以产品的成本为中心来制定价格的定价方法。这也是传统的、运用较普遍的定价方式。具体做法是按照产品成本加一定的利润定价,如生产企业以生产成本为基础,商业零售企业则以进货成本为基础。由于利润一般按成本或售价的一定比例计算,故将一定的期望利润比率(又叫成本加成率,用%表示)加在成本上,因此成本导向定价法常被称为成本加成定价法。

成本导向定价法的具体步骤如下。

(1)算出产品成本。

(2)估计产品期望利润比率(%),这主要是由经营人员根据过去的经验,结合直觉来判断决定的。

(3)利用以下公式算出价格:

$$商品售价 = 产品成本 \times (1 + 成本加成率)$$

【例4-1】 某菜肴的原料成本为20元,餐饮经理确定期望利润比率为45%,那么,该菜肴的价格为

$$P = 20 元 \times (1 + 45\%) = 29 元$$

2. 需求导向定价法

需求导向定价法不再是以成本为基础,而是以宾客对产品价值的理解和认识程度为依据。各种产品的价值在消费者心目中都有特定的位置。当消费者选购某一产品时常会将该商品与其他同类商品进行比较,通过权衡相对价值的高低而决定是否够买。因此,企业向某一目标市场投放产品时,首先要给这种产品在目标市场上"定位",即企业要努力拉开本产品与市场上同类产品的差异,并运用各种营销手段来影响消费者的价值观念,使消费者感到购买该产品能比购买其他产品获得更多的相对利益。然后,企业就可以根据消费者所形成的价值观念大体确定产品价格。

4.4.4 菜单定价的策略

1. 心理定价策略

1）尾数定价策略
（1）餐饮产品的尾数应为奇数。
（2）餐饮产品的价格尾数应为6、8等吉利数字。
（3）注意定价中的第一位数字。
（4）应尽量让价格保持在一定范围内。
（5）价格不宜频繁调整。

2）整数定价策略
一般的消费者在购买某种商品时，对产品的制作过程或烹调技艺等都是不了解的，当然也无需去了解。而许多消费者都具有"一分价钱一分货"的价值观念，因此，餐饮企业在制定餐饮产品价格时应将产品的价格调整到代表产品价值效用数附近的整数，以使消费者比较容易接受并选购。

3）声望定价策略
消费者经常把价格看作产品质量的标志。知名度较高的餐饮企业或普通餐饮企业的高档餐饮产品在定价时应适当提高，既可提高本企业餐饮产品的身价，又衬托出消费者的身份、地位和消费能力，给消费者以心理上的极大满足。

2. 折扣定价策略

1）数量折扣
数量折扣分为非累计折扣和累计折扣两种，累计折扣又分为消费金额累计折扣和消费次数累计折扣。

2）时段折扣
餐饮经营的特点之一是餐饮消费受就餐时间的限制。因此，餐饮企业为扩大餐饮销售，通常会在营业的非高峰期间给予消费者以消费折扣优惠，这在星级饭店的咖啡厅、酒吧等处特别常见。

3）实物折扣
餐饮企业为鼓励客人大量消费本企业的餐饮产品，可给予消费者以实物的刺激，也会收到较好的效果，如为就餐客人赠送茶点、酒水、水果或纪念品等。实物折扣对于老顾客和有消费潜力的新顾客具有较大的吸引力。例如，餐饮企业为来就餐的外国客人赠送筷子、中式点心、当地的小纪念品；又如，餐饮企业为国内的餐饮消费者赠送菜肴、茶点、水果及纪念品等；再如，高星级饭店的西餐厅为就餐的客人赠送自制的巧克力等。

4）推销津贴
为鼓励客户为餐饮企业招徕客源，有些餐饮企业会给予这些对企业有贡献的客户推销津贴。推销津贴可以是现金，也可以是本企业的餐饮消费券。

有些餐饮企业为鼓励本企业的员工多向食客推销餐饮产品，也制定一些奖励措施，如给予那些在日常工作中销售出色的员工一定的推销津贴。

3．招徕定价策略

招徕定价策略是餐饮企业为促进销售而制定的价格策略，其中包括亏损招徕、特价招徕等策略。

1）亏损招徕策略

亏损招徕是指餐饮企业廉价出售某些餐饮产品，企业将某种或某几种餐饮产品的价格制定得特别低，甚至低于成本，从而以低廉的价格招徕消费者，并给他们留下一个廉价的印象。采用这种定价策略的企业在吸引消费者购买廉价餐饮产品的同时，刺激消费者购买或消费其他正常定价的餐饮产品。餐饮企业销售这些廉价餐饮产品，从表面上看无利可图，但从整体考虑，消费者也必然会消费其他餐饮产品，餐饮企业不仅能收回这些亏损产品所失去的利润，而且可提高总的营业收入和利润额。

2）特价招徕策略

餐饮企业在某些节日或营业淡季时，特别降低某种餐饮产品的价格，以更多地招徕消费者。这是许多餐饮企业在先阶段采取的一种定价策略，如某餐饮企业在营业淡季时，推出鲈鱼一元一条或基围虾一元半斤等，以吸引客人前来消费。餐饮企业在采用这种策略时，应与相应的广告宣传活动相配合，通过提高总的餐饮产品的销售量来降低食品成本，从而增加利润额。

4．新产品定价策略

餐饮行业是一个没有专利的行业，任何一种餐饮产品在推出不久以后即会使餐饮企业很快丧失优势。因此，餐饮企业在进行新产品定价时必须考虑到产品的生命周期。如果新产品的生命周期较短，可采用高价策略，以使企业增加盈利，但容易引起竞争者加入；如果新产品的生命周期较长，可采用低价策略，即实行向市场渗透的策略，坚持薄利多销的原则，从而避免竞争者加入。新产品定价策略具体有以下3种形式。

1）撇油定价策略

撇油的原意是将牛奶上面的那层奶油撇出来。撇油定价策略是指餐饮企业在新产品刚推出时采用制定高价的策略，以便使企业迅速赢利，因为消费者对新产品总有一种求新的消费心理，他们愿意支付较高的价格以先尝为快。当竞争对手推出同样的产品时，企业马上降低价格，以吸引更多的对价格较为敏感的消费者，也为了应付竞争对手的挑战。实行这种策略通常要具备两个条件：①菜品的独特性。市场无竞争对手，容易在市场中占据主导地位，如制作河豚鱼需要一定的去毒加工技术，以保证食物的安全。而餐饮行业中并非所有的饭店都拥有这项技术，所以掌握此项技术的饭店就容易从中赚取更高的利润。通常一条20～80元成本河豚鱼制成品的价格可以翻几倍甚至几十倍。②餐饮企业本身的品牌效应强，信誉卓著，具有一定的高消费顾客群。在北京，全聚德烤鸭的价格要高于一般烤鸭专营店的价格，从中可以看出品牌店使用的价格策略。当然，暴利定价并非制定天价，其实际的内涵是对某一类型或品种的菜品采用适合菜品本身的最高价。目前在国内，餐饮企业如果不合时宜地制定天价，往往会带来更多的负面影响。因为多数天价产品在人们咋舌的"曝料"后，会带来更多的指责。从以下案例可知其中的缘由，据《大连晚报》的转载报道："西安某饭店为 12 名客人精心准备了一桌 36.6 万元的满汉全席，创下西安宴席之最。"一时间各大媒体、报刊竞相报道，西安这家饭店成了焦点。但 3 天后的报道却出乎人们的意料，《大连晚报》以《一桌饭 36 万出恶名——饭店营业额跌到最低》为标题进行了报道，文章中分析了生意下滑的原因："由于消费者误认为该饭店属于那种'没有数万元甭想进'的饭店，那些想花几百元吃饭的顾客根本不敢进门，饭店的营业额直线下滑，跌到了最低点。老板因架不住海外媒体的采访要求而藏身他处，而税务部门也特别留意 1 月 6 日那天的 36.6 万元营业款，要等饭店申报纳税之日仔细核查。"一种定价的策略，却出现了不应有的结果。其主要原因还是在价格上，离谱的定价，导致了适得其反的效果。

2）渗透定价策略

与撇油定价策略相反，渗透定价策略是指餐饮企业将创新的餐饮产品以较低的价格投放市场的策略。餐饮企业把产品的价格定得较低，以便迅速占领市场，增加该产品的销售量，并刺激其他产品的销售，从而使企业尽快获得较好的经济效益。

3）满意价格策略

满意价格策略是一种介于撇油定价策略与渗透定价策略之间的折中定价策略，它汲取上述两种定价策略的优点，采取两种价格之间的适中水平来确定创新产品的价格，既能保证餐饮企业获得较为合理的利润，又能为消费者所接受，从而使双方都满意。同时，餐饮企业还可根据市场需求的状况、市场竞争激烈程度、产品的新奇特程度和企业本身的实力（如知名度和美誉度的高低等）来确定产品偏高或偏低的价格。

4.5 菜单的艺术装饰

菜单不仅是餐厅的一种必要点缀，而且更是餐厅的重要标记。所以，菜单必须精心制作，使之真正起到点缀和标记的双重作用。

4.5.1 菜单封面设计

菜单的封面会给客人留下第一感官印象，所以要特别注意菜单封面的设计。菜单的大小、规格和页数确定之后，接下来便是封面的设计。在酝酿封面的艺术设计时，首先要考虑的几个问题是成本、色彩、纸的档次质量，艺术设计师的选聘，以及封面的设计与餐厅整体装饰和情调的和谐性。

菜单的封面设计一般要做到：封面设计必须适合餐厅的经营风格，如果不相适合，就会有不伦不类之嫌。每一家餐厅都有自己经营特点。一份设计精良、色彩丰富得体、漂亮且又实惠的菜单封面应该成为该餐厅经营风格的醒目代表，无论是在图案、色彩上，还是规格上都应突出特点，让客人一看到这个图案或色彩，就能立即想到你的餐厅、你的菜点。

假如你经营的是一家古典式餐厅，菜单封面上的艺术装饰应对此有反映。

如果你经营的是一家现代晚餐俱乐部式餐厅，那么，菜单封面艺术装饰就有时代色彩，应考虑到抽象艺术，甚至流行的通俗艺术绘画。菜单封面还应被视为室内点缀品之一。整个餐厅的装饰应讲究整体上的协调统一，餐桌的装饰、房间的装饰、门脸的装饰等都应协调起来。菜单作为其中一个小的部分，分散于顾客手中，封面的颜色要么跟餐厅的色彩设计相协调，要么就是互成反差，使之相映成趣。

在一家设计完美的餐厅里，菜单封面通常是设计的既能恰如其分地体现餐厅的名称，又能与餐厅的装饰色调和设计和谐一致。例如，有一家名为"海盗"的餐厅，其菜单封面的艺术装饰采用了海盗形象，黑白金色印刷，艺术和幽默有机结合，使这张封面显得完整，天衣无缝，而且其色彩也使封面增加了迷人的诱惑力。又如，一家专营剧院开演前和散场后的就餐服务的餐厅。它的菜单封面采用白底线套黑色和蓝色。这张封面紧扣餐厅的经营特色，又突出了纪念意义。把餐厅名称经艺术加工用于封面装饰，把一些字体加工变形成漂亮有趣的变形字，显得花俏可爱、风趣幽默，再加上相应的色彩，分外醒目。菜单封面上还有几项内容也是不可少的，如餐厅的地址、电话号码、营业时间、信用卡支付方式等。但不一定将这些内容都印在封面正面，有时正面只印餐厅的名称，其余的几项可以印在封底上。封底还是印刷某些经营特色的重要版面，如聚餐、宴会、会议设施、外卖服务、餐厅简史或餐厅所处地段的简图等。菜单封面示例如图 4-6 所示。

图 4-6　菜单封面示例

4.5.2　菜单色彩的选择

使用色彩可使菜单更动人、更有趣味，制作彩色食品照片，能使经营的酒菜再现本色。利用色彩设计菜单，方法十分简便。可以用一种色彩加黑色，也要将七色全部用上，还有一种方法就是利用色纸。色彩用以设计，究竟以几色为宜，这要视成本和你希望产生的效果如何而定。颜色种类越多，印制的成本就越高。色纸上套上一色，成本最低。制作食品彩照需要 4 色。色彩还会使菜单产生某种效果。例如，菜单的折页、类别标题、食品实例用了许多鲜艳色，那便体现了某些餐馆的特点，如快餐馆。采用柔和轻淡的色彩，如淡棕色、浅黄色、象牙色、灰色或蓝色加黑色和金色，尽量少用鲜艳色，那菜单就会显得典雅，这些是一些高级餐厅的典型用色。菜单设计中如使用两色，最简便的办法是将类别标题，如肉类、蔬菜类、海鲜类等字印成彩色（红色、蓝色、棕色、绿色或金色），具体菜肴名称用黑色印刷。

总之，一般原则是只能让少量文字印成彩色。因为如果大量的文字印成彩色，读起来既不容易又伤眼神。

4.5.3 菜单用纸的选择

对于餐厅的经营者来说，处理用纸问题不外乎两点基本考虑，即菜单打算用一次报废，还是打算尽可能长久性的使用？如果菜单是打算逐日更换的，那么"即时报废"显然就是选择用纸的原则。这种菜单可以印在普通的轻磅纸上。轻磅纸无需涂膜，价格低廉，用上一天即予处理。但这类纸仍然可以有好的色彩、质地和强度，因而也可用来印刷高质量的菜单。如果菜单是打算长久使用的，那菜单就需印在重磅的涂膜纸上，这种纸经久耐用，经得起顾客餐前席间多次周围传递，也许还得选用防水纸，以便随时用湿布擦拭。这类纸通常就是封面纸或板纸，经过特殊处理。由于涂膜，它耐水耐污，使用时间也长久。

选择恰当的菜单用纸涉及纸张的物理性能和美学问题，如纸的强度、折叠后形状的稳定性、不透光度、油墨吸收性、光洁度和白皙度等。此外，纸张还存在质地差异，有表面十分粗糙的，也有表面十分细洁光滑的。由于菜单总是拿在手里读，因此纸张的质地或"手感"也是一个重要的问题。

综上所述，一份菜单的制定是非常讲究的。菜单制定出来后，应经一段时间的试验销售，再经调查、分析、研究，才能够做出是否成功的结论。即使是成功的菜单，也应不断改进，推陈出新，给客人留下美好而新鲜的形象。

本章小结

菜单是餐饮企业经营的首要环节，是连接企业与客人的纽带。

菜单设计必须以目标市场需求、菜肴的销售量与获利能力、餐饮原料供应状况、菜肴花色品种、菜肴营养结构、餐饮生产条件等为依据。

菜单有零点菜单、套餐菜单、宴会菜单、自助餐菜单和酒水单等多种形式。

菜单设计程序为：准备所需材料、制定标准菜谱和进行总体构思；菜单的制作必须考虑菜单的材料、尺寸、大小、内容等。

影响菜单定价的因素有外部和内部两大类；餐饮定价目标有保本导向、利润导向、营业额导向、竞争导向等几种。

要想准确定价并确保实现餐饮企业的经济效益，就必须进行精确的成本核算。

餐饮产品的定价方法有成本导向定价法和需求导向定价法等。

餐饮产品定价的策略有心理定价策略、折扣定价策略、招徕定价策略、新产品定价策略等。

关键术语

菜单　Menu

定价　Price Fixing

复习思考题

一、选择题

1. 菜单的种类有（　　）。
   A. 零点菜单　　　B. 套餐菜单　　　C. 酒水单　　　D. 自助餐菜单
2. 菜单定价的目标有（　　）。
   A. 保本导向定价目标　　　　　B. 利润导向定价目标
   C. 营业额导向定价目标　　　　D. 竞争导向定价目标
3. 新产品定价策略包括（　　）。
   A. 撇油定价策略　　　　　　　B. 渗透定价策略
   C. 满意定价策略　　　　　　　D. 折扣定价策略

二、简答题

1. 菜单的作用体现在哪些方面？
2. 影响菜单定价的因素有哪些？
3. 餐饮产品的定价方法有哪些？

三、计算题

某餐厅每月固定成本预计为10万元，餐饮变动成本率为40%，营业税税率为5%，该餐厅共有100个餐位，每天供应3餐，预计每餐座位周转率为1.2。该餐厅要想达到保本经营，客人平均消费额要达到多少？

实际操作训练

根据所学内容，编排一桌售价为1 400元，毛利率为40%的春季宴席菜单。

第5章 餐饮原料管理

本章知识要点

知 识 要 点	掌 握 程 度	相 关 知 识
食品原料的采购管理	掌握	（1）综合效益是采购的重要评判依据 （2）供应单位的选择 （3）制定严格的采购制度 （4）采购人员的选择 （5）食品原料采购数量 （6）食品原料采购程序
食品原料的验收管理	熟悉	（1）验收体系 （2）验收操作规程 （3）验收工作所涉及的几种表格 （4）验收控制
食品原料的储存管理	熟悉	（1）库房的分类和储存条件 （2）货物的安排与管理
发料与库存盘点控制	熟悉	（1）原料的发放 （2）存货控制 （3）ABC分类法

本章技能要点

技 能 要 点	掌 握 程 度	应 用 方 向
餐饮原料的采购、验收、储存、发放管理	掌握	管理人员熟知各种程序，能够对原料进行有效管理

第5章　餐饮原料管理

导入案例

某宾馆对于食品原料的采购是由宾馆总务部实行全馆统一采购、集中管理,总务部负责全馆的物资采购、验收、库管和发放业务。

采购程序:使用部门报单,由部门经理、分管副总签字后送至仓库,仓库管理员根据库存情况开采购单,由采购部门经理及分管副总签字审批后交给采购员,采购员再按照采购单项目跑市场或通知供货商送货。

为了能及时有效地采购到所需的原材料,该宾馆总结了几条干货采购技巧:第一条,直接与生产基地供应商联系,由供应商直接供货。此类物品一般量比较大,如作料、米面等。特点是价格低、联系方便,但供货时间一般较长。第二条,通过中间商供货,如通过麦德龙等大型仓库式超市,此类物品一般品种较多,但量不大,结账方式一般1~3个月结一次,宾馆有很大一部分货物采取此类供货方式,其最大好处是可借用供货商资金,暂缓结账,但缺点是价格过高。第三条,直接市场采购,主要是急、少或有特殊要求的物品,优点是价格随行就市,一般不高;缺点是现金结账。

讨论题

食品原料的采购对于酒店来说是否重要?为什么该宾馆的食品原料采购采用这样的程序和方法?

评析

干货有不同的品种和档次,又由于干货易储藏、不易变质的特点,决定了不同的饭店都存在大大小小不同的干货仓库。只有对干货进行合理的采购、保持仓库充足且合理的原料储备,才能保证餐厅的菜品能顺利出品。采购方式一般根据库存量联系供货商提供货物。

做好原料采购不是一件容易的事情。原料采购多了,会造成原料积压,原料采购不足,会使原料供应跟不上需求,从而妨碍经营过程的顺利进行。

对于采购员,饭店也要对其进行培训,严格要求并指导采购员学习与掌握必要的商品知识及采购知识与技能。商品知识包括商品的特性、产地、规格、用途、质量、价格、供应商状况等。此外,采购员要搞好物品采购工作,还必须掌握物品采购的基础知识和基本技能,主要是了解掌握物品供求信息、了解各类物品的特性和分类方法、善于与客商洽谈业务并商定供货条款;了解采购不同物品的采购程序、熟练采购手续等。对于一个采购员来说,采购什么、到什么地方采购、什么时候采购、怎样采购等,都应做到胸有成竹。

餐饮经营从总体上看可以分为三大环节。第一是生产要素的准备环节,第二是生产环节,第三是销售环节。餐饮原料的采购验收与储存保管是生产要素准备环节的重要内容,是餐饮生产和销售的前提条件,同时也直接影响着餐饮经营的其他各个环节。因此,餐饮经营者必须重视餐饮原料的管理,保证餐饮企业的正常运营和获得理想的经营效果。

5.1 食品原料的采购管理

食品原料是餐饮产品生产的基本物质要素。食品原料的采购就是根据餐饮生产需要，以合理的价格购进数量、质量合用的食品原材料。原料数量不能过多以免造成浪费，也不能过少以免造成生产与销售断档。原料质量必须符合菜点生产标准的需要，杜绝假冒伪劣，同时又要掌握在质量与价格的比较上餐饮企业要能够获得最好的经济效益。原料采购工作对餐饮成本控制具有决定性的作用，对餐饮企业的经营效果有着重大的影响。

5.1.1 综合效益是采购的重要评判依据

评判一项采购的好坏，不是简单地看一下原料的价格和质量是否合理，而是涉及对采购和对管理的一系列的认识和思维。综合效益才是采购的评判依据。

1. 餐饮经营利润来自采购

人们通常认为，菜点的销售带来利润，这其实是一个表象问题。餐饮企业必须低价采购，控制进货成本，获得成本上的优势，以低成本战略竞争，才能真正实现利润，获得餐饮生产与经营的成功。

在市场经济条件下，餐饮产品的销售价格会在市场竞争这只"看不见的手"的作用下，产生价格均势。采购部门和人员一般都知晓其所在餐厅的毛利率和某一菜肴的销售价格，所以也就明了食品原料低于某个价格能赚钱，或高于某个价格就要赔钱。认真调研分析市场上食品原料价格的差异，如地区差价、产销差价、批零差价、质量差价、季节差价等，利用好这些差价，少花钱多办事、办好事，质优价廉地进货，就奠定了利润的基础。所以说，利润虽然表现在销售价格上，但隐含在采购中。这也是采购工作之所以重要的一个原因。

2. 食品原料采购的特点

（1）大部分原料的季节性特点较为突出，为保证菜点的生产与销售，需要进行一定数量的原料储备。

（2）对于鲜活原料，只能进行小批量采购，超过需求会引起变质、贬值，需要根据保鲜期的长短来确定进货批量。

（3）肉、禽、蛋类食品原料的采购批次和批量取决于餐饮企业的原料储存设施设备和存放管理方式。

3. 储存量大小和采购思维

餐饮业在经营上都遵守勤进快销的原则。这是因为食品原料的性质决定了它的库存不宜过大，而小批量采购有利于保质，资金周转也快。采购人员应懂得这样几个问题。

1）最低储备与最高储备的关系

储备越少，占压的资金越少，但容易脱销，不能满足供应；储备越高，越能保证供应，但资金占压多,影响周转。管理者应注意掌握"度"。

2)考虑销量的大小,即销售量决定进货量

"以需定销,以销定进,以进促产,以产适需"的十六字方针道出了市场竞争中的餐饮企业的采购数量是由销售量来决定的。

3)考虑进价和储存期内成本的升值问题

原料储存时间越长,损耗就越大,无论是从数量上还是质量上,都是如此。而且,储存时间长,也导致储存养护费用的上升和资金的占压。所以储存时间越长,成本也会越高。

4)进货量与自然损耗的关系

考虑到生产上的损耗,很多食品原料必须经过粗加工、细加工后才能使用,不同的原料,其损耗率或成料率的差别是很大的。这就需要采购人员有丰富的商品知识和辨货识货能力。

5.1.2 供货单位的选择

1. 供货单位的管理水平和设施情况

餐饮企业应了解供货单位设施是否健全,加工过程是否严格按规章制度和卫生标准执行,对处理订货单和对存货数量与质量的控制是否有系统的程序和科学的方法。

2. 供货单位的地理位置

如果供货单位距离较近,可以节省采购时间和采购费用,偶然发生的应急需求有保证,送货延迟的可能性也会减少。

3. 财务的稳定性

餐饮企业应对未来的供货单位的财务可靠程度进行调查,不致使供货受到影响。

4. 供货单位产品的价格

供货单位产品的价格是决定原料成本和餐饮经营成本的一个重要因素。

5. 供货单位的信誉度与合作的诚意

供货单位的信誉度与合作的诚意是决定供货单位能否以合理的价格、合适的质量及时供货的重要的主观因素。

5.1.3 制定严格的采购制度

由于餐饮生产对食品原料的依赖性,餐饮企业必须制定严格的采购制度,加强对原料采购的制度化、规范化管理。

1. 岗位职责制度

由于不同的经营规模、方式、特色,餐饮企业的组织结构和管理方法也不尽相同。综合性饭店有专门的采购部，负责所有物品与原料的采购。有的饭店则是在餐饮部下设采购部，只负责餐厅用品与原材料的采购。很多小型的餐饮企业，采购工作是由经理或厨师兼顾进行的。因此，在不同餐饮企业，负责采购工作的人员的岗位职责不完全一样。但有一点要求相同，即岗位应明确，职责应清楚，使采购人员应知道做什么，不做什么，如何做，有哪些责任。

2. 采购权限制度

采构权限就是采购人员进行工作时所享有的权力范围。这个权限要根据餐饮企业的性质及原料市场的特点而定。一般情况下，采购人员根据用料部门的"申请购物单"填写"订货单"，请供货商送货或亲自外出采购。但有些情况下，市场上的原料供应未必与购物单上所列的数量、质量、价格相符。如果采购人员被严格要求按上述内容去采购，那么，他很可能空手而归。因此，必须授予采购人员一定的权限，如采购员可以在数量和价格方面有10%的浮动幅度，灵活决策，以提高采购的效率。

3. 质量标准制度

要保证餐饮产品的优良质量始终如一，就必须施行全面质量控制，第一关就是采购时的控制，即要求原材料在质量上达到生产标准的要求。制定采购食品原料的质量标准，是保证成品质量的前提条件。

1) 质量标准

首先应清楚质量标准的含义。所谓采购食品原料的质量标准，是指根据菜点设计要求，对所需各种原材料的性能、规格等做出的详细具体的规定，如原料产地、季节、等级、大小、个数、色泽、肥瘦比例、切割情况、冷冻状况、包装要求等。

2) 质量标准的内容

原料的质量一般包括原料的食用价值、原料的新鲜度、原料的卫生和原料的成熟度四方面的要求。

3) 质量标准的形式

一般采用"标准采购规格"来规范原料的采购标准。标准采购规格实例见表5-1。

表5-1 标准采购规格实例

品　名	产　地	部位形状	色泽与外观	气味与味道	产率	发货
比目鱼	上海	整条椭圆形，长约为宽的两倍	鱼肉硬而有弹性，鱼肉呈白色，色泽明亮而清晰，鱼腮无黏液，色泽红粉色，鱼鳞紧贴鱼身	无带氨的腐败气味	能产生40%的鱼排	订货后次日交货，鲜鱼交货
葡萄	新疆一级品	中等和大型椭圆或圆形	紫红色无可见斑点或皮伤	酸甜适中		每日订货次日交货

续表

品　　名	产　　地	部位形状	色泽与外观	气味与味道	产率	发货
青岛啤酒	青啤集团生产	易拉罐装	淡黄色液体，崂山泉水酿制，原麦汁浓度12°，酒精含量3.5%（质量浓度）	略带苦味	净含量355毫升	订货后3天内交货

标准采购规格是根据菜单提供的菜品要求而编制的。使用固定菜单的餐饮企业，在一定时间内产品相对稳定，原料的采购规格也应相对稳定。如果菜单变化或市场状况变化，采购规格就应部分调整、修改或重新制定。

标准采购规格一般做成卡片的形式，各有关人员如管理人员、采购人员和验收人员人手一份，也可以直接将标准采购规格交给供货商，各相关人员就依据标准采购规格的要求进行采购、验收、领用和供货。

4）编写质量标准要考虑的因素

（1）不同类型的餐饮企业对原材料质量标准的要求不一样。例如，在经营快餐的餐厅里，对原材料的使用比较单一，也就是说，某种原材料是专门供制作某一特定菜点用的，这就要求有完整的质量标准。而在普通的餐馆里，一种原料可供制作很多种不同的菜点使用，所以其质量标准的重要性就不如前者。

（2）设备情况。如果餐厅没有足够的食品储备设备，那么就需要采购较多的加工后的食品原料。

（3）市场情况。食品原料采购需求与市场供应之间存在的差距是制定质量标准应考虑的重要因素。

（4）菜单。由于餐厅的经营是以菜单为中心的，采购的任何一种原材料都必须是菜单中所需要的。在制定质量标准时，要考虑到该原料是以何种形式及如何在每一个菜点中使用的。

5）采购食品原料的质量标准的作用

（1）使用质量标准，可以把好采购关，防止采购人员盲目地或不恰当地进货，以便于产品质量的控制。

（2）把采购质量标准分发给有关货源单位，能使供货商掌握餐饮企业的质量要求，避免误解和损失。

（3）便于采购的顺利进行。避免订货时每次口头向供货方说明的麻烦或失误。

（4）如果将某种原料的质量标准分发给几个供货单位，有利于比较报价，择优采购，降低成本。

（5）有利于原料的验收。

（6）可以防止采购部门与原料使用部门之间可能产生的矛盾。

5.1.4　采购人员的选择

采购人员不仅应具备合格的业务技能，而且要具备良好的道德素质。有的餐厅有良好的设备，一流的服务人员和手艺精湛的厨师，但采购人员进的原材料浪费大，质次价高，甚至收取回扣，导致了食品成本的上升，经营效益不理想。所以选择诚实、精明、懂得厨房操作业务的人做采购工作是有重要意义的。

1. 采购人员应具备的业务素质

1）熟悉食品制作的要领和厨房业务

采购人员虽然不必都是厨师，但至少应懂得每一种原料的用途及质量标准要求。尤其是在饭店还没有制定采购食品原料质量标准时，更应具备这一素质，以确保能够买到适合需要的食品原料。

2）熟悉食品原料的采购渠道

所谓渠道，是指特定的交易关系线，如两个企业之间相对稳定的供货关系。采购人员应该知道什么原料在什么地方买，哪家的货质量好，哪家的货便宜，有哪几家供货商可以竞价供货，这样才能保证供应。采购渠道的保持，是建立在互相信任、互惠互利的基础之上的，也与人与人之间的诚信关系分不开。

3）对原料市场和餐饮市场有较深的经验

作为采购人员，应尽可能多地了解掌握原料市场的供应情况，以及因宾客对菜点的偏爱而推动的餐饮市场的潮流，使采购工作能够针对宾客的口味，领导或跟上餐饮的潮流。

4）了解进价与销价的核算关系

采购人员应了解菜单上每一菜品的名称、售价和分量，知道餐厅近期的毛利率和理想的毛利率。这样，在采购时就能知道某种食品原料在价格上是否可以接受，或是否可以选择代用品。

5）要经过市场采购技术的训练

在采购时，使用复杂的质检设备是不现实的，采购员的经验至关重要。由于餐厅所采购的大多是农牧产品，不像工业品那样有定量的标准，因此采购人员必须经过采购技术的训练，才能购买到合适的原料。

6）熟悉食品原料的规格和质量

采购人员应对市场上的各种食品原料的规格和质量有一定的了解，有鉴别的能力。

2. 采购人员的职业道德

采购人员业务素质再高，如果不具备职业道德素质，也不能成为合格的采购员。采购人员必须具有良好的思想品德，具体讲有以下几方面。

（1）一切以国家利益和集体利益为重，不得损公肥私。

（2）每花一元钱都应设法获取最大的价值，不得轻易大方。

（3）努力提高业务素质，提高工作水平。

（4）善于听取同事、上级领导和供货单位业务员的建设性意见，不得唯我独尊。

（5）有效地履行职业道德程序，以增进和供货单位之间的关系。

（6）在与管理人员、一般职工及供货单位业务员的交往中，做到公正、诚实。

（7）不允许接受礼物，更不许高价采购，收取回扣。

因此，一个餐饮企业经营是否成功，不可不看采购员的水平。许多经营失败都是由于采购成本过高导致的。

5.1.5 食品原料采购数量

采购质量标准在一段时间内可相对稳定，而采购数量应根据客源和库存量的变化随时调整。所有食品原料都会变质，有的变质快些，有的变质慢些。最好购买当日或近日需要的原料。但是为了享受批量采购的价格优惠和考虑原料的季节性，有的原料可在大量上市、货源充足时大批量低价进货。同时为节省采购的人工费用，一些非易坏性原料的采购时间可间隔长些，采购的批量也可大些。

管理人员要指导采购员对原料的采购数量进行控制，使原料的供给既充足又无过多的剩余。食品原料可分为易坏性原料和非易坏性原料。对这两类原料应分别探讨采购数量的控制方法。

1. 易坏性原料的采购数量

易坏性原料多是鲜活原料，不宜久放。购进后要立即使用，用完后再购买新的原料。因而这类原料的采购频率高，一般需要每日采购。

这类原料常用的采购方法有两种。一是根据实际用量采购，即要求采购员每日检查库存的余量，根据余量情况和需用情况随时采购。每日库存量的检查可采用实物清点与观察估计相结合的方法。对单价大、价值高的原料（如大块牛肉）要清点实际存量；对单价小、价值低的原料（如蔬菜等）只需毛估。

为方便采购，将每日要采购的原料编制成"原料采购清单"。采购清单上列出原料的名称和规格、应备用量、现存量、需采购量等栏目，还要列出供应商的报价、实际采购量和实际价格等栏目。将清单印制多份备用。各厨房厨师长根据客源预测量填写每日各原料的应备量及现存量和需购量。采购单交采购员汇总后填写市场考察价格，经审批后进行采购。

以这种方法采购，原料的采购数量需要每日确定：

$$原料需购量＝应备量－现存量$$

原料采购清单的使用，可节省厨师长和采购员的工作量。原料采购清单和标准采购规格联用，能使采购数量、质量和价格标准化，实际采购数量和实际价格与采购标准做比较，能在一定程度上限制供应商与采购员的舞弊行为。

还有一些原材料，其本身价值不太高，但消耗量大，所需数量也较稳定，可采用第二种更为简便的方法：长期订货法。这类原料有面包、奶制品、鸡蛋、常用蔬菜等。餐饮企业可筛选供应商订下合同，以周或旬固定价格每天向饭店供应定量的原料，如与食品公司商定每日送 3 箱鸡蛋，特殊情况下临时通知增减采购数量。这样，对这些低价值原料，采购员不必天天联系和检查存量，可节省人工，提高效率。长期订货法还可用于价值低、耗量大、占地大又天天需补充的其他原料和用品，如卫生纸、纸餐匣、啤酒等。

2. 非易坏性原料的采购数量

非易坏性原料不易迅速变质，可一次采购较大数量储存待用。非易坏性原料一次采购量多少、采购间隔天数多少,要均衡考虑大批量购买和分小批购买的得失。

1) 均衡大批量采购和分小批采购的得失

首先,要均衡大批量购买可获价格优惠和占用大量资金的得失。大批量购买需要一次投入较大量资金,这些资金不能用于其他产生收益的开支。要衡量所占资金的利息损失与能得到的价格折扣所节省的费用孰大孰小。一般来说,一次大批量购买可获得的优势有:大批量购买使购买者占据交易中的主动地位;大批量购买可以获得价格上的优惠;大批量购买还可以节约采购的费用(如采购员的差旅费、原料运输费等)。

而大批量采购也有其劣势:一是要占压大量流动资金;二是会损失一部分资金利息;三是大批量购买会增加原料储存费用。另外,尽管原料具有非易坏性,但储存时间长,食品饮料的质量会或多或少地下降。同时原料储存量大和储存时间长,原料丢失和变质的概率也大。

因此,对于非易坏性原料大批量和分小批采购的得失,必须确定出一个较为有利的储存数量和采购数量。

2) 定期采购法

为便于对非易坏性原材料的库存管理和采购管理,有必要对各项非易坏性原材料确定标准存量。标准存量就是一种原材料在库房中的最高储存量。管理人员可根据库房的储存面积、原料的可得性和流动资金多少确定同类原料(或向同一供货商)采购的间隔天数,再根据各项原料的预计日需要量算出各项原料的标准储存量:

标准储存量=日需要量×定期采购间隔天数+保险储存量

对非易坏性原材料普遍采用定期采购法。管理员或采购员定期清点各种货物的存量,掌握各项货物的存量与标准存量的差额,计算出需要采购的数量:

原料需购量=标准储存量-现存量+日需要量×发货天数

定期采购法的优越性是同类的原材料或同一供应商供应的原材料,可定期在同一天采购,这样能减少采购次数和人工时。同时每种原材料确定标准储存量后,不会过量储存,采购数量容易决策。这样可减少采购员的工作量,可将更多的精力用于采购易坏性物资。

但这一方法也有缺点。有时,某些原材料的实际用量大大超过预计数,采用定期采购法不易发现短缺。为避免这种缺陷,可对每种原材料订出最低储量(即警告储量),当存货减少到最低储量时不管是否是定期采购的日子,也要去采购。最低储量也就是再订货点,其计算的方法为

最低储量=日需要量×发货天数+保险储量

【例 5-1】 某餐馆每日需用 30 听西红柿罐头,该餐馆对罐头类食品确定每两周采购一次;隔周星期二采购一次;西红柿罐头应有 200 听的保险储量;罐头食品的发货天数需要 3 天。在采购日前如果还剩下 350 听罐头,则西红柿罐头的标准储量、最低储量和需采购量各是多少?

解:西红柿罐头的标准储量为

标准储量=(30×14+200)听=620 听

最低储量为

$$最低储量 = (30 \times 3 + 200) = 290 听$$

需采购量为

$$需采购量 = (620 - 350 + 30 \times 3) = 360 听$$

3) 订货点采购法

订货点采购法是通过查阅库存卡上原料结存量，对达到或接近订货点储量的原料进行采购的方法。使用这种方法的前提是必须是在库房中对每种原料建立库存卡。原料收到后必须在卡片上登记正确的数量、单价和金额。发出的原料也要随时登记。库房中还需要有一套检查制度，检查哪些原料已经达到或接近订货点储量，对这些已达到订货点储量的原料发出采购通知和确定采购数量。

原料的订货点储量也就是该原料的最低储量，当原料从库房发出使库存量减少到订货点储量时，该原料必须采购补充。原料订货点的库存量和前述的最低储存量的计算一样，也是原料发货期间消耗的数量和保险储量之和，即

$$订货点储量 = 原料日需要量 \times 发货天数 + 保险储量$$

采用订货点采购法，原料的采购数量比较稳定。原料的采购数量是以原料标准储存量减订货点储量再加原料发货期的消耗量而确定的，即

$$原料采购量 = 标准储存量 - 订货点储量 + 原料日需要量 \times 发货天数$$

【例 5-2】 某餐馆对冻肉鸡确定的标准储存量为 150 千克，冻肉鸡平均每日需用量为 12 千克，发货需用天数为两天，冻肉鸡的保险储量为 30 千克，冻鸡的再订货点储量及采购数量为

$$订货点储量 = (12 \times 2 + 30) 千克 = 54 千克$$

$$原料需购量 = (150 - 54 + 12 \times 2) 千克 = 120 千克$$

订货点采购法的优点是需要建立原料库存卡制度和检查制度，原料不足时能及时检查和反映出来并及时采购。由于每项原料都有标准储量，因此也不会多购。因而这种制度能有效地防止原料储存量不足或过量储存。

由于库存卡上规定每种原料的标准储量和订货点储量，并且记录了原料的结存量，因此在确定采购日期和采购数量时不必逐项检查原料的实际库存量，只要翻阅库存卡即可，这样能够节省人工时，同时以这种方法采购，采购数量比较稳定，不需要每次决策，采购管理比较方便。但是该方法需要对原料进行不定期的采购，采购和运输的工作量比较大，而且库存卡上要正确登记库存的进货和发货量，卡片登记工作也比较费时。

实际上，许多餐饮企业将上述两种方法结合使用。一方面对各项库存的原料建立库存卡，另一方面又对各类原料规定定期采购的日期。同时，库房管理员经常查阅登记卡，随时注意对达到订货点储量的原料发出采购通知。

5.1.6 食品原料采购程序

采购程序因餐饮企业的规模、组织机构设计的不同而不同，私家小餐馆需要什么就买什么，不用填写任何申请购物单，也无须互相监督。而较大的餐厅则有专门的采购部和专职采购人员。大型高级宾馆为此还专门设立验收部，以确保对采购原料的数量、质量的完

全控制。中小型餐饮企业虽然没这么复杂，但实际上具备这些环节和功能，只不过这些工作是由较少的人或一个部门完成的，而不是由几个部门完成的。图5-1为采购供应流程。

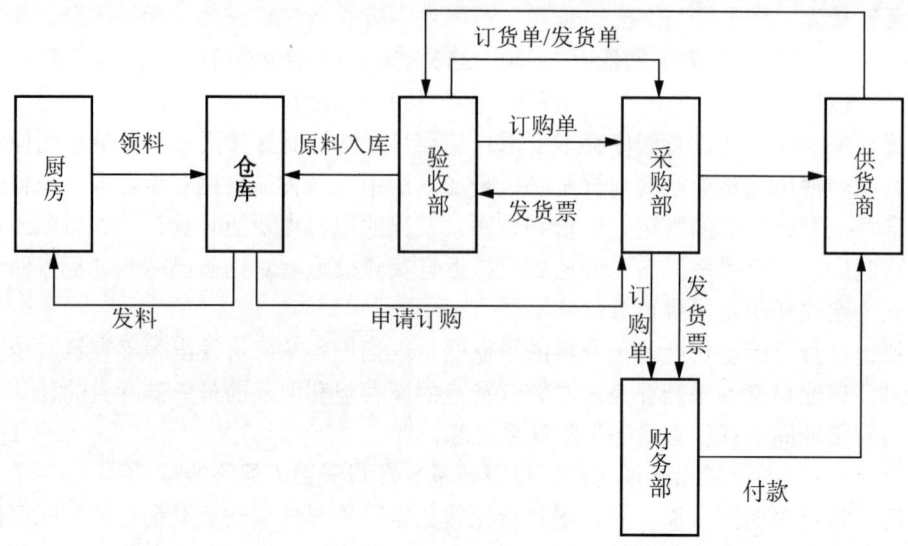

图 5-1　采购供应流程

（1）厨房根据生产需要原料情况确定需要什么原料，填写领料单，交给仓库。

（2）原料仓库根据领料单将食品原料发放给使用部门。

（3）当存货降至再订购点时，库房向采购部送"请购单"，申请订购。请购单必须说明要采购的品名、规格、数量及建议供货单位。针对某些鲜活原料，有的餐饮企业也规定，这些特定原料也可以由厨房直接向采购部发出请购单，原料采购回来，验收合格后，这部分原料不进库房，直接进入厨房。

（4）采购部使用订购单向供货单位订购所需原料，然后给验收部和财务部各送一份订购单副本。所以订购单应一式三联，给验收部的目的是按单验收，给财务部的目的是准备付款。

（5）供货单位收到订购单后发货，连同交货单、发货单、发货票送至验收部。

（6）验收部门根据订购单验收后入库，并将发货票和其他凭证签字盖章后送到采购部。

（7）采购部对发货票认同后，送至财务部，采购部的任务已经完成。

（8）财务部审核后，向供应单位付款。至此，整个采购活动结束。

5.2　食品原料的验收管理

对购进的所有原料进行验收是保证食品质量、控制食品成本的关键，无论有多么好的质量标准，多么完整的采购规程，如果做不好验收管理，那么所有的采购控制都不会达到预想的效果。由于采购的数量、质量和价格未必与订购单一致，有时送货量多于订购量，有时价格会高于市场报价，有时原料等级或高或低。所有这些动态情况都决定着验收工作的必要性。验收就是要核实原料质量标准是否与订购单一致，送货量和价格是否与发货单一致。因此，验收工作不仅需要完善的验收体系，也需要严格的验收程序和验收方法。

5.2.1 验收体系

1. 验收部

大型饭店有专门的验收部，而中型的饭店或独立的餐厅只设验收员就可以了，小型餐厅的验收工作由厨师或经理兼任。无论如何，餐饮企业应根据自身特点，设计和建立验收体系，发挥验收的作用，控制好成本和原料质量。

餐饮企业的总经理应给予验收部或验收员一定的自主权，在企业组织结构图或岗位职责中应明确规定验收员与采购员、厨师的制衡关系，使之具有相对独立的职责，这样才能排除干扰，严格执行落实验收规定。

2. 验收员

验收员的选择不可忽视。一名合格的验收员，应具备以下素质。

（1）验收员必须有很强的责任心，对验收工作感兴趣。

（2）验收员必须诚实可靠，热爱集体，对领导忠心。

（3）验收员应具备较丰富的食品原料知识和核算技能。所以最好从库房职工、餐饮成本控制人员或厨房工作人员中选择。

餐饮企业应制订培训计划，对所有的验收人员进行培训，以提高他们的业务素质和品德修养。同时，也应使验收员懂得，未经上级主管同意，任何人都无权改变采购规格，遇有特殊情况需向上级主管汇报请示，不得擅自行事。验收员应经常和厨师、仓储人员、餐厅经理及采购人员接触，虚心学习，以丰富自己的知识和经验。另外，验收员在工作时不应受厨师长和采购人员的干扰，验收员的相对独立可以对整个采购进行有效的监督和控制。

3. 验收设备与工具

大型饭店应设验收办公室，并尽可能设在离验收处和仓库附近的地方。有些饭店的验收员办公室正面墙壁是由玻璃制成，这样，验收员就能从办公室观察到入口处至储藏室的有关活动。

验收部门应备有足够的验收工具。既要有称重物的磅秤，也要有称小件物品的天平秤。各种秤应定期校准，以保持精确度。此外，验收办公室还应有温度计、暗箱、起钉器、纸板箱切割工具、榔头、尖刀等工具，以及验收单、验收标签、购货发票收货单、验收工作手册、采购食品原料的质量标准等单据、材料。

5.2.2 验收操作规程

尽管不同的餐饮企业在对进货验收的具体程序和方法上有差异，但对收货控制的程序有3点是相同的，即盘点数量、检查质量和核实价格。

具体来讲，进货验收规程如下。

（1）凡是以重量计量的食品原料，一定要逐件过秤，记录正确的重量。

（2）凡以件数或个数计量的食品原料应逐一清点，并正确记录个数或箱数。

（3）对照随货交送的发票和发货单，检查原料数量是否与实际数量一致，检查发货单上的原料数量是否与订货单上的原料数量一致。

（4）根据采购食品原料的质量标准，检查进货质量是否符合质量标准要求。

（5）抽样检查箱装、盒装或袋装原料，检查原料是否足量并符合质量要求。

（6）根据订购单或供货商报价单核对发货票上的价格，看是否一致。

（7）填写进货验收单，正确记录供货单位名称、收货日期，以及各种原料的重量、数量、单位和金额。

（8）所有发票或发货单必须加盖收货章，验收员在规定的地方签字。如果有些货物，尤指蔬菜类，没有发货票，验收后，应填写无购货发票收货单，以便于财务入账。

（9）如果分量不足，质量不符合订货标准，或价格提高而又没有通报给采购部，那么验收员有权拒绝收货。在退回食品原料时，填写原料退回通知单，并取得送货人的签字，将通知单连同发货单副本退回供货单位。

（10）在货物包装上应注明发货票上的信息。标明收货日期，有助于先进先出的原则的贯彻；标明购价，在存货计价时就不必再查看验收日报表或发货票。

（11）所有食品原料一经验收，应立即送到各自的储藏室或使用部门，以免引起质量下降或丢失。

（12）填写验收日报表或其他报表。

（13）将所有发货单、发票或有关单据及进货日报表及时送交财务部门，由财会人员核对和记录发货票金额，并与供货单位结算。

5.2.3 验收工作所涉及的几种表格

1. 验收日报表

填写验收日报表的目的并不仅仅在于记录所验收原料的名称、单位、数量和价格，而在于区分当天验收的所有食品原料有哪些是直接发入厨房，哪些进入仓库，哪些是食品原料以外的其他物品。直接发料一栏的合计就是当天直接发入厨房的食品成本，是当天食品成本的一部分。成本控制员将每天从仓库发料的食品成本与当日直接发料成本合计，便为当天生产成本。因而验收日报表的主要目的是成本统计。其形式见表5-2。

表5-2 验收日报表样例

____餐厅验收日报表　　　　　年　月　日　　　　　编号

原料名称	单位	数量	单价	金额	直接发料	入库	其他
合计							

2. 发货票

所有送货都应有发货票，随货到达的发货票应一式两联，送货人将发货票交验收员，验收后盖章签名，第一联由验收员留下上交财务部门，第二联由送货人带回供货单位，证明原料已经被订货单位验收。其形式见表5-3。

表5-3 发货票

酒店用品供应公司				
发　票				
户名		年　月　日		
品名	单位	数量	单价	合计

3. 验收章

食品原料验收完毕后，餐饮企业应在供货商的发货票第一联盖验收章。其形式见表5-4。

表5-4 验收章

验收章	日期_____
验收员_____	
管理员_____	
单价及小计审核_____	
同意付款_____	

验收章的主要作用如下。

（1）日期栏有助于日后检查该项原料是何时验收的。

（2）验收员签字表明是谁负责验收的，而且也表明他对原料数量、质量和价格的认同。

（3）管理员签字表明他已经知道收到订购的食品原料。

（4）单价及小计表明审核人员已经认可应付款项的正确性。

（5）同意付款栏由总经理或总经理指定的负责人填写，表明他已经同意付款，采购过程正式结束。

5.2.4 验收控制

验收工作虽然是由验收员来完成的，但作为餐饮企业的总经理、厨师长或仓储部主管等应按时到验收处走一走，既表明对验收工作重视，同时也履行了对验收员督查。为防止验收工作出现问题，餐饮企业应做到以下几点。

（1）指定专人负责验收工作，不能谁有空谁负责。

（2）验收工作和采购工作必须分开，由不同的人担任。

（3）对于兼做其他工作的验收员，验收时间应与其他工作时间分开。

（4）验收要在指定的验收场所进行。

（5）货物一经验收，应立即入库，不可在验收处停留太久，防止偷窃和变质。

（6）尽量减少验收处进出人员，以保证验收工作的顺利进行。

5.3 食品原料的储存管理

食品原料的储存管理是餐饮生产与销售的一个重要环节。许多餐饮企业由于储存管理混乱，引起食品饮料原料变质腐败，或遭偷盗、丢失，或被私自挪用，致使餐饮成本和经营费用提高，而客人却得不到高质量的餐食。

加强储存管理要求餐饮企业改善储存设施和储存条件，加强仓库的保安和清洁卫生工作，以及采取有效的库存控制和管理手段。

5.3.1 库房的分类和储存条件

食品原料的易坏性是不同的。不同易坏性的原料需要不同的储存条件。对不同时间使用的原料，应分别存放在不同的地点。食品原料往往处于不同的加工阶段，如新鲜的生土豆、切削好的土豆、煮熟的半成品土豆和加工成成品的土豆，需要不同的储存条件和设备。通常库房的类别有以下几种。

按地点分类：中心库房和各厨房储存处。

按储存条件分类：普通干货库房、阴凉储存库、冷藏库、冷冻库。

按用途分类：食品库、饮料和酒水库、非食用物资库。

1. 中心库房和各厨房储存处

餐饮企业一般有中心库房和各厨房的二级、三级小库房。中心库房一般储存保存期较长、体积较大的食品原料、饮料及其他物品。需要立即使用的原料直接发送厨房可节省时间和人力。管理人员要决定中心库房和厨房储存处的相对储存空间的大小。一般来说，厨房储存的原料不宜太多，其储存空间只要够放每日用的货品（如调料等）和一天使用的原料即可：一是因为厨房储存的原料较难严格地保管，容易丢失；二是因为厨房加工烹调的工作环境不利于食品的保护，原料容易变质。

中心库房一般由专职管理员管理，需要一套完整的管理、清点、进货、发料的制度，并要求有全面的建卡记账制度，以确保货品不丢失。中心库房具有保存食品饮料及其他物资的合适的储存条件和设备，使原料不易变质。

2. 普通干货库房

普通干货库房存放的干燥食品类别比较复杂，为便于管理，原料要按其属性分类，每个类别、每种原料要有固定的存放位置，如图 5-2 和图 5-3 所示。干藏食品原料的主要类别有：米、面粉、豆类食品、粉条、果仁等；调料，包括食油、酱油、醋等液体作料，以及盐、糖、花椒等固体调料；瓶装食品，包括罐头和瓶装的鱼、肉、果、蔬类；干晒或腌制的水果和蔬菜等；香烟、糖果、饼干、糕点等。

图 5-2　普通干货库房 1

图 5-3　普通干货库房 2

干货库房一般不需要供热和制冷设备，其最佳储存温度为 15～21℃，修盖库房时要选择一个防晒、远离发热设备的位置。干货库的温度不能超过 37℃。温度低些食品的保存期可长些。试验证明在温度 20℃储存的食品比 37℃时的保存期长 3 倍。

干货库应保持相对干燥。湿度大，货物会迅速变质。仓库适宜的相对湿度为 50%～60%。库房的墙壁或地面反潮、管道滴水、液体货物泄漏等都会引起仓库湿度增加。为保持库房干燥，库房要保持通风良好。按标准每小时至少应保持交换空气 4 次。

干货库的面积应适当。管理人员根据餐饮企业的经营方式、货源地的远近、采购间隔天数、菜单的类型和营业量的大小来确定储存面积的需要量。一般干货库要有至少储备两周原料的储存面积。以两周原料的需要量来计算仓库实际的储存面积，再加上 40%～60% 的通道、货架等非储存面积为干货库的总面积。

普通库房中还存放一些非食用物资。餐饮企业通常需储备下列物资：清洁剂、清洁用品和用具；餐具，包括瓷器、玻璃器皿、刀叉、筷子等；炊具，包括各种锅、勺、铲等；纸品、布件，包括餐巾纸、桌布、餐巾及其他用品。

清洁剂和清洁用品往往有低度毒性和腐蚀性，要单独存放，不能与食用原料和用品存放在一起，并且要标明货名以免被误用到食物之中。清洗用品最好存放在接近需清洁的地方，如洗碗间旁的清洁用品储藏间。

存放瓷器、玻璃器皿的库房应使用木头货架。餐具的储备量至少应该为正在周转使用量的20%。

3. 阴凉储存库

阴凉储存库中短期存放新鲜蔬菜和水果，一般储存温度为常温，不需要供热或制冷设备。但某些地区在一年中太冷或太热的气候条件下，有时需要调节一下温度。新鲜蔬菜和水果需要在凉快和较暗的仓库中储存。适宜的温度为 10~15℃。这些原料一般储存 2~3 天。一些需要放熟的蔬菜和水果，如香蕉、西红柿、苹果、梨等，储存温度应高些，最好为 18~24℃。需要立即使用的土豆可在10℃以上储存，不需当时使用的土豆最好低于 5℃储存，但在使用前 3 周要放到10℃的温度以上储存，使土豆中的葡萄糖扩散到淀粉中去。

新鲜蔬菜和水果储存的相对湿度应大些，最好相对湿度为85%~90%，库内应保持通风，货物放在金属架上最利于通风。大袋蔬菜要注意交叉堆放。45 千克装的土豆约需 0.085 立方米的体积（包括通道体积），口袋堆放高度不要超过 1.8 米。

4. 冷藏库

冷藏是利用低温抑制细菌繁殖的原理来延长食品、原料的保质期。餐饮业常用冰箱、冷藏室对食品、原料进行低温储存。应在冷藏库储存的有：新鲜的鱼、肉、禽类原料；新鲜的蔬菜和水果；蛋类、奶制品；加工后的成品、半成品，包括糕点、冷菜、熟食品、剩菜等；拟使用的饮料、啤酒等。

冷藏库的面积与餐饮经营方式、菜单类别、使用新鲜原料的多少、剩菜的处理方法等相关。一般来说，普通饭店应设有的冷藏面积见表 5-5。

表 5-5 餐饮冷藏面积的需要量和分配表

日就餐客人数	冷藏面积需要量/平方米	各类原料冷藏面积比例
75~150	0.6~1	鱼、肉、禽 20%~35%
150~250	1~1.5	蔬菜、水果 30%~35%
250~350	1.5~2	蛋、乳制品 15%~20%
350~500	2~3	半成品和成品 15%~20%

不同的食品饮料需要不同的储存温度。理想的是将冷藏室的温度控制在 4℃以下。细菌一般在 4℃以下不活动。15~49℃的温度范围是最适宜细菌繁殖的危险区。湿度大有利于细菌生长，会加速食物变质。湿度小会引起食物干缩、失鲜。必要时可用保鲜膜和湿布遮盖食物，以防食物干缩。

各类食物最适宜的冷藏温度和相对湿度列于表 5-6。

表 5-6　食物最适宜的冷藏温度和相对湿度

食品原料	温度/℃	相对湿度
新鲜肉、禽类	0～2	75%～85%
新鲜鱼、水产类	−1～1	75%～85%
蔬菜水果类	2～7	85%～95%
奶制品类	3～8	75%～85%
一般冷藏品	1～4	75%～85%

餐饮工作人员要注意控制冷藏室和冰箱的温度和湿度。冷藏室的温度计应安放在温度容易提高之处。如果制冷设备发生故障应立即修理。需要冷藏的原料，在验收后应尽快冷藏。温热的成品和半成品在冷藏前应先冷却再储藏，否则制冷设备容易损坏。

储存成品和半成品的冷藏库更应保持清洁卫生。生食和熟食要分开储存。在冷藏前要检查食物是否已变质，变质的食物及脏的食物会污染空气和储存设备，切忌放入冷藏室或冰箱中储存。

鱼、肉、禽类原包装盒往往粘有污泥及细菌，要拆除包装盒后储存。有强烈和特殊气味的食物（鱼虾）应在密封的容器中冷藏以免影响其他食物。已加工的半成品和熟食应密封冷藏以免干缩和沾染其他气味。冰箱中如有污水沉积应立即擦掉，以免变质污染空气。

冷藏室要保持通风。如果在冷藏期间食物表面变得黏滑，说明冷藏温度过高、通风不良，这可能由于制冷导管凝冰太厚或挥发器堵塞。在一般情况下，制冷管外凝冰达 0.5 厘米时，应考虑解冻处理，使制冷系统工作正常。如果食物干缩过快，说明湿度过低或空气循环太快。

5. 冷冻库

冷冻库（图 5-4）用来较长期储存冻肉、鱼、禽、蔬菜类，以及已加工的成品和半成品等食物。冷冻技术能够延长食品原料的储存时间，因此可以大批量购买原料，节约采购、验收、运输的工作量。使用速冻的成品和半成品，如涨发好的速冻干贝、速冻饺子、春卷等，能减少餐饮的加工时间，可节省加工人手。

但是，冷冻储存往往会使食物的营养成分、香味、质地、色泽随时间的推移而发生不良变化。冷冻储存保质良好的关键有 4 个。

1）掌握储藏食品的性质

不同的食品需要不同的冷冻条件，只有掌握各种食品的储存性能，才能保质良好。

2）冷冻速度要迅速

食品冷冻储存可分 3 个步骤：降温、冷冻、储存。为保持食品质量鲜美，要求食品

图 5-4　冷冻库

降温和冷冻的速度十分迅速。食品在速冻的情况下，内部冰结晶的颗粒细小，不易损坏食品结构。

为使食品降温和冷冻迅速，要求冷冻设备中的温度十分低，为此有必要使用速冻设备，速冻设备能使温度迅速降至－30℃以下，强低温能使食品迅速降温。由于冷冻储存的食品要求温度稳定，因此食品的速冻过程不要与冷冻储存过程在同一设备中进行。

3）冷冻储存温度要低

许多食品在0℃温度下已经冰冻，但是微生物并没有死亡。有资料证明，食品在－18～－1℃的温度下储存时，温度每升高5～10℃，质量下降的速率增加5倍。食物冷冻储存的一般温度宜在－18℃以下。食品冷冻可储存时间较长，但这并不等于食品可无限制储存。一般食品的冰冻储存不要超过3个月。各类食品冷冻储存的最长时间见表5-7。

表5-7　各类食品冷冻储存的最长时间（储存温度－18℃）

食品原料	最长储存期
香肠、肉末、鱼类	1～3个月
猪肉	3～6个月
羊肉、小牛肉	6～9个月
牛肉、禽、蛋类	6～12个月
水果、蔬菜类	一个生长间隔期

冷冻储存的温度要稳定，而且越低越好。冷冻食品的验收要十分迅速。不能让食品解冻后再储存。冷冻食品一经解冻，特别是鱼、肉、禽类食品应尽快使用，不能再次储存，否则复苏了的微生物将引起食物腐败变质。而且再次速冻会破坏食物的组织结构，影响食物的外观、营养成分和食物香味。

4）食品解冻处理应适当

鱼、肉、禽类食品宜解冻后再使用。解冻应尽量迅速，在解冻过程中不可受到污染。各类食品应分别解冻，不可混合一起进行解冻。食品的解冻切忌在室温下过夜进行，以免引起细菌微生物的快速增殖，一般应放在冷藏室里在低于8℃的温度下进行解冻；如果时间紧迫，可将食物用洁净的塑料袋盛装，放在冷水池中浸泡或用冷水冲洗以助解冻。

冷冻的蔬菜、春卷、饺子等食品不用经过解冻便可直接烹调。这些食品不经解冻反而能保持色泽和外形。

6. 饮料和酒水库

饮料和酒水库存放各种软饮料、果汁、啤酒和酒水。有些名贵的酒水质量娇嫩，特别是各国名贵的葡萄酒、香槟酒等，因而酒水的储存条件应适当。

酒水库应设在阴凉之处，库内光线不能太强，更不能有阳光直接照射或辐射。酒水不可与其他有特殊气味的物品一起储存，应避免经常震动，否则酒味会发生变化。一般的酒水可以在常温下储存。有些酒水需要稳定的温度，要使用空调自动调节温度。许多名酒价值昂贵，容易丢失，因此应采取严格的保安措施。

不同的酒类需要不同的储存条件，宜采取不同的保存方法。

啤酒。啤酒是唯一越新鲜越好的酒类，购入后不宜久藏，最佳保质期在 3 个月以内，最长不能超过 6 个月。储存温度若超过 16℃会导致啤酒变质，低于－10℃会使酒液混浊不清。如果条件许可，将啤酒和软饮料储存在 4℃的温度下，这样向宾客供应时温度正好适宜，最爽口。啤酒的储存和搬运要避免剧烈的震动和冷热变化。

葡萄酒类一般可在常温下储存。名贵的红葡萄酒最好在 12～15℃的温度下储存，名贵的白葡萄酒最佳的储存温度为 10～12℃。红、白葡萄酒可在同一仓库中储存。但要放在不同的货架上，并采用不同的空气流通方法和冷却方法。葡萄酒应平躺在酒架上，这样可使软木塞长期浸泡在酒液中而不至于干缩，瓶塞干缩会使空气进入酒瓶，而与里面的酒液发生化学反应，从而导致酒液变色，或产生危害酒质的细菌，使酒液变质。

香槟酒。特别是一些名贵的香槟酒，其生产经过两次发酵并在酒厂里存放了 2～5 年后才出厂销售。香槟酒中含有大量的二氧化碳气体，储存期间一定要避免强烈震动。香槟酒存放时也要注意平躺或瓶口向下倾斜，使软木塞保持湿润。香槟酒与葡萄酒一样要在温度较凉快的条件下储存，温度太高会使酒液老化。储存时湿度不宜太大，湿度太大会使瓶塞和酒标霉变，影响酒品形象。

烈性酒。普通的烈性酒不需要特殊的储存条件。因为烈性酒受空气影响不大，并可以储存很长时间，但要注意防止金属瓶盖生锈。

7. 食品库与非食用物资库

食品库主要存放厨房或其他部门的食品或食品原材料、各种调味料等物资。而非食用物资库主要存放餐厅或厨房使用的不可食用的物资或原材料，如厨具、餐具、各种服务器具、餐洗净、餐巾纸等物资。

5.3.2 货物的安排与管理

1. 储存区的位置

储存区的位置最好设在验收处和厨房之间，最好与两者都接近，有可以让货车自如通行的通道，以确保原料、饮料的出入库方便、迅速。酒水储存区应尽可能接近酒吧，以减少发货的时间。储存区的位置还要有利于安全保卫，不宜设在过于僻静的位置。仓库的门要随时上锁。归结起来，储存区位置的要求为：①确保储存发料迅速；②减少劳动强度；③确保安全。

2. 货架和盛器

易坏性原料应存放在空气通透的条带状货架上。非易坏性原材料也要放在货架上，任何货品都不能放在地上。货架底层应离地 15～20 厘米，以便于空气流动和库房的清扫。底层货架用于存放体积大、质量重的货物。为防止墙壁返潮，货品存放不宜贴墙，应离墙 5 厘米以上。

对女管理员来说，货架最高层不要超过 2 米；对男管理员来说，货架最高层不要超过 2.10 米，最好不用凳子或梯子装货和取货。货架要布置的两边都能通行，通道不窄于 0.9

米，若要通货车还应宽些。货架上下层搁板的间距应能允许货物自如地搬动和开盖。货物之间要有间距，贴得太紧容易引起细菌滋长。

食品储存的盛器也极为重要。许多非易坏性食品在采购时放在密封的盛器里（如塑料袋），这种盛器储存较安全。非密封性的纸袋、纸盒、大布袋等包装容易受细菌和虫类的侵袭，因而这些食品要转移到密封、防潮、防虫的盛器里。

3. 原料物品的安排

库房内原料物品的安排应合理，不同的原料物品有相对固定的位置，确保货物循环使用方便。常用的原料物品要安排在存取方便之处。原料物品的摆放示例如图 5-5 所示。

图 5-5 原料物品的摆放示例

1）存放位置固定

同类的货物应始终放在固定的位置，不要分放在不同的位置上，以免遗忘，导致逾期变质或过量采购，每月库存盘点也麻烦。不同类的原料物品应分别储存在适宜的设备中。例如，鸡蛋是多孔物质，容易吸收其他的气味，鱼类也最好单独存放。酒水应分类存放，如将所有的金酒放在一起，所有的威士忌放在一起。不同商标的酒水要分开，许多洋酒的名字对职工来说是生疏的，可将不同商标的酒水编号，以方便仓库管理和酒吧领货。酒水箱一经打开，应把酒水全部上架，避免将瓶酒与空瓶混淆装进箱里。

食品和饮料库房的门边最好贴一张标明各类物资储存位置的平面图，这样便于管理员查找。仓库的门要有从里面能打开的锁紧装置，以防粗心把人员锁在里面（特别是冷库）。

2）确保原料物品的循环使用

库房管理员应注意确保先到的货物先用，这叫作"先进先出法"。为此管理员要把新到的原料物品放置在早到的后面，确保早到的原料物品能先使用。原料物品要贴上或挂上货物标牌，标牌上的进货日期可提醒管理员，发现储存时间较长的原料物品应及时发料使用。

3）按原料物品的出入库频率安排储存位置

将最常用的货物放在接近出入口之处，重的、体积大的货物应放在低处并接近通道和出入口。这样能减少劳动强度和节省搬运时间。

4. 采用库存卡制度

为方便对原料物品的保管、盘存、补充，要对库房中储存的每种货品建立库存卡（表5-8）。库存卡制度要求对每种货品的入库和发料正确地做好数量、金额和结存量的记录。

库存卡的内容主要分五大部分。

（1）原料物品进货信息。库存卡上有进货的日期、数量、单价和金额，以及账单号。这种信息可保证原料物品验收后能及时入库和入账，防止丢失。一旦出现问题可通过账单号查找。

（2）原料物品发货信息。库存卡上登记有发料的数量、单价和金额。每发出一份原料都登记发货日期及相对应的领料单号。这样库房的货物都可以根据领料单查找到去向。

（3）结存量信息。库存卡上记载着原料物品结存的数量、单价和金额。用库存卡上的结存数量核对实物数，便于控制货品的短缺。

（4）采购信息。库存卡上有各原料物品的标准储量、订货点储量、订货量和订货日。一般原料物品在规定的订货日定期采购，采购员根据库存卡上的结存数量将货物补充到标准储量。如果在规定的采购日以前货物已减少到订货点储量，则可根据库存卡上的订货量采购。这种信息为采购管理提供方便。

（5）原料物品位置信息。库存卡标明货品的货架号和货位号，二者结合就是该货品的储存位置。这样能方便库房管理员寻找货品和盘点库存。

表5-8 餐厅原材料仓库库存卡

年度：

品名			编号		
规格					
放置地点					
月	日	摘要	入库	出库	结存	备注

审核：

5. 使用货品标牌

货品标牌是一种库房管理工具。挂在或贴在原料物品上，标注品名、进货日期、数量或重量、单价和金额。这些信息是由验收员在进货验收时填写的，其内容如图5-6所示。

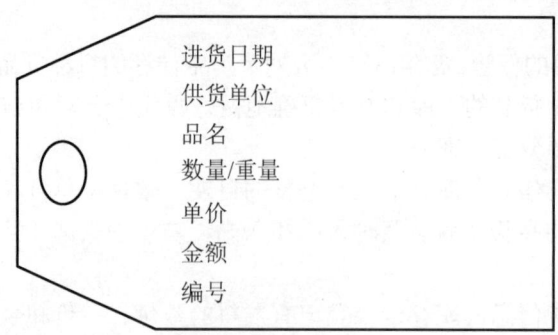

图 5-6 货品标牌

货品标牌主要有三大作用。

（1）有利于迅速进行存货清点，简化清点的手续。管理员只要将货品标牌上原料的重量/数量、单价、金额转抄到存货清点单上，而不必将原料物品逐一点数称重。

（2）有利于按"先进先出"原则使用原料物品，货品标牌上的进货日期提示了哪批原料应先发料，可降低损坏率。

（3）可简便发料计价手续。为计算食品成本额和库存金额，发料时要统计发出原料的单价和金额。有了货品标牌，管理员就可直接采用标牌上的单价和金额，而不必再查找原料物品的进价。特别是同样的原料在不同时间进货往往价格不同，采用标牌上的价格既省时间又准确。

5.4 发料与库存盘点控制

5.4.1 原料的发放

发料就是把原料从库中提出供生产使用，而且也是对发出用于生产的食品原料进行控制的过程。对食品原料的发放进行有效的控制与管理有3个目的。

（1）保证厨房生产的供应。

（2）控制厨房用料的数量。

（3）正确记录厨房用料成本。

原材料的发放不外乎直接发放和库房发放两种形式。

1. 直接发放

直接发放是指食品原料验收后直接进入厨房，而不经过库房储存这一环节。直接发放的原料大多是新鲜蔬菜、牛奶、面包等易变质的食品，而且在进货的当天就基本上被消耗掉。这一部分原料的进货价格可计入当日食品成本。食品成本管理员在计算当日成本时，只需从验收日报表中的直接发放栏目中抄录数据。

2. 库房发放

库房发放是指食品原料验收入库后,再出库发放到厨房。一般来说,进货验收后,当天不用的食品原料都应入库,转入库房发放程序。

库房发放的控制有两个重要方面:①要有主管人员的签字批准,否则货物不可出库;②按照实际需要发货。

领料单是基于这两个方面设计的,其形式见表5-9。

表5-9 领料单

领 料 单							
库房_____领料部门_____日期_____编号_____							
品 名	规 格	单 位	数 量		单 价	小 计
			申请数量	实发数量		
合 计						

用料部门在领料时必须填写领料单。库房发货控制程序如下。

(1)厨师长指定的领料人或其他部门的领料人根据需要填写领料单的"品名""规格""单位"及"申请数量"栏。领料数量一般按往日消耗量估计,并参考宴会预订单情况加以修改。

(2)领料人填完以上栏目后签上自己的姓名,持单由审批人员签字。审批者一般是厨师长、管理员或餐厅经理。没有审批者签名,任何食品原料都不可发出。审批人员应在领料单最后一项原料名称下面画条斜线,防止领料者在领导签字后再填写冒领其他原料。

(3)仓库管理员看到领料单后,按单上的数量进行组配,由于包装等原因,实际数量和申请数量可能有差异,因此发货数量应写在"实发数量"栏中,并填写"金额"栏。

(4)仓库保管员将所有货物准备好后,签上自己的姓名,证实领料单上的原料确已发出。

(5)领料单应一式三联。一联随原料交回领料部门;一联由仓库转交成本控制员;一联仓库留存作为盘存和进货的依据。

(6)仓库货物定时发放。仓库保管员每天的工作不仅是收发货物,还要盘点货物、整理仓库。为提高工作效率,饭店可规定一个领料时间,如上午8:00~10:00,不能全天开放,否则原料发放将失去控制。最好的方法是由用领部门在前一天晚上填好领料单,这样可以节省时间,也使保管员有充分的时间准备原材料,以免出差错。

5.4.2 存货控制

存货控制一是为了保证供应,二是为管理者提供可靠的餐饮成本资料。一般来说,存货控制记录有以下 4 个目的。

（1）提供现有食品原料与供应用品的准确信息。

（2）帮助决定对所需原料用品的采购。

（3）提供食品成本控制依据。

（4）加强对货物的管理，防止偷窃与丢失。

常见的存货控制方法是实地盘存法。就是对所有库房、储藏室的存货进行定期清点。正常情况下，每月应清点一次，通常在月末进行。对于较大的餐饮企业由于存货较多，不可能一次清点完毕，所以应每周对某一个库房或某一部分原料用品进行清点，这样月末正好将所有存货清点一遍。

实地盘存过程至少需两人协同完成，一个盘点货架上各种食品原料的数量，另一个核对永续盘存表或其他表格上所记录的期末剩余量，并负责记录工作。盘出差异，进行分析，属正常损耗还是其他问题，找到原因，采取对策。

值得注意的是，实地盘存不仅是清点数量，还要对食品原料进行系统的码放，按性质或用途分类，并按使用的频率放在不同的位置。实地盘存表形式见表 5-10。

表 5-10 实地盘存表

类别			月 份			月 份		
品 名	单 位	库存量	购 价	小 计	库存量	购 价	小 计
1	2	3	4	5	6	7	8
合 计							

品名的排列顺序应与储藏室食品原料存储顺序或永续盘存表排列顺序一致，这样便于核对查找。

第 3 栏与第 4 栏的乘积即为第 5 栏。第 6、第 7、第 8 栏是在下一次对同类物品进行盘点时的记录。

通过实地盘存的办法，可以确定本月的食品成本。其公式为

月初库存（上月末盘存额）＋本月进货额－月末库存额＝本月食品成本

【例 5-3】 某餐厅 10 月月末库存盘点各种食品原料总计金额为 6 万元，11 月累计进货额为 20 万元，经 11 月 30 日盘点，库存为 5 万元，那么，11 月的食品成本为

（6＋20－5）万元＝21 万元

另外，还有一种方法也可以反映每天及每月发生的食品成本。这就是使用"每日发货成本表"（表 5-10）。通过合计每天发生的直接发货和库房发货，便得出当日生产成本。累计到月底则是全月食品成本。

表 5-11　每日发货成本表

单位：元

日　期	直　接　发　放			库　房　发　放			成　　本	
2002.11	蔬菜水果	鲜鱼类	其他	鲜货类	干货类	其他	当日成本	累计成本
1	100	200		500	400		1 200	1 200
2	80	150	50	600	700	100	1 680	2 880
…	…	…	…	…	…	…	…	…
29								
30								
合　计								

有些餐厅单列饮料类，在库房发货一栏里增加一个饮料栏，这样月底累计的就是全月发生的总的餐饮成本。各企业可根据自己的情况来设计这一表格。

5.4.3　ABC 分类法

ABC 分类法最早应用于商业企业，然而近年来在餐饮企业中也广为推广，其基本原理是按原材料的贵重程度或价格高低进行不同的控制和管理。

在餐饮企业的存货中，有些食品原料数量不多却占整个库存成本的很大比例，这类食品原料属贵重原料，需要仔细保管、严格控制。我们把所有存货按其价值的贵重程度进行 ABC 分类，并进行相应的控制，称为 ABC 分类法，如图 5-7 所示。

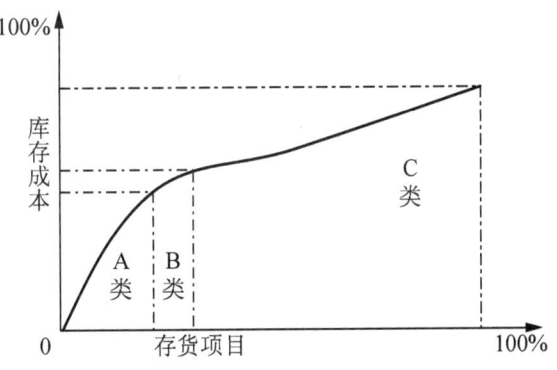

图 5-7　ABC 分类法

如图 5-6 所示，A 类存货项目占整个存货项目的 15%～20%，但其成本占整个库存成本的 75%～80%，对这类项目控制的好坏，直接影响着总成本的高低。所以对 A 类食品原料应经常查点，预测需求，并决定好订货点。B 类存货项目包括那些成本价格略低的食品原料。这类存货占项目数的 20%～25%，成本占总的存货成本的 15%～20%。C 类存货是指那些占存货项目的 60%～65%，而成本只占 5%～10% 的食品原料。对于 B、C 类食品原料，由于种类多、价格低，管理的严格程度可比 A 类食品原料简约一点。

案例分析

某餐饮企业为了保证餐饮原料的质量,并控制原料的采购价格,决定对用量较大、价格较高的海鲜和肉类等原料进行招标采购。招标信息发布后,吸引了许多供应商前来投标。该企业发现这一情况后,为了尽量压低原料价格,就采用了竞拍的方式,经过紧张激烈的竞拍,有 3 家供应商以低于成本价或微利价格中标。

请结合案例分析
餐饮原料的采购是否适用竞拍的形式?为什么?

本章小结

本章主要就餐饮原料管理的 4 个环节进行了讲述。

1. 餐饮原料采购对于提高产品质量和控制成本具有重要作用。餐饮原料的采购要做到适时、适量、适价。要严格遵循既定的采购程序进行采购。

2. 餐饮原料验收直接决定着餐饮原料管理的效果。要健全并严格执行验收规定,要对所进原料进行数量、质量和价格的系统检查。

3. 餐饮原料储存关系到原料的保质和成本。要根据各种原料的特点和性质进行储存。要健全原料储存制度,配备相应的储存设施设备。

4. 原料发放环节要做好两项工作:按时按量发放原料和做好库存盘点控制。

关键术语

标准采购规格　Standard Procurement Specification
标准储存量　Standard Storage
保险储存量　Insurance Stocks
订货点储量　Order Point Storage

复习思考题

一、选择题

1. 以下方法属于易坏性食品原料,其采购数量确定常用的方法的是（　　）。
   A. 日常根据实际用量采购　　B. 订货点采购法
   C. 定期采购法　　　　　　　D. 长期订货法
2. 供货单位的选择应考察的情况有（　　）。
   A. 供货单位的管理水平和设施情况　B. 供货单位的地理位置
   C. 财务的稳定性　　　　　　　　　D. 供货单位产品的价格
3. （　　）属于非易坏性食品原料采购数量确定常用的方法。
   A. 日常根据实际用量采购　　B. 订货点采购法
   C. 定期采购法　　　　　　　D. 长期订货法

二、简答题

1. 食品原料采购特点是由哪些因素决定的？
2. 严格的采购制度应包括什么内容？
3. 简述餐饮原料采购程序。

三、计算题

某饭店采购罐装食品，该食品的日均消耗量是 30 罐，订货期为 6 天，最高储备量为 400 罐，保险储备量定为订购期内需用量的 50%。某天，管理员发现该原材料的永续盘存卡上现存量已经降至订货点量，他立即发出订货通知，请列出公式并计算订货点量和采购数量。

第6章 餐饮服务方式与程序

本章知识要点

知识要点	掌握程度	相关知识
餐厅的概念和类别	熟悉	(1) 餐厅的概念 (2) 餐厅的类别
餐饮服务方式	了解	(1) 中餐常用服务方式 (2) 西餐常用服务方式 (3) 自助餐常用服务方式
餐饮服务环节与程序	重点掌握	(1) 餐前准备工作 (2) 迎宾服务工作 (3) 就餐服务工作 (4) 餐后结束工作

本章技能要点

技能要点	掌握程度	应用方向
餐饮服务流程	重点掌握	餐厅服务人员、管理人员顺利进行餐饮服务

第6章 餐饮服务方式与程序

导入案例

一天,赵先生在酒店的中餐厅请客户吃饭。点菜时,有一位客户点了一道"白灼基围虾",但记菜名的服务员没注意听,把它误写为"美极基围虾"。

当菜端上来以后,赵先生感到很奇怪,立即把服务员叫来,清楚地表示:"小姐,我们要的是'白灼基围虾',这道菜你上错了,请你赶快给我们换一下。"服务员一听不乐意了,辩解说:"刚才这位先生点的就是'美极基围虾',肯定没错。不信把菜单拿来核对一下。"她的话把刚才点这道菜的客人弄得很不高兴,赵先生的脸也沉下来了说:"请小姐把点菜单拿来给我们看一下吧。要是你错了,得赶快给我们换。"服务员过去拿来点菜单,赵先生等人一看,上面果然写的"美极基围虾"。这一下,大家都感到奇怪了。刚才那位客人明明说的是"白灼基围虾",大家都听得很清楚,但现在怎么就成了"美极"了呢?那位服务员心里知道,自己当时一定是走神了,根本就没听清楚到底是"白灼"还是"美极",但想到"美极基围虾"这道菜点的人多,想当然就记成"美极"了。可是,她害怕赔偿,怎么也不肯主动承认是自己记错了,还是指着菜单硬说客人当时点的就是"美极基围虾",菜根本没上错。这时候,赵先生请的那位客人实在坐不住了,他有些气愤地说:"把你们经理叫来,我有话对他(她)说。"

服务员极不情愿地去叫来了经理。这位经理大概已经听服务员汇报了情况,他走过来后便说:"不好意思,你们刚才点的就是这道菜。我们店服务员都是经过严格考核和培训的,记忆力都很好,在客人点菜时会如实地记下每一道菜名……"大家本以为这位经理会过来赔礼道歉并换菜,但没想到他居然会说出这种话!经理这番话的意思很明显:不是店方错了,而是赵先生等客人错了。事情到这种地步,完全没有回旋的余地了。客人愤怒地拂袖而起,说道:"好吧,请你赶快给我们结账吧!"赵先生见此情景,也觉得很是尴尬,劝也不是,不劝也不是。愣了一会儿之后,他才赶忙对那位客人赔不是说:"真对不起,请原谅!以后再也不到这种餐厅来吃饭了!"

讨论题

分析上述经理及服务人员的做法是否正确,如果你遇到此种事情你应该怎样做?

评析

经理与服务人员的做法是错误的。正确的做法如下。

(1)餐厅经理出面赔礼道歉,把"美极基围虾"撤掉,让厨房马上做客人"白灼基围虾"。送上水果盘,并优惠打折以示歉意。

(2)让犯错误的服务员赔偿撤掉的"美极基围虾"。

(3)以此事作为经验教训,培训全体员工,务求所有员工提高顾客服务意识。

6.1 餐厅的概念和类别

6.1.1 餐厅的概念

餐厅是指通过出售服务、食品和舒适环境,来满足消费者饮食需求的场所。

一般来说，餐厅必须具备下列3个条件。

（1）具备固定的营业场所。

（2）以公众为服务对象，提供食品、饮料等，并配有相应的服务。

（3）以赢利为目的。

6.1.2 餐厅的类别

餐厅的种类繁多，风格迥异，各国、各地区有关餐厅的分类是不尽相同的。在我国，依照餐厅的经营特色、服务方式的不同和规格的高低，大致可以按照以下3种方式进行划分。

1. 根据菜式划分

1）中餐厅

中餐厅（图6-1）是以提供中餐烹饪为主的餐厅，是使用最频繁、人们最熟悉的餐厅，如广东菜、四川菜、山东菜、扬州菜等餐厅。客人喜欢什么口味，就可以到相应的餐厅去消费。

图6-1 中餐厅

2）西餐厅

西餐厅（图6-2）是以提供西餐为主的餐厅，如法式西餐、俄式西餐、美式西餐、意大利西餐、德式西餐、瑞士西餐等餐厅。

2. 根据服务方式划分

1）零点餐厅

零点餐厅是指客人随吃随点，按数结账，自行付款的餐厅，早、午、晚供应中、西正餐，是酒店的主要餐厅。

2）宴会餐厅

宴会餐厅（图 6-3）是每一家饭店必不可少的餐饮设施，能提供制作讲究的配套菜肴，可供中餐宴会、西餐宴会、鸡尾酒会、冷餐酒会等使用。大型宴会餐厅可容纳上千宾客，小型的仅可接待一桌或两桌宾客。

图 6-2　西餐厅

图 6-3　宴会餐厅

3）风味餐厅

风味餐厅也称特色餐厅，是具有某种特色的零点餐厅。例如，有突出食品原料和烹饪方法的特色餐厅，如海鲜馆、野味馆、素菜馆等；有突出地方菜肴的特色餐厅，如川菜馆、粤菜馆、湘菜馆等；有突出某一时期的菜肴和某一民族的菜肴，如清真菜、朝鲜族菜、维吾尔族菜的餐厅。

4）咖啡厅

咖啡厅（图6-4）是一种规格较低的小型西餐厅。根据不同的设计形式，有的称为咖啡屋、咖啡间、咖啡廊等。咖啡厅供应的食品比较简单，如面包、三明治、色拉及一些地方小吃。在我国，有些咖啡厅亦有一些中式小吃。咖啡厅服务迅速，营业时间较长。

图6-4　咖啡厅

5）快餐厅

快餐厅（图6-5）是指销售有限菜肴品种，菜肴可以快速制熟，并且快速服务的餐厅。快餐厅的布局一般追求明亮、爽快。菜肴的价格大众化。快餐厅包括中餐快餐厅、西餐快餐厅等。

图6-5　快餐厅

6）自助餐厅

自助餐厅（图6-6）供应方法有两种；一种是先购票，到餐厅随意取食品和饮料；另一种是先取食品后结账。自助餐厅的特点是菜食先准备好，供应迅速、快捷，客人可自由选择菜品及数量。

图6-6　自助餐厅

7）旋转餐厅

旋转餐厅是建筑设计在酒店楼顶的由电力机械控制会转动的餐厅。这种餐厅使客人在就餐的同时可以俯瞰城市风貌。旋转餐厅多数以自助餐的形式营运。

8）酒吧

酒吧以销售各种酒类和饮料为主，兼营各种配酒的食品，是宾客饮酒、消遣、娱乐的场所。按所设位置的不同，酒吧可分为大堂酒吧、泳池酒吧、走廊酒吧、健身房酒吧、宴会厅酒吧、客房小酒吧等。

3. 根据就餐时间划分

1）早餐厅

早餐厅以提供早餐为主，分为中式早餐厅和西式早餐厅。

2）午餐厅

午餐厅是为客人提供午餐的餐厅。

3）下午茶餐厅

下午茶餐厅在下午3～5点为客人提供点心。

4）晚餐厅

晚餐厅是为客人提供晚餐的餐厅。

5）宵夜厅

宵夜厅的供应时间通常在晚餐后至凌晨甚至通宵，是为宵夜者提供菜肴、茶点和小吃的餐厅。

6.2　餐饮服务方式

餐饮服务方式是一个地区、一个民族在长期的餐饮发展过程中逐步形成的饮食侍应习惯，并成为约定俗成、相对固定的形式，得到人们普遍的认可。

掌握并灵活使用不同的服务方式，首先能使餐饮企业依据不同的服务对象、不同的服务要求等为其提供标准、规范的服务，能使餐饮企业的服务质量相对稳定；其次，由于对不同的消费标准提供不同的餐饮服务，使服务成本恒定在一个相对固定的水平，顾客花费多少与获得的享受是对应的；最后，规范而稳定的服务方式，可使餐饮企业树立良好的社会形象和声誉。

本章就中餐、西餐及自助餐等几种常用服务方式，分别予以介绍。

6.2.1　中餐常用服务方式

中餐服务方式指的是中餐餐馆或餐厅中使用的侍应、招待客人的方式。中餐在其长期的发展过程中，兼收并蓄，逐步形成了自己的服务方式，这种服务方式是同中餐菜肴的许多特点相适应的。同时，随着大家对卫生要求的提高和对就餐方式的多样化需求，中餐的服务方式正在经历着一定的变革。目前在餐饮企业中，常用的服务方式有共餐式、转盘式和分餐式。

1. 共餐式服务

共餐式服务比较适用于2～6人的中餐零点服务。

传统的共餐式服务，由就餐者用自己的筷子到菜盆中夹取菜肴，今天的共餐式服务已在此基础上做了较大改进，就餐时客人用附加的公筷、公匙盛取喜爱的菜肴。

1）服务程序和形式

（1）摆台时，根据餐桌大小和用餐人数摆放一至两副公筷、公匙。

（2）上菜时，服务员站在适当的位置，将托盘中的菜盘摆放到餐桌上。

（3）报出菜名，向客人介绍菜肴特色。

2）提供共餐式服务时的注意事项

（1）中餐上菜常常是所有菜点同时上台，服务员要注意台面不同菜肴的搭配摆放，尤其是荤素和颜色的搭配。

（2）菜肴上台时，注意配上适当的公用餐具，方便客人取菜，避免使用同一餐具而串味。

（3）台面上的菜肴放不下时，应征求客人的意见，对台面进行整理，撤、拼剩菜不多的盘子，切勿将菜盘叠架起来。

（4）如遇有外宾用餐，应主动为其提供叉、匙等西餐餐具。

（5）整鸡、整鸭、整鱼等菜肴，应协助客人分切成易于筷子夹取的形状。

（6）所有的菜肴上完后应告知客人，并询问客人品种、数量正确与否，最后祝客人用餐愉快。

2. 转盘式服务

转盘式服务在中餐服务中是一种普遍使用的餐桌服务方式，适用于大圆台的多人用餐服务。既可用于旅游团队、会议团体用餐，也适用于中餐的宴会服务。

转盘式用餐是在一个大的圆桌面上安放一个直径为 90 厘米左右的转盘，将菜肴等放置在转盘上，供就餐者夹取的就餐形式。这种服务的方法和程序如下。

1）台面布置

（1）在台上按铺台布的要求铺好台布。

（2）将转盘底座转轴摆放到桌子的正中央。

（3）将干净的转盘放到转轴上，试验其是否转动自如。

（4）根据便餐或宴会的要求摆台。

2）转盘式便餐服务

（1）在台面上摆放 2~4 副公筷、公匙。

（2）服务员从适当的位置上菜，报出菜名、介绍特色菜肴。

（3）客人用公用餐具为自己取菜。

（4）服务员协助客人分派整鱼、整鸡、整鸭等大菜。

（5）在多骨、多刺和口味截然不同的菜肴之间为客人调换骨碟时应注意：先撤后上，先女后男，先长后幼，先宾后主。

3）转盘式宴会服务

（1）服务员站在适当的位置为客人上菜、分菜。

（2）当一位服务员单独服务时，按以下程序分菜：收撤脏盘；介绍新上菜肴；将干净骨碟沿转盘边放好；用公用餐具分派；请客人享用新上菜肴。

（3）当有两位服务员协作服务时，按如下程序分菜：收撤脏盘；换上干净骨碟；介绍菜肴；两人配合分菜，一人分菜，另一人递盘，注意分清主次先后；请客人享用。

转盘式宴会服务如图 6-7 所示。

图 6-7　转盘式宴会服务

3. 分餐式服务

分餐式服务主要适用于官方的、较正式的、高档的宴会服务。

分餐式服务是吸收了众多西餐服务方式的优点并使之与中餐服务相结合的一种服务方式，人们又将这种服务方式看作"中餐西吃"时所用的服务方式。这种方式又可分为"边桌式服务"和"派菜式服务"两种。

1）边桌式服务

边桌服务是在宴会餐桌旁设一个固定的或可手推的流动服务边桌，在边桌上放一些干净骨碟和其他餐具，进行宴会的分菜服务，其服务程序如下。

（1）服务员将菜肴用托盘送至餐桌上，向客人介绍菜肴特色。

（2）将菜肴放回到服务边桌上，准备分菜。

（3）两名服务员配合，一名分菜，另一名将餐桌上前一道菜用过的脏盘撤下，然后将新分好菜的骨碟置于每位客人的面前。

（4）将菜盘中剩余的菜肴整理好，放回到餐台上，以便就餐者需要时添加。

边桌分菜服务同西餐中的美式服务极其相似。

2）派菜服务

派菜服务的基本程序如下。

（1）服务员给客人换上干净的骨碟。

（2）服务员将菜肴送上餐桌，报出菜名，为客人介绍菜肴特色。

（3）将菜肴放到铺了干净垫巾的小圆托盘上，左手托盘，右手拿服务匙、服务叉分菜。

（4）分派的次序依照主宾、主人，然后按顺时针方向绕桌进行；分菜时建议从客人的左侧进行，这样可以避免托盘与匙、叉的交错。

（5）每派完一位客人，服务员应退后两步，再转身给下一位客人服务。

（6）最后将剩余的那份菜肴整理好，放回到餐桌上，以便客人需要时添加。

派菜服务同西餐中的俄式服务极其相似。

3）分餐式服务时应注意的问题

（1）掌握好分菜服务的时间、节奏，分派的整个过程应尽可能短，不致使后派到菜的客人等候过久。

（2）无论是边桌服务还是托盘派菜，都要操作稳健，不出声响。

（3）注意分派的分量，分派需均匀。

（4）放回餐桌的多余菜肴一定要整理好，不要给人以残羹剩菜的感觉。

概括而言，上述几种中餐和西餐的常用服务方式，在特定场合各有其实用价值和优点。在进行餐饮服务管理中，要培训服务人员熟练、正确地运用上述方法服务。一个餐厅或一次宴会，不必拘泥于某一种服务方式，可以根据就餐的人数和不同的菜肴，选用不同的方法交叉使用。

6.2.2 西餐常用服务方式

西餐服务方式系指西餐用餐时提供给用餐者的侍应招待方式。西餐的服务方式大都起源于欧洲贵族家庭和王宫，经过许多年的发展演变，逐渐为社会上的饭店和餐馆所使用。本节将重点介绍美式服务、俄式服务和法式服务，要求学习者根据不同类型、不同特色、不同场合的消费，选用不同的服务方式。

图 6-8　西餐厅

1. 美式服务

美式服务（American Style Service）主要适用于中低档次的西餐零点和宴会用餐。

美式服务起源于美国的餐馆。程序是服务员接受客人的点菜后，将点菜单送至厨房；厨师依据点菜单将菜肴准备完毕，按每人一份的原则，将每道菜分置于餐盘中；由服务员端至客人身边，用左手从客人的左侧放在客人面前的餐桌上。

美式服务也称"盘式服务"（Plate Service），服务时应遵循的基本原则是：菜从左面上，饮料从右面上，用过的餐盘从右面撤下。这种服务快速、迅捷、方便，易于操作。

2. 俄式服务

俄式服务（Russian Style Service）主要用于高档的西餐宴会用餐。

俄式服务起源于俄罗斯的贵族与沙皇宫廷之中，并渐为欧洲其他国家所采用。俄式服务是一种豪华的服务，使用大量的银质餐具，十分讲究礼节，风格典雅，能使客人享受到体贴的个人照顾。

服务时，所有菜肴在厨房中加工，准备完毕后由厨师将一个餐桌上的菜肴按一道菜配一个银质大浅盘的原则，放置在大浅盘内，由服务员把盘端至餐厅。具体做法是：服务员将客人的点菜单送入厨房，将厨房准备好的、放在大银盘中的菜送至餐厅；将空餐盘用托盘送到餐桌边上的服务台或边桌上；服务员用右手、按顺时针方向从客人的右侧将餐盘依次放在就餐者面前；空餐盘上完之后，服务员回到服务台或边桌，用左手托起放菜的大浅盘，右手拿服务叉和服务匙从客人的左侧派菜；派菜前应向客人展示菜肴，将客人所需的菜肴分量分夹到客人的餐盘里；派菜时按逆时针方向绕台进行。

服务过程中，应当注意的是：派菜之前，应先向客人介绍银盘内的菜肴，使客人有机会欣赏到厨师的手艺，同时装饰漂亮的菜肴也可以增进客人的食欲；分派菜肴时，服务员应灵活掌握其数量，分派的数量应符合客人的需要，剩余的食物应退还给厨房；上汤时，用托盘将汤送入餐厅，放在客人面前；汤可以放在大银汤盘中用勺舀入客人的汤盘里，也可盛在银杯中，再从杯内倒入汤盘中。

俄式服务的基本规则是：空盘从客人右边按顺时针绕台摆放；派分食物从客人的左侧按逆时针方向进行。

3. 法式服务

法式服务（French Style Service）主要用于高档的西餐零点用餐，也是一种较为高档的西餐服务方式。

法式服务源于欧洲贵族家庭及王室，是一种比较注重礼节的服务方式，其服务的节奏通常较慢。

法式服务，一般由两名服务员协作完成，一名为主，另一名为辅。为主的服务员负责接受点菜、烹饪加工、桌面服务、结账等工作；为辅的服务员负责传递单据、物品、摆台、撤台等工作。

与俄式服务类似，法式服务使用大量银餐具。具体服务过程如下：就餐者点的菜肴，大多要在客人面前的辅助边桌（Side Table）和手推烹制车上进行最后烹调。许多半成品的食品用银质大盘从厨房端到餐厅，放在边桌或烹制车上，用电或燃料的保温炉为食品保温。菜肴经过客前的烹调、加工整理和装饰之后，放在餐盘（冷菜用冷盘、热菜用热盘）中，端给客人。需要注意的是，客前加工的菜肴食品必须在很短的时间内烹制、装盘、服务，所以只有适合客前烹调的菜肴才能这样处理。上菜时，服务员用右手，从客人右侧服务。

4. 英式服务

英式服务又称家庭式服务。其服务方法是：服务员先将加过温的热空盘放到主人面前，再将装着整块食物的大盘从厨房中拿到餐桌旁，放在主人面前，由主人亲自动手切肉装盘并配上蔬菜。服务员把装盘的菜肴依次端送给每一位宾客。调味品、沙司和配菜都摆放在餐桌上，由宾客自取或相互传递。英式服务家庭味很浓，许多工作由宾客自己动手（主人也是饭店的宾客），但是英式服务节奏缓慢，不适合饭店接待宾客，因此在欧美旅游饭店中早已被淘汰。

上面介绍的西餐服务方式，餐饮管理人员应根据不同的业务性质选用，以期获得最好的服务与经济效果。

6.2.3　自助餐服务方式

自助餐正在发展成为越来越受欢迎的餐饮服务方式。自助餐能满足人们喜爱自己动手各取所需的习惯。此外，自助餐这种形式还带有许多优点：一是菜肴丰富、陈列精美，能唤起人们的食欲；二是人们只要花不太多的钱，便可品尝到具有地方特色、品种繁多的中、西美味佳肴；三是自助餐就餐的速度较快，客人进入餐厅后几乎无需等候，这在时间就是金钱的今天非常适宜，餐座的周转率高，又增加了餐厅的营业收入；四是自助餐的菜肴是事先准备的，所以可调剂厨师劳动忙闲不均的状况，缓和高峰时期厨房的忙碌和厨师人手紧张的矛盾，服务人员的配备也是非常节省的。

自助餐主要适用于会议用餐、团队用餐和各种大型活动的用餐。许多饭店对早餐提供自助餐服务更为普遍。开设自助餐必须确保一个最低客流量，顾客太少显然是不合算的。自助餐有设座和不设座两种，以前者居多。

1. 自助餐餐厅布置

（1）一个正常经营的自助餐餐厅布置应具有独特的个性，并能以其鲜明的形象给顾客留下深刻的印象，同时也与其精美的菜肴相映成辉，如水晶宫似的海鲜自助餐厅、富有浪漫色彩的野味自助餐厅、反映本地风土人情的民俗自助餐厅，以及具有乡土气息的田园自助餐厅等。

（2）根据特别活动而设的自助餐应按其主题进行布置，并将该主题作为指导思想贯穿于餐厅装潢、背景布置、餐台装饰和食品的推销之中。

（3）有可能成为自助餐主题的节日，如圣诞节、情人节、母亲节、复活节、感恩节、元旦、春节、端午节、元宵节、中秋节等，是饮食促销的大好时机。

（4）许多当地举行的活动和公众感兴趣的事情，如体育比赛、音乐活动、文化艺术活动等也都是个性鲜明的自助餐主题和有影响的销售推广活动。此外，各种展览会、订货会和其他商业活动都给餐饮业提供了机会，这一类型的自助餐还可以由各公司赞助，用他们提供的产品和符号来作为突出主题的装饰，可以安排演出、时装表演等。

（5）装饰布置所选用的材料也应为突出主题服务，墙壁背景、屏幕、盆栽、旗帜和其他活动装饰都可以作为招徕生意的手段。装在墙上的电扇能够使旗帜和悬挂物随风飘动。现代声、光系统更可以使自助餐厅有声有色、栩栩如生。

（6）圣诞节和复活节时用深蓝色或深红色台布更能衬托宗教气氛，麻布能给自助餐以一种村庄的乡土气息，红白格子的台布则会带来不拘礼节的融洽气氛。

（7）餐具和陈列菜肴的容器也可以别出花样，除瓷器、玻璃器皿和银器外，木器、竹器、瓜壳盅、大贝壳等也都是能起点缀作用的容器。

（8）在灯光使用上，一般以聚光灯和强烈的灯光使食品能够清楚地显示出来，自助餐台是餐厅内众所瞩目的地方之一，应明亮、显眼。

自助餐厅如图6-9所示。

2. 餐（菜）台安排

（1）大型自助餐为保证客人迅速、顺利地取菜，一般设一中心食品陈列桌和几个分散的食品陈列桌，以便分区域疏散客人。

（2）在食品陈列桌旁应该留有宽敞的空间使客人在取菜时不必排长队和造成拥挤的现象，并根据客流方向安排空间使用。通常平均一个人选一种食品所需的地方约30厘米，所以在计划时应该考虑在一个特定的时间里供应品种的多少和所能接待的客人数。否则周转很慢，客人将排队在桌旁等候。

图 6-9　自助餐厅

（3）除了用完整的自助餐台外，也可以将一些特色菜分立出来，如设立色拉台、甜品台、临时酒吧和烧烤台等。这些分立的色拉台和甜品台的布置也应匠心独具，如法国或维也纳糕饼店、一个老式的冰激凌柜台等，也可以是法国葡萄园酒吧、德国酒窖。

（4）自助餐台可以有各种形状，应根据场地来选择。各种形状的台面有长方形、圆形、螺旋形、椭圆形、1/4 圆形、半圆形和梯形等（图 6-10），用这些台子可以组合出各种形状的自助餐台。

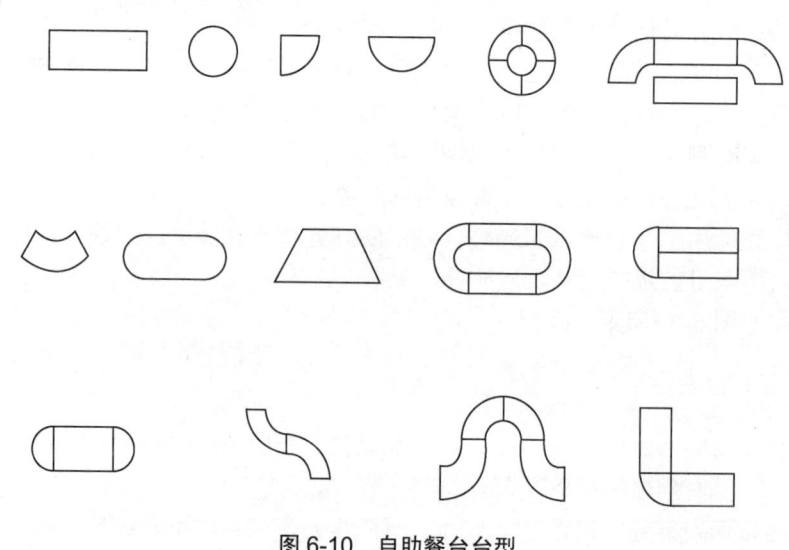

图 6-10　自助餐台台型

（5）在餐台上铺上台布，然后围上桌裙，这样会显得更加华丽、整洁，也更受客人的欢迎。桌裙的长度离地约2厘米，要能遮住桌脚。站立式自助餐的圆台子也应用桌裙。

（6）在自助餐陈列台的后面应留有空间进行布置、渲染气氛，放置其特色菜等。

（7）自助餐台的中央一般布置成大的花篮，用雕塑、烛台、鲜花、水果、冰雕等饰物点缀，填补空白，增强效果。

3．菜肴的陈列

自助餐台的食品陈列应该按事先安排好的计划摆放，有一定的要求，总的来说是根据西餐菜单上的顺序及客人取食习惯来排列。

（1）客人的餐盘摆在自助餐台的最前端，整齐地堆放在一起，站立式自助餐在盘边还可夹有一个夹杯托，以便客人将酒杯安放在盘上。

（2）色拉、开胃品、熏鱼和其他各种冷菜，这些食品一般是厨师精心美化的主要对象之一。

（3）热蔬菜、烤炙肉及其他热的主菜，通常用暖锅保温，摆放整齐。

（4）与上述菜肴搭配的汤汁、调料和装饰物应与这些菜肴摆放在一起，如色拉与色拉油等。

（5）甜食和水果等应是诱人的，它们可以单独设台，也可以用分格子大盘盛装。

（6）在技巧上，一般为降低成本对各类菜肴的摆放位置亦有讲究，如将成本较低的热主菜放在引入注目的地方，这样客人就会因盘中放满了这些菜而少用价格更昂贵的食品；同时如果注意了各种冷菜和热蔬的销售，热主菜的量就比较节省；有时，自助餐还分两个部分进行，客人先吃冷餐，然后是热菜，这样对热主菜来说，消费的数量亦会降低。

（7）分成各个点和块的食品陈列可以有各个不同国家和地区的特色菜，这是自助餐的又一特点，所选用的菜肴大多是中外并蓄。如果要着意渲染气氛，也可以让服务员身着某国的装束进行服务。

4．服务要求

（1）根据计划和要求布置餐厅，设座式自助餐要摆好台，要求和正餐相似，保持餐厅内清洁、整齐。

（2）高级的自助餐，常在客人去自助餐前，就把开胃品和汤送到客人的桌上。饮料、面包、黄油也是由服务员送到餐桌上，服务的规格与正餐一样。

（3）不设座位的自助餐，则将餐具、面包、黄油、甜点和饮料安放在自助餐台上，标准是：客人用的盘子在最前端，餐具、餐巾、面包、黄油在最后端。开胃品、饮料和甜点可以分别在几处设台，以加快服务速度，避免拥挤。

（4）对需保热的食品的暖锅和电热炉要留意照顾，经常检查添加燃料；而要使食物保冷必须备有冰块，盛冰块的碗要时常更换。点燃的蜡烛要保持笔直、不流蜡。暖锅和蜡烛都应离开服务线一定的距离以避免意外。菜盘和其他器皿也应离开桌边10厘米左右。

（5）在自助餐台后，应设一厨师穿上洁白的服装来照顾餐台。像主人那样向客人介绍、推荐和分送菜肴；分切大块的烤肉等；整理餐台，保持其美观；及时更换和添加菜盘；检查设备，保持食品的热和冷；回答客人问题；如果客人把食物溅出及时提供帮助。

（6）一个陈列菜盘里如 1/3 已空时，就应补充或换上一盘满的，否则是很不雅观的，而且有损食物丰富的形象。

（7）应当保持有足够数量的冷热菜盘，以及其他各种服务用具、餐具和餐巾等。

（8）如果是客人自取自烹的火锅式自助餐，服务员要负责为客人准备火锅，帮助开启，告诉客人一些特殊食品的烧法，提供各种调料，随时加汤和斟酒。

（9）大块牛排和整个火鸡等的切割分派是一项技术工作，带有表演性质，服务员或厨师在操作时要注意分量、形状、装盘、卫生等。

（10）在餐厅发生意外，如客人打翻盘子时，服务员要迅速帮助处理，将打翻在桌上的食物立即刷到空盘内，除去污迹，再盖上清洁的餐巾；打翻在地上或地毯上的食物要立即通知有关人员清理，在此之前可先盖上一块餐巾，以免其他客人踏上去。

（11）管理人员应时常检查现场的服务运转情况，协调厨房与餐厅的服务工作的配合，及时处理各种突发事故，使自助餐顺利进行。

6.3　餐饮服务环节与程序

餐饮企业的经营类型、规模与服务形式直接体现出该企业的接待能力和等级标准。当宾客进入风格各异、豪华、舒适、悠闲、温馨的餐厅、咖啡厅、酒吧、茶坊时，这些企业都可以为宾客提供形式多样、品种齐全的餐饮服务。

这些不同的经营类型和方式有各自不同的服务程序，但就餐饮服务程序而言，有其共同的主要服务环节。掌握好服务的基本环节，不仅有利于各岗位员工做好服务工作，而且有利于管理人员分派工作。在宾客餐饮需求得到满足的同时，使餐饮服务工作更加完善、有条不紊。

餐饮服务大体可分为餐前准备、迎宾服务、就餐服务及餐后结束工作 4 个主要环节。

6.3.1　餐前准备工作

餐前准备是餐饮服务的重要环节之一，它是餐饮服务的基础。餐前准备工作充分与否直接与餐饮服务过程中服务缺陷和失误的存在关系，同时也反映出餐饮服务专业水平的高低和服务质量的优劣。因此，餐前准备工作一定要充分、周密，尽可能周全地考虑出现的问题，仔细准备餐饮服务的每个细节，努力地满足宾客的就餐需求。

餐前准备工作主要包括了环境准备、人员安排、餐前短会等几个方面的内容。

1. 环境准备

就餐环境是宾客挑选餐饮场所的重要因素。宾客如果能在就餐前就感到就餐场所的卫生、安全、幽静、轻松的环境气氛，便会感到舒心和愉快，留下良好的初步印象。此时，可以说餐饮服务已经成功了一半。环境准备工作主要通过外部环境和内部环境来体现。外部环境是指车位的安排、道路的清洁、卫生间的清扫等；内部环境是指服务员的着装、餐厅的清洁、室内温度及灯光的调节、餐台的摆放等。在此主要介绍内部环境的准备情况。

1）整理餐厅

在开餐前认真做好清洁工作。按设施、设备分类情况分别检查餐厅家具设备、工作台、餐桌、灯具、门窗、窗帘等是否完好无损、整洁有序，同时检查餐桌、椅布局是否完美合理。

2）物品准备及摆台

（1）物品准备。将开餐所需用的各种宾客用具（如餐具、饮具、调味品等）和服务用具（如托盘、开瓶器、菜单、毛巾夹等）准备好。

（2）摆台。根据用餐类别，按要求及规范摆好餐具和用具，如图6-11所示。

图6-11　摆台

3）调节好室温与灯光

（1）调节好室温。根据季节及营业时间将室温调节到适宜的温度，一般为18～22℃。

（2）调节好灯光。根据不同的就餐形式将灯光调节到适当的亮度，如宴会应是灯火辉煌。

2. 人员安排

在餐厅营业前，服务员有许多工作要做。工作任务明确有助于服务员顺利完成各项准备工作。

（1）人员的分工。开餐前根据客人的餐别、标准、人数、进餐时间等分配当班工作人员。

（2）个人形象的准备。做好个人卫生，佩戴好工号牌，仪表整洁。

3. 餐前短会

在员工基本完成各项准备工作后，开始营业前由餐厅前台经理或主管负责主持餐前短会。

1）检查开餐前的准备工作

检查环境卫生、台面的摆设、员工的仪表仪容等。

2）班前会的内容

（1）强调当日营业的注意事项，如当日推荐菜品、已预订客人的特殊要求等。

（2）总结昨天的营业情况，提出今日的工作要点，如已发生过的服务缺陷和失误，以及解决办法和预防方法等。

6.3.2 迎宾服务工作

迎宾服务是礼貌服务和个性化服务的开端，服务得当可使宾客有受重视和受尊重的感觉，迎宾服务在餐饮服务程序中的具体要求是热情、礼貌、周到。

1. 热情迎宾

（1）用语礼貌。餐厅一般设专职迎宾员，当客人进入餐厅时，迎宾员应正确地使用敬语问候客人，让客人留下美好的第一印象。

（2）姿态优美。以优美的步姿、适当的速度引领客人去餐位。

2. 拉椅让座

（1）动作规范。迎宾员根据客人的人数、需求和预订情况，礼貌地将客人引领到餐厅内合适的位置，主动为客人拉椅让座并注意拉椅动作要规范。拉椅要领是：用两手和右脚尖将椅子后撤，然后向前轻推，使客人方便、放心地坐下。

（2）注意次序。引领客人入座时，应用心观察客人，按主宾次序礼貌地请宾客就位。

3. 送巾开茶

（1）送上香巾。客人入座后及时送上香巾，注意香巾的温度（如冬季用热香巾，夏季用凉或温香巾），用敬语提醒客人使用。

（2）主动开茶。送上香巾后，服务员应及时主动地为客人送上第一杯迎宾茶（收费茶水除外），并注意茶水的温度及斟倒量等。

6.3.3 就餐服务工作

就餐服务主要是指接受客人点菜并按服务规范将客人所点菜点、饮料送上餐桌，同时根据客人就餐过程中的具体情况提供餐中服务和处理特殊情况等。

1. 接受点菜

（1）邀送菜单。客人入座后迅速将菜单送上，待客人需要点菜时为客人提供点菜服务。

（2）接受点菜。一般情况下，服务员站在客人右侧。根据客人的需求和餐厅供应品种情况适当推销菜肴，注意在认真倾听并准确记录客人选定菜点名称之后，当面复述以求确认。

（3）分送点菜单。如复述准确无误，服务员将点菜单分送给厨房、传菜部、收银台各一份，并自留一份。

2. 上菜及餐中服务

根据点菜单内容，按照不同用餐类别的上菜程序进行上菜、摆菜、分菜等服务。

（1）准确掌握上菜时机。服务员应根据客人的用餐情况，控制好服务节奏，做到既不让客人等菜，又不出得太快使客人感到有催促之意。

（2）提高服务效率。出菜时要核对以免上错，摆上餐桌时应注意菜的观赏面；在客人进餐服务工作中，还要尽量减少不必要的走动，并观察客人的言行举止，据此立即提供针对性服务。

（3）增强应变能力。在餐厅里服务员会遇到各种各样的特殊情况，如客人喝醉酒、客人因不满意而投诉、餐中安全问题、突然停电等，这些都要求所有员工能做出相应的处理。

6.3.4 餐后结束工作

1. 结账

1）结账的方式

餐厅结账的方式常有现金支付、签单、信用卡或支票等。

服务员应了解和掌握各种结账方法，做到准确、迅速且彬彬有礼。

（1）客人以签单方式结账时，应弄清客人的身份，并在签单协议的客户名单中查找相关资料（如具有签单资格者的基本情况等），核对无误后方可签单，并请客人留下有效联系方式。

（2）客人用支票结账时，服务员要先将支票上各项内容仔细查看（如印鉴处是否齐全、是否有最高金额限制、是否有密码等），然后要求客人出示有效的身份证件，准确无误后方可按受。

（3）客人用信用卡结账时，应弄清该信用卡本餐厅是否使用。若能使用，应查看信用卡的有效使用日期，核对"止付"名单。将客人在餐厅消费的餐费、酒水等总费用刷卡后并附上分项账单请持卡入检查、核对和签名。服务员要核对客人签名与卡上签名是否一致。确认无误后将信用卡送还给客人。

2）结账的注意事项

（1）要求服务员要在客人提出结账之前，清点好客人所消费的项目及费用，以备客人提出结账要求时，及时、准确地送上账单。

（2）要求服务员应在客人主动提出结账时方可提供结账服务，分清付款人。

（3）结账完毕应向客人表示谢意。

（4）应记住客人结账后并不等于服务的终止，而应继续为客人提供其需要的相关服务，如斟茶、送茶水等，直至客人离去。

2. 送客

送客是礼貌服务的具体体现，表示餐饮部门对宾客的尊重、关心、欢迎和爱护。

1）送客要领

客人用餐完毕起身时，应为其拉椅。客人离座后应送至餐厅门口，提醒客人带好随身物品；发现行动不便的客人，在征得其同意后应主动向前搀扶，礼貌地向客人道谢，欢迎客人再次光临。

2）送客的注意事项

客人不想离开时绝不能催促，注意观察出入餐厅的客人，不要对没用完餐离开座位的客人道别，以免引起客人的误会。送客服务的语言要规范、简洁。

3. 总结收尾

（1）收台

客人离去后，应及时对就餐区域进行收台清扫。检查是否有客人遗留物品；如有，则遵照餐厅有关规定处理。

收台按布件类（餐巾、香巾）、玻璃器皿类、瓷器类及其他类的顺序分类收拾。

按照规范撤去台布、重新布置台面、摆齐桌椅、整理工作柜、补充物品。

（2）总结

经理检查收尾工作，召开餐后会，做简短总结，和接班者进行交接手续，交代遗留问题。同时填写工作记录，整理客人意见并提出下一步工作要点。如果是当日结束营业时间，则应关闭各种电气设备，关好门窗。

本章小结

通过本章学习，应对餐厅概念有所了解，掌握现今餐饮企业的主要类别及其分类方式等方面的知识。

中餐、西餐、自助餐是我国餐饮企业经营方式中三大主要方式。学习其服务方式对餐饮从业人员具有重要意义，餐饮从业人员应重视其在经营中的重要作用。

遵循餐饮服务的服务要求及各种影响因素，使服务方式既适合自身条件和经营目的，又能满足客人的需求，且不断创新，运用灵活方式为客人服务。

餐饮服务人员在服务过程中会面对不相同的服务及其要求，作为合格的餐饮从业人员应具备稳定的心理平衡能力、熟练的服务技能、灵活的待人处事能力。

在餐饮服务过程中，服务人员应严格遵守规章制度及服务程序，操作达到规范要求，也应不断创新出新颖灵活的服务形式、技能策略，使服务能更好地满足客人的个性需求，从而体现餐饮服务的内在价值。

关键术语

中餐厅　Chinese Restaurant

西餐厅　Western Restaurant

自助式餐厅　Self-service Restaurant

早餐厅　Breakfast Restaurant

午餐厅　Lunch Restaurant

晚餐厅　　Dinner Restaurant
美式服务　　American Style Service
俄式服务　　Russian Style Service
法式服务　　French Style Service

复习思考题

一、选择题

1. 按照菜式划分，可将餐厅分为（　　）。
   A. 中餐厅　　　B. 咖啡厅　　　C. 零点餐厅　　　D. 西餐厅
2. 常见的中餐服务方式有（　　）。
   A. 分餐式服务　　B. 转盘式服务　　C. 共餐式服务　　D. 自助服务
3. （　　）起源于贵族和宫廷，是一种高档的服务方式。
   A. 英式服务　　B. 法式服务　　C. 俄式服务　　D. 美式服务

二、简答题

1. 什么是餐厅？餐厅应具备哪些条件？
2. 餐厅的划分方式有哪些？
3. 自助餐厅服务过程中应注意哪些问题？
4. 简述餐饮服务的基本流程。

三、思考题

请结合餐饮业实际，分析餐饮从业人员在餐饮服务中需注意的事项要点。

第7章 餐厅服务质量管理

📜本章知识要点📜

知 识 要 点	掌 握 程 度	相 关 知 识
餐厅服务质量的内涵	了解	（1）餐厅服务质量的概念 （2）餐厅服务质量的构成 （3）餐厅服务质量的特征
餐饮服务质量评价	熟悉	（1）餐厅服务质量评价的标准 （2）餐厅服务质量管理体系
餐厅服务质量控制	掌握	（1）餐厅服务质量控制的基础 （2）餐厅服务质量控制的内容 （3）餐厅服务质量控制的方法 （4）餐厅服务质量的监督体系
餐厅服务质量管理方法	重点掌握	（1）排列分析图法 （2）因果分析图法 （3）PCDA循环工作法

📜本章技能要点📜

技 能 要 点	掌 握 程 度	应 用 方 向
因果分析图法	重点掌握	利用因果分析图来分析餐厅服务质量的影响因素及其形成原因，并通过对原因的分析来解决服务质量管理问题
PDCA循环工作法	重点掌握	利用PDCA循环工作法来分析餐厅服务质量的影响因素及其形成原因，并通过对原因的分析来解决服务质量管理问题

第7章 餐厅服务质量管理

导入案例

南方某4星级餐厅三楼气派豪华的宴会厅,正在举办规模盛大的宴会。因此次活动参与人数多、规格高,餐饮部不得不临时抽调了几名实习生前来帮忙。

席间,一切按计划进行,客人的欢声笑语不断。忽然,离主桌最远的一张桌前有位女客发出尖叫声,宴会领班小丁和公关部朱经理闻声同时赶去,发现那位女客的一身套装湿淋淋的,一个实习生手里托着倾翻的汤碗,脸色苍白,呆立一旁,手足无措。朱经理立即明白了一切。她一面安排另外几名服务员收拾散落到地上的筷子、酒杯等杂物,一面与小丁用身体挡住女客,将其护送出宴会厅。一路上女客少不了埋怨声。

朱经理关照小丁先安排客人到房间里淋浴,压压惊,她自己到客房部暂借一套干净的餐厅制服请女客穿一穿。小丁又转弯抹角问清了女客内衣的尺寸,接着一个电话打到公关部,请秘书小姐以最快的速度到附近的大商场购买高档内衣。朱经理另派人将女客换下的脏衣送到洗衣房快洗。在这些工作分头进行的同时,小丁已陪送梳妆完毕的女客到一楼餐厅单独用餐,并代表餐厅向她表示真切的歉意。女客很快便恢复了平静。

此时三楼宴会厅,由于处理及时,客人又开怀畅饮,重现热烈的气氛。此时餐厅的方总经理正好前来敬酒,朱经理把事情经过向他报告后,他旋即同朱经理一起来到一楼餐厅,向女客郑重致歉,后来又特地向女客的上司表示歉意。女客反而感到不好意思了,她指指身上的餐厅制服,不无幽默地说:"我也成了餐厅的一员,自己人嘛,还用这么客气?"

半小时后,洗衣房把女客的衣服洗净烫平,公关部秘书早已买了内衣。女客高高兴兴换上自己的套装,还不时向朱经理和小丁道谢。临出门时,朱经理还为她叫了一辆出租车……

讨论题

1. 本案例中,如何避免出现将汤洒在客人身上的事件?
2. 在处理上述突发事件中,你认为朱经理做了哪些方面的工作?这些工作对提高服务质量有何意义?
3. 联系本案例,谈谈你对提高餐厅服务质量的建议。

评析

本例的处理显然是极其成功的,体现了餐厅处理突发事件的非凡能力。其成功经验至少有以下几条。

第一,当餐厅服务员工因过失而造成客人不悦时,有一定级别的负责人诚心诚意代表餐厅向客人道歉,可以缓解客人的愤懑。这是至关重要的。否则事故影响极可能会扩大,甚至会波及整个大厅,到那时再设法收拾已为时太晚。宴会厅经理,乃至外方总经理亲自主动前往道歉,有助于消除感情上的对立。

第二,发生了这类不愉快的事情,不必先责怪自己的员工,当务之急是解决摆在面前的具体问题。宴会厅朱经理和小丁的种种措施都是不可缺少的。尤其是遇到这类事情,餐厅不可过多计较经济损失大小,必要的支出可换来巨大的社会效益。

第三,该餐厅部门之间的协调能力与合作精神由此可见一斑。洗衣房、公关部、客房部、宴会厅、一楼餐厅及总经理,上下拧成一股劲,同心合力只为一个目标——搞好服务、维护餐厅形象,这是经营好一家餐厅的关键。

当然，该餐厅在抽调人员支援时，不得已把缺乏经验的实习生放在大型宴会的第一线，是造成这一事故的导火线。事后应认真总结教训，提出今后加强实习生服务操作培训的措施，这是十分必要的。

7.1 餐厅服务质量的内涵

7.1.1 餐厅服务质量的概念

餐厅服务质量是指餐厅以设备、设施为依托，所提供的劳务在使用价值方面适合和满足客人需要的物质和心理的程度。餐厅服务质量管理实际上是服务的使用价值的管理，它构成了餐厅日常管理的中心工作，是餐厅管理的核心部分。

7.1.2 餐厅服务质量的构成

1. 有形产品质量

有形产品质量主要满足顾客物质上的需求，是指餐厅提供的设施、设备和实物产品及服务环境的质量。

1）环境质量

环境质量指餐厅的服务气氛给顾客带来感觉上的美感和心理上的满足感。包括以下几个方面。

（1）独具特色、符合餐厅等级的餐厅建筑和装潢。
（2）布局合理且便于到达的餐厅服务设施和服务场所。
（3）充满情趣并富于特色的装饰风格。
（4）洁净无尘、温度适宜的餐厅环境。
（5）仪表仪容端庄大方的餐厅员工。

餐厅环境示例如图 7-1 所示。

图 7-1　餐厅环境示例

2）设施设备质量

餐厅的设施是指直接或间接影响顾客住店生活的一切设施设备。这些设施以顾客的舒适、方便、安全为宗旨，但是设施的质量效果要依靠员工的勤奋工作和服务传递给顾客。

不同等级（星级）的餐厅对设施的质量要求有所不同，但设施的各个部分都要根据不同的等级（星级）要求有严格的质量标准。

（1）大堂、正门要华丽、美观、吸引人，以体现餐厅的档次和星级。

（2）门口要有停车场。

（3）要设有残疾人轮椅坡道。

（4）超过 3 层楼就应设客用电梯。

（5）电梯要有安全舒适的速度。

（6）超过 7 层楼的电梯要设火警呼叫装置等。

设施设备质量同时还应体现在设施设备齐全、设施设备完好、设施设备舒适上。

3）实物产品质量

实物产品质量是指餐厅所提供的有形产品的质量，如菜点、酒水质量等。

2．无形产品质量

无形产品质量是指餐厅提供的服务的质量，服务的使用价值使用以后，其服务形态便消失了，仅给顾客留下不同的感受和满足度。

餐厅服务的质量标准绝不是服务人员理智和情感的综合，更不是单纯微笑的客观魅力，团队服务的每一位成员都要首先理解、清楚本身所肩负的服务项目的内容、程序、标准及保证这项服务完成的具体方法或措施，每项服务的质量标准共同的一点应该是顾客的满意。

严格来说，服务质量包括服务程序与服务人员素质两大方面，它们作为服务质量完整的统一体，是服务效率与服务效果的奇妙结合。

1）服务程序

（1）程序服务时间。程序服务时间即服务效率。程序服务的质量标准与完成该项服务的时间连在一起，标志着顾客接受一次服务所能等待的满意时间限制，也是优质服务的标准质量参数。

（2）方便顾客。一切服务流程和各项服务工作都应该以方便顾客为准则。

（3）部门之间协调服务网络。部门之间必须要严密协调，充分发挥团队协作精神，以便向顾客提供快捷、方便、满意的服务。

（4）主动服务。餐厅各部门的服务永远没有被动语态，即向顾客提供的每项服务要在顾客要求前提前"半步"。

（5）处理投诉及其应变能力。改进和提高服务质量的有力措施便是处理顾客投诉，征求顾客意见。

2）服务人员素质

（1）主动服务态度。积极主动的服务态度是评价服务人员愿意为顾客提供热情周到服务的法尺，即象征着餐厅服务人员欢迎顾客的到来，随时愿为顾客服务、效劳。

（2）殷勤服务。殷勤服务即以新颖和适当的形式关心顾客的福利，并以礼貌、友好、热情、尊重的服务为顾客尽心尽力。

服务员在正常服务的基础上视顾客需求为自己的工作目标，为顾客提供细致入微的"超常"服务项目，这是优质服务的重要象征。

（3）笑容可掬。根据客人各自的不同需求及其风俗礼节，餐厅服务人员的面部表情、微笑、目光交际及手势等是赢得顾客满意、取得优质服务的"安全护照"。

（4）适当得体的服务。为了让顾客满意，一定要掌握、熟知服务的要旨，即从俗随宾，传递感情才能备受欢迎。

（5）尊重顾客。顾客的满意首先来自服务人员对他们的尊重。

（6）热情、友好的语调。优质服务要表现在服务人员的热情、友好的语调中。标准的服务用语要朴实、诚恳、热情、富有活力。

（7）随时相助顾客。服务人员在任何时候、任何情况下都要对顾客表现出极大的关心和协助，熟悉餐厅的一切，随时为顾客提供满意的服务。

（8）服务及销售艺术。服务人员既要熟悉餐厅的一切服务项目及其产品，同时又要掌握顾客需求心理，以便广泛销售服务产品。

3）安全卫生质量

（1）安全。餐厅的安全包括顾客的生命财产安全、顾客的隐私安全及餐厅的财产安全。

（2）卫生。餐厅卫生包括餐厅服务场所的卫生、食物原材料的采购和储藏的卫生、餐厅食品和加工环节的卫生，以及服务人员服务过程的卫生。

7.1.3 餐厅服务质量的特征

1. 餐厅服务质量构成的综合性

服务质量是由有形实物质量（如餐馆的菜点质量、酒水质量等）、有形的服务设备和服务设施的质量（服务设备如通信、通风、照明、安全、卫生、计量、检测、包装、装卸等，服务设施如楼房、交易场所、餐厅、交通工具等）、有形的服务环境的质量和无形的服务劳动质量构成的统一体，每一部分都是服务质量不可分割的组成部分。

2. 餐厅服务质量评价的主观性

服务产品质量的好坏最终是由客人做出评价的，不同的客人对服务有不同的期待，对同一服务也会有不同的感受和评价，即使同一客人对同一服务在不同的时间、场合和不同的心情下，也会做出不同的评价。

正是由于服务产品质量评价的这种主观性和不确定性，要求餐厅工作人员必须具有灵活性，在提供服务时要因人而异，见机行事，不可墨守成规。

这也是熟练的餐厅工作人员与新手之间的差别。有经验的餐厅工作人员总是能够针对不同的客人，在不同的时间、不同的场合说不同的话，提供不同的服务，而缺乏经验的新手则往往机械地照搬服务规程、标准，缺乏灵活性。

3. 餐厅服务质量显现的短暂性

餐厅服务质量由一次次内容不同的具体服务组成，而每一次具体服务的使用价值均只有短暂的显现时间，即使用价值的一次性。不像实物产品那样可以返工、返修或退换，如要进行服务后调整，也只能是另一次的具体服务。因此，餐厅管理者应督导员工做好每一次服务工作，争取使每一次服务都能让宾客感到非常满意，从而提高餐厅整体服务质量。

4. 餐厅服务质量内容的关联性

餐厅服务质量的具体内容包括有形服务质量和无形服务质量。每一个方面又由很多具体因素构成。这些因素互相关联、互相依存、互为条件。这要求餐厅各部门、各服务过程、各服务环节之间协作配合，充分体现餐厅服务的延续性。

5. 餐厅服务质量对员工素质的依赖性

餐厅服务质量是员工在有形产品的基础上通过即席表现的劳务创造出来的，而这种表现又很容易受到员工个人素质和情绪好坏的影响，具有很大的不稳定性。所以要求餐厅管理者应合理配备、培训、激励员工，努力提高他们的素质。

6. 餐厅服务质量的起伏性

餐厅服务质量具有起伏性的特征。餐厅管理人员认真地抓，服务质量马上会得到提高；但是稍一松懈，服务质量立刻降低。

7. 餐厅服务质量的窗口性

餐厅服务质量是顾客了解某一区域的窗口。通过感受餐厅服务质量，国内顾客就可以了解某一地区的经济状况和文明程度；而国外顾客从中可以看到一个国家、一个民族的精神状态和文明程度。

7.2 餐厅服务质量评价

7.2.1 餐厅服务质量评价的标准

餐厅服务质量的评价标准不同于普通物质产品质量的评价标准。普通物质产品质量的评价标准一般都是客观的，而餐厅服务质量的特殊性决定了其特殊的评价标准。

一般来讲，餐厅服务质量的评价标准有两个。

1. 内部评价标准——服务规范、服务程序

餐厅的服务规范和服务程序是餐厅为客人提供相关服务的基本流程和标准，是提高餐厅服务质量的基础和保障。餐厅的服务规范和服务程序一般都是经过长时间的经验积累和

实践检验的，都是符合餐饮服务标准和最有效率的。严格地按照规范、程序进行操作，才能为客人提供高质量和高效率的服务。

2. 外部评价标准——顾客满意

顾客满意是评价餐厅服务质量最重要的标准，很多时候也是唯一标准，这也就是所谓的餐厅服务质量评价的主观性。餐厅服务质量的优劣绝大多数情况下完全取决于客人的主观感受：同一个服务人员为不同的客人提供相同的服务时，客人可能会因为个人喜好、教育背景、职业状况、生活环境等因素的不同给出完全不同的评价结果；不同的服务人员以相同的程序为同一客人提供服务时，客人可能也会因为对服务人员的主观印象不同而给出完全不同的评价结果。餐厅服务质量评价的主观性增加了餐厅服务质量管理的难度。

案例分析 7-1

"过火"的热情

一天晚上，曲先生陪着一位美国客人来到某高级饭店的粤菜餐厅用晚餐。点菜后，一位服务员便热情地为他们服务起来。她为外宾摆上刀叉，为两位客人斟酒、上汤、上菜、上饭。当一大盆"粟米羹"端上来后，她先为客人报了汤名，接着便为他们盛汤，盛了一碗又一碗。一开始外宾还以为是中餐的规矩，听曲先生告诉他待客自愿后，忙在服务小姐为他盛第三碗汤时谢绝了。服务小姐在服务期间满脸微笑，手疾眼快，一刻也不闲着：上菜时即刻报菜名，见客人杯子空了马上斟酒，见菜碟的菜没有了立刻布菜，见菜碟上的骨刺皮壳多了随即更换，见米饭没了赶紧要……她站在旁边忙上忙下，并不时用英语礼貌地询问两位还有何需要，搞得两位拘谨起来。外宾把刀叉放下，从口袋里拿出香烟，抽出一支拿在手里，然后对曲先生说："这里的服务简直是太热情了，不过……""先生，请你抽烟。"服务小姐见外宾手里拿着香烟，忙从口袋里拿出打火机，熟练地打着火，送到客人面前为他点烟。"喔……好，好！"外宾忙把烟叼在嘴里迎上去点烟，样子颇显狼狈。烟点燃后，他忙向服务小姐说了两声："谢谢！"见服务小姐又在忙着给他的碟子里添菜，忙熄灭香烟，用手阻止说："谢谢，还是让我自己来吧。"服务小姐随即把烟缸拿去更换。"曲先生，我们还是赶快吃完走吧。这里的服务太周到了，就是让人有点透不过气来。"外宾说完便急忙用餐。当服务小姐给他们上最后一道菜时，他们谢绝了服务小姐的布菜，各自吃两口便要求结账了。在服务小姐为他们送账单时，外宾拿出一张钞票给服务小姐，被服务小姐谢绝了，并告诉他中国饭店的餐厅不收小费，这是她分内的工作。外宾不太习惯地把地把钱又收了起来。服务小姐把他们送离座位，并连声说："欢迎再来。"

案例评析

本例中，服务小姐的服务热情很高，但节奏显得太快，给人一种紧张的压迫感。在现代饭店的餐饮服务中，流行着一种无干扰服务的形式。这种服务注意服务的节奏感，以客人的需要为服务的尺度。例如，见到客人需要安静时，不要上前打扰，要站在他们的远处静候其召唤；布菜、盛汤和添饭时，也应征得客人的同意，不要自作主张，以免对客人形成不必要的干扰。"热情服务"和"无干扰服务"均要根据客人的具体需求来定夺，要掌握好分寸，否则容易起到相反的服务效果。因此，两者需要相互结合，灵活运用。

7.2.2 餐厅服务质量管理体系

服务质量是餐厅管理的生命线。面对着频繁出现的各种服务质量问题，许多餐厅都习惯于采用头痛医头、脚痛医脚、临时突击、事后检查的办法，这难于从根本上保证餐厅服务质量的高标准和稳定性。

服务质量管理体系正是为了从根本上解决服务质量管理中可能出现的问题而提出来的一种全新的服务管理模式，通常包括以下几个方面。

1. 基础体系

注重过程控制和预防，过程质量控制是指为把产品质量控制在所规定的要求范围内，保证产品质量稳定并使顾客满意而开展的各种技术运作和活动的总称。

1）确定服务质量目标，实现目标管理

提高餐厅服务质量，必须首先制定质量管理目标。在制定目标时要考虑以下原则。

（1）整体性原则。质量目标必须符合餐厅的经营总目标，各部门在制定具体目标时也必须考虑餐厅服务的整体性。

（2）广泛性原则。在广泛征求员工意见的基础上制定目标，使之得到全体员工的理解和支持，以提高他们努力工作，实现目标的主动性和积极性。

（3）可量测性原则。质量目标要明确，既要有定性的描述，又要有定量的标准。餐厅有关部门要把质量目标分解到各部门、各岗位，并随时检查考核他们的完成情况。

2）制度建设

餐厅服务是一种特殊的商品，它具有无形性和不稳定性，受到员工的性格、情绪、服务能力和意识等多方面因素的影响。

（1）在具体服务过程中可能产生以下情况。

① 不同的服务员在同一项目上为客人提供的服务质量不同。

② 同一服务员在同一项目上，为不同的客人提供的服务质量不同。

这给餐厅的质量管理带来很大困难，为确保餐厅服务质量处于优质恒定的状态，必须制定一套标准的规范。

（2）服务规范的要求。

① 服务规范必须全面具体。服务质量体现在餐厅各部门各岗位上，贯穿于餐厅服务的全过程之中，因此服务规范应具体到每个岗位、每项服务上。内容要包括服务内容、服务程序、质量标准等，使每个员工在服务过程中有章可循。

② 服务规范必须符合国家有关标准。我国旅游局 1988 年 9 月开始执行《中华人民共和国评定旅游（涉外）餐厅星级的规定》，这是制定服务规范的重要依据，各餐厅应参照该规定中的 6 项标准，结合自己的风格、特色制定服务规范和质量标准。

③ 服务规范的可操作性要强。服务质量标准要明确，便于员工在服务过程中执行。餐厅服务质量不像其他工业产品质量，能够用具体的参数测定和衡量，但必须定性地描述服

务过程中的具体方法、步骤和具体的要求。

3）情感建设（个性化服务）

质量控制体系标准化规范建立起来还不够，只有再加上个性化服务才会提升"顾客情感满意度"。

（1）服务的个性化源于标准化，又高于标准化。个性化服务必须以标准为前提和基础。没有规范化服务的基础去谈个性化，无疑是舍本逐末，而如果仅仅满足于标准化服务，不向个性化服务发展，餐厅服务质量管理也是难于上台阶的。

（2）提供个性化服务，既有技术上的要求，又有管理上的要求。技术上的要求，如通过建立顾客档案，使个性化服务后标准化。管理上的要求，如餐厅内部营销、服务文化建设有利于员工带着强烈的情感为客人主动积极地服务。

案例分析 7-2

名菜巧推销

星期日中午，雷先生一家三口来到北京某饭店的中餐厅吃午饭。点菜时，服务员微笑着询问雷先生想吃什么。雷先生考虑了一下，告诉服务员，想要一些口味清淡、不太辣的菜。于是服务员向他们推荐了几样中高档的广东菜，并介绍了广东菜的特点。"广东菜由广州菜、潮州菜和东江菜组成，讲究原料加工方法、口味清淡鲜美，突出菜的质量和原味。比较有名的菜是'红烧大裙翅''片皮乳猪''蛇羹''清汤鱼肚''一品天香''冬瓜燕窝''油爆虾仁'等。我们餐厅有从广州白天鹅宾馆请来的特级厨师，加工的菜都保持了广东菜的正宗风味。如果您感兴趣，可以在我给您推荐的菜中挑选了几样尝尝。"听了服务员的介绍，客人很放心，并按服务员的推荐点了菜。每上一道菜，服务员都热心地为他们介绍，使他们的进餐过程充满了情趣。经过品尝，客人确实感到这家饭店的菜品鲜美，味道不同寻常。用餐快结束时，雷先生又告诉服务员，希望能带走一份味道鲜美、质量上乘、适合老人享用的菜，带回家给行动不便的母亲品尝。服务员热情地为他推荐了"燕窝鱼翅煲"，并告诉他此菜营养丰富、质量上乘，属于粤菜中的精品，非常适合老年人食用。雷先生临走时感激地对服务员说："这顿饭我虽然花了不少钱，但非常高兴，对你的服务非常满意，有机会还要来这里吃广东菜。希望下次能为我们推荐一些味道更好的菜。"

案例评析

在餐饮推销服务中，一定要注重优质服务和周到服务，只有在优质服务的基础上才能取得客人的信任，保证推销的效果。本例中的服务员，在了解了客人的口味特点后，适时、适度地为他们介绍了广东菜的内容，并在上菜过程中继续推销的程序，详细介绍菜品的特点，引发起客人的兴趣，其周到服务的风格满足了客人的心理需求，使推销服务的进程十分顺畅。推销意识是保证推销服务成功的关键。只有具备建立在良好服务意识基础上的推销意识，才能在餐饮服务的全过程中不断发现推销的机会。本例中第二次推销的机会就是在客人用餐结束并赢得客人的信任之后发生的。服务员的推销再次激发起客人的购买欲望，使得客人继续消费。

2. 校正体系

校正体系是根据过程质量控制中发现的问题和对问题的分析，提出对原有生产服务过程进行修正和改良的活动。实施过程中，会出现偏离文件要求的情况，需要加以分析和控制。对文件本身的问题及执行过程中的某些矛盾应采取相应的措施，进行协调和改进。

1) 质量检查的形式

（1）自查。基层管理者应让每位员工明确本岗位工作的质量标准和要求，督促其在工作过程中养成自我检查的习惯，检查自己的服务或工作是否符合标准或要求。

（2）互查。基层管理者在管理过程中应充分利用餐厅的资源，如餐厅其他部门的经验等。为此，餐厅可组织管理者互相检查，从而取他人之长以补自己之短，如客房部的基层管理者检查餐厅卫生，而餐饮部的基层管理者检查客房部的杯具消毒等。

（3）专查。餐厅可根据自身的服务质量现状而在不同时期组织专项检查，如服务态度、微笑服务、清洁卫生、服务效率等。

（4）抽查。定期或不定期地抽查使员工养成做好每次服务或每项工作的习惯，而不至于存有侥幸心理。

（5）暗查。餐厅可聘请餐厅内外的同行通过暗访的形式检查餐厅的实际服务质量水平，从而发现存在的问题，并采取针对性的解决措施。

2) "七级检查制度"

（1）总经理重点检查。餐厅总经理主要做好两个方面的工作。

① 根据经营管理的需要，针对重大活动及餐厅重点部位进行检查。

② 在店务会议上对服务质量进行分析，督促各部门按照餐厅规定进行整改。

（2）值班经理全面检查。值班经理作为餐厅当日服务质量的总负责人，履行服务质量管理的职责，必须按照服务质量巡查记录表的内容和要求进行认真细致的检查，并注意掌握各种动态信息。检查重点内容在次日早会上通报。

（3）部门经理日常检查。部门经理对自己所辖范围内的各项工作质量负有直接的管理责任，必须恪尽职守，对下属的工作必须及时加以指导、监督与考核，各项检查必须形成制度化、表单化，要做到环环有人管，事事有人抓，件件有人做。

（4）质检人员专项检查。质检人员作为餐厅质量管理的专业人才，不能停留在常规检查阶段，而必须向纵深发展。质检人员除了日常检查、掌握餐厅质量状况外，还应在专项检查、动态检查上下功夫，寻找典型案例，发现深层次问题，体现专业水平。

（5）保安人员夜间巡查。夜间往往是餐厅安全和质量问题的多发期。其保安夜间检查范围为餐厅节能状况、员工劳动纪律、员工在岗情况、夜间消防及各项安全状况等。对发现的各项问题督促相关部门整改，并将夜间巡查内容与要求形成质检日报，第二天发送总经理和人力资源部，以确保检查的效果。

（6）每位员工自我检查。只有全员参与，每个人自觉关心自己和他人的工作质量，才能为提高服务质量打下扎实的基础。各餐厅必须培养员工自我检查的意识和习惯，并要采取行之有效的方法，激发全体员工参与质量管理的积极性。

（7）宾客最终检查。只有客人认可的服务，才是最有价值的服务。餐厅必须及时收集客人对餐厅服务质量的评价，接受客人对服务的检验。其途径主要有：①宾客拜访表，保证意见的时效性和真实性；②每日大堂经理日报记录、值班经理记录所归纳的客人对于服务质量的有效意见；③不定期地邀请客人暗访，对于整个餐厅或某个服务区域进行公正客观、实事求是的评价。

3. 分析评估体系

质量体系实施以后，对质量体系本身是否科学合理运作，质量体系的实施情况是否合乎要求、达到目的，餐厅最高管理者需要加以评审和审核。通过评审，对质量体系的现状和适应性做出正式的评价，作为改进的依据。质量体系的评审应当是不定期的，其目的是不断地改进餐厅的质量管理。

1）质量问题上报制度

确定餐厅管理组织机构以后，就可将餐厅质量管理的职责进行分解，明确各部门的职责。职责分解时，要遵循职、责、权、利统一的原则，使各部门和有关人员能够充分执行其质量职责，并要根据实际运作制定质量管理制度。

（1）信息录入制。各部门对当日发生的质量事故、服务案例、安全巡检及质量情况必须于次日中午12:00之前录入计算机，并反馈到人力资源部。对未能及时录入信息的部门，按服务质量评审细则之未及时完成工作任务同等处罚。

（2）大堂经理日报表。保证每月拜访的宾客数量不少于450位。完整、详细地记录在值班期间所发生和处理的任何事项，将一些特殊的、重要的和具有普遍意义的内容整理成文，并在当班期间录入计算机发至所有部门。所记录的大堂经理日报均要及时归档。

（3）质检档案制度。质量档案是餐厅改善服务，提高水平的一项重要的基础工作，餐厅人力资源部由质检经理负责。部门、班组应建立和完善档案管理制度，实行专人专管和定期检查制度，餐厅不定期会对各个部门档案进行检查。

2）典型案例通报制度

对重要的具有典型意义的事件进行核实调查，并制作成典型案例予以通报。

3）质量分析制度

每月召开质量分析专题会。每月对发生的质量问题进行汇总统计、分类解析、定量说明，并形成质量分析报告。主要包括以下几个方面。

（1）服务质量水平分析。以各种信息反馈的资料、检查和考核资料、日常统计数据为依据，正确分析本餐厅服务质量的水平，本餐厅与本市、本地区、国内服务水平相比较所处的位置，本餐厅服务质量的绝对水平所处的档次，本餐厅服务质量提高的潜力有多大、有什么不足之处等。

（2）服务质量的稳定性分析。服务质量的稳定性包括服务各环节各工序协调的稳定、相互之间质量水平的稳定和服务水平在时间上的持续性（未发生明显波动）。

（3）服务质量的问题分析。主要分析服务质量上出现的问题、产生问题的原因、用什么方法去解决问题等。

4）质量预测制度

在餐厅质量分析的基础上，寻找质量规律，逐步建立质量预报制度，力求防患于未然。

7.3 餐厅服务质量控制

7.3.1 餐厅服务质量控制的基础

餐饮服务质量控制和监督,必须具备以下 3 个基本条件,才能进行有效的餐饮管理。

1. 制定明确的服务规程和严格的管理制度

1)服务规程

制定服务规程时,首先确定服务的环节程序,再确定每个环节统一的动作、语言、时间、用具,包括对意外事件、临时要求的化解方式、方法等。

管理人员的主要任务是执行和控制流程,特别要抓好各套制度之间的薄弱环节,用服务流程来统一各项服务工作,从而达到服务质量标准化、服务岗位规范化和服务工作程序化、系列化。

2)管理制度

餐饮的管理制度是一个餐厅的生命,当今社会是知识经济时代,管理越来越为企业所重视。管理水平的高低直接影响着餐厅的经营效益。故"管理出效益"是硬道理,在制定日常的管理制度时应着重考虑以下 3 个方面的事宜。

(1)人力资源方面。包括用工制度、薪金制度、激励制度等。
(2)经营销售方面。包括销售对象、促销方式、菜品特色、服务特色,创新要求。
(3)财务成本方面。包括采购制度、成本控制方法、资产管理制度。

2. 建立质量信息反馈系统,收集质量信息

1)信息反馈的特点

(1)针对性。信息反馈不同于一般的反映情况,它不是被动反映,而是主动收集,有很强的针对性。
(2)及时性。信息工作要讲究时效,信息反馈更要及时,以便早发现问题,解决问题。
(3)连续性。信息反馈的连续性是指对工作活动的情况连续、有层次地反馈,有助于认识的深化。

2)信息反馈的要求

(1)信息反馈要准确真实。
(2)尽量缩短反馈时间。
(3)信息反馈要广泛全面,多信息、多渠道反馈。

3)收集质量信息的方法

(1)管理人员。可以通过质量记录、巡视、正式或非正式的宾客调查及员工调查等方式收集到服务质量信息。
(2)一线服务人员。可以通过对员工满意度、思想动态、金点子等方面收集员工信息;

通过对顾客满意度、意见、建议等的调查获取顾客的反馈信息。

（3）建立质量信息反馈系统即内部系统信息和外部系统信息的统一，从而采取改进和提高服务质量的措施。

3. 抓好全员的培训工作

企业之间服务质量的竞争主要是员工素质的竞争，很难想象，没有经过良好训练的员工能有高质量的服务。

1）新员工上岗前培训，合格者方可上岗

新员工岗前培训主要内容包括以下几个方面。

（1）基本知识。包括员工手册、餐厅知识、工作态度、工作职业道德、礼仪仪表（言谈举止接人待物）、相关知识（习俗、酒水、茶点等）等。

（2）基本功训练。包括前后台各部门、各环节所需的所有操作技能。

（3）质量意识。主要进行服务观念、标准观念、预防为主观念、全面质量管理观念等的培训。

（4）质量标准教育。主要进行企业质量标准的解释工作，使员工了解企业要求达到的质量标准要求。

（5）质量方法教育。主要对员工进行服务技巧、灵活性针对性服务、应急问题处理等方面的教育与培训，使员工能够在复杂情况下面对各种客人时确保服务质量的稳定性。

（6）投诉处理教育。主要培训员工在面对客人投诉时，应采用的处理流程、工作方法，使客人的投诉能够在第一时间得以妥善处理。

2）在职员工培训

在职员工的培训应根据餐厅人力资源培训计划及时开展，并通过日常服务工作中出现的问题有针对性地进行。根据受训员工的脱产情况，在职人员的培训可以分为脱产培训和在职培训两类。

7.3.2 餐厅服务质量控制的内容

1. 建立餐厅服务质量控制的保证体系

餐厅服务质量控制的保证体系是餐厅系统的一个子系统，这一子系统是一个以提高餐厅服务质量为目标，具有明确的任务、职责、权限的有机整体。建立服务质量保证体系有3个层次。

1）管理领导机构

应设立以餐厅总经理为首的服务质量管理领导机构，建立服务质量监督网，负责确立餐厅服务质量管理目标，研究制订服务质量管理计划，并负责组织、协调、督促、检查各部门服务质量管理动态。

2）管理小组

各部门根据业务范围设立服务质量管理小组，主要负责本部门服务质量管理计划的制订和落实。

3）执行小组

班组开展服务质量小组活动，重点是根据服务质量管理工作的要求，抓好标准化、程序化、制度化、原始记录等各项工作的具体落实，及时收集和解决服务质量管理工作中的问题。

2. 做好餐厅服务质量控制的基础工作

餐饮企业若进行餐饮服务质量控制，首先应做好相应的准备工作，包括以下几项。

1）收集服务质量信息

收集相应的服务质量信息，并进行整理和分析，是餐饮企业服务质量控制的基础，这个工作不仅可以让餐饮企业对自身存在的服务质量问题进行了解，同时也可以了解竞争对手或同行的服务质量情况，还可以了解消费者对服务质量的需求状况。为此，餐饮企业应从3个方面收集服务质量信息。

（1）本餐厅接待业务过程中服务质量信息资料。

（2）本餐厅服务后的服务质量信息资料。

（3）国内外同行业的服务质量信息资料。

2）制定服务程序与标准

为更好地控制餐饮企业的服务质量，餐饮企业要做的另外一个非常重要的基础性工作，就是制定餐饮服务程序和服务标准，科学合理而又符合市场消费者需求的服务程序，不仅帮助餐饮企业确定了餐饮服务质量标准，从而界定了餐饮企业的服务档次；同时，也使餐饮企业进行服务质量管理时，有了一个管理的标准和依据。

3）服务质量教育工作

服务质量教育工作主要包括三方面的内容：一是对服务质量的解读，以清晰的语言，向员工讲解本企业的服务质量管理方式方法和服务程序标准，使员工理解服务标准的含义，以及制定服务程序与标准的目的，以便员工在服务过程中能够自觉地以服务程序和标准指导个人的服务行为；二是对员工服务方法的指导和培训，使员工具备执行服务程序和标准的能力；三是对服务质量要求的讲解，服务程序与标准的执行，不能仅仅依靠员工的自觉行为去遵守，应同时辅之以各种奖惩手段，在服务程序与标准执行之前，也要向员工说明这些奖惩方法。

7.3.3　餐厅服务质量控制的方法

1. 预先控制——服务开始前的服务质量控制

所谓预先控制，是指为使服务结果达到预定的目标，在开餐前所做的一切管理上的努力。其目的是防止开餐服务中各种资源在质和量上产生偏差。包括以下几个方面。

（1）人力资源的预先控制。

（2）卫生质量的预先控制。

（3）物资资源的预先控制。包括设施质量、物品供应质量、食品原材料质量。

（4）服务信息的沟通。

（5）员工的思想准备。

（6）事故的预先控制。

2. 现场控制——服务过程中的服务质量控制

1）现场控制

所谓现场控制，是指监督现场正在进行的餐饮服务，使其规范化、程序化，并迅速妥善地处理意外事件。这是前厅经理和主管的主要职责之一，餐厅经理也应将现场控制作为管理工作的重要内容。

（1）层级控制。即通过各级管理人员一层管一层地进行，主要控制重点程序中的重点环节。

（2）现场控制。餐厅服务质量的偏差往往是一瞬间发生的，有些偏差需要立即纠正，因此要加强现场管理。

2）现场控制服务程序及标准控制

开餐期间，前厅经理和主管应始终站在第一线，通过亲自观察、判断、监督，指挥服务员按标准服务程序服务，发现偏差，及时纠正。具体来说，有以下几个方面的工作。

（1）控制上菜速度。首次斟酒、上菜，要请示客人，尊重客人的意见；在开餐过程中，要把握宾客用餐的时间速度、菜肴的烹制时间等，做到恰到好处，既不要让宾客等待太久，也不应将所有菜肴一下子上全，餐厅主管应时常注意并提醒掌握好上菜时间，尤其是大型宴会，上菜的时机应由餐厅主管掌握。

（2）意外事件的控制。餐饮服务是面对面的直接服务，容易引起宾客的投诉。一旦引起投诉，主管一定要迅速采取弥补措施，以防止事态扩大，影响其他宾客的用餐情绪。如果是由服务态度引起的投诉，主管除向宾客道歉外，还应替客宾换一道菜。发现有喝醉酒的宾客，应告诫服务员停止添加酒精性饮料。对已经醉酒的宾客，要设法帮助其早点离开，以保护餐厅的气氛。

（3）要注意人力资源的现场控制。开餐期间，服务员虽然实行分区看台负责制，在固定区域服务。服务员人数的安排要根据餐厅的性质、档次来确定（一般中等服务标准的餐厅或者餐桌，可按照每个服务员每小时能接待 20 名散客的工作量来安排服务区域）。一般来说，档次越高的餐厅，服务水准要求越高，因此服务力量的配备就会越强。一些豪华包间，甚至需要两三个服务员执台，顶级的餐厅服务，还可能是一个服务人员服务一个客人。

案例分析 7—3

小忍为大事

一天，上海某饭店的宴会厅内正在举办一个大型婚宴。席间气氛热烈，参与者不停地走动、敬酒、说笑，向新人祝贺，整个大厅充满了喜庆的气氛。宴会在热烈进行，一位服务员手托一盆刚出锅的热汤向主桌走去。刚到桌旁停住，新郎突然从座位上站起准备向别人敬酒，一下子撞到了服务员的身上。服务员出于职业本能和潜意识的支配，将汤盆向自己身上拉来，高温的热汤泼到了他的胳膊上。顿时，他感到剧痛钻心，但他强忍疼痛，不哼一声，脸上仍带着微笑,并向新郎道歉。婚宴还在进行,这位服务员继续忙着为客人们上酒上菜,直到大家一一离席为止。当新人向接待婚宴的服务员道谢时才发现,这位服务员的手臂上烫起了几十个水泡。大家问他为什么被烫的时候不说?服务员回答,如果被烫时表现出反常神情,便会影响婚宴喜庆的气氛。新郎和新娘听后,异常感动,半天都说不出话来。

案例评析

本例中的服务员体现了很高的职业素养。为了迎合婚宴的喜庆气氛,达到让客人满意向服务效果,他能够克服难以忍受的肉体痛苦,仍然面带微笑,不动声色地继续为客人服务,实在难能可贵。服务员在为客人服务时,有时会遇到一些意想不到的事情,并给他们带来精神甚至肉体上的痛苦,能不能忍受这些痛苦,继续监守岗位,是需要有一种精神的。从这个案例中,可以得到以下几点启示。

(1) 忍耐是一种职业素养的体现。当服务员遇到使自己身心蒙受痛苦和委屈的情况时,应考虑到饭店的利益,忍让为先,将事故的责任揽到自己身上来,把"正确"让给客人。本案例中,服务员由于客人突然站起碰洒了汤而被烫伤,但他忍住痛苦,反向客人道歉。这种做法既保全了客人的面子,又保持了宴会的气氛,使婚宴得以圆满进行。如果没有很高的职业素养,这位服务员是做不出这种行动来的。

(2) 防范事故应永不松懈。本例中的服务员因客人的突然行为而被烫伤,来不及防范,这说明我们应增强一定的预防和防范能力。如看到场面热闹、客人常起身敬酒时,要马上考虑到汤是不是会被碰洒,要让客人意识到你来上菜或上汤。这样就能最大限度地避免一些可能出现的事故。

(3) 饭店应提倡和表彰服务员在服务中的忍让精神,对他们因忍让和奉献所受的委屈、痛苦、损失,应尽可能地让其释放出来,并给他们以更多的温暖和关心,必要时,应找人替下伤员。这样能让服务人员感受到饭店的关怀,使他们真心实意地甘愿为企业和客人的利益奉献。

3. 反馈控制——服务结束后的服务质量控制

所谓反馈控制,就是通过质量信息的反馈,找出服务工作在准备阶段和执行阶段的不足,采取措施在以后的服务中提高服务质量,使宾客更加满意。

(1) 内部系统。指信息来自服务员、厨师和中高层管理人员等。因此,每餐结束后,应召开简短的总结会,以便及时改进服务质量。

(2) 外部系统。指信息来自宾客。为了及时得到宾客的意见,餐桌上可放置宾客意见表,在宾客用餐后,也可主动征求客人意见。宾客通过大堂、营销部、公关部、高层管理人员等反馈回来的投诉,属于强反馈信息,应予高度重视,保证以后不再发生类似的质量偏差。

建立和健全两个信息反馈系统,前厅经理必须亲自或安排人员,对每一个反馈信息做好记录,这样才有利于服务质量的改进和不断提高,更好地满足宾客的需求。

7.3.4 餐厅服务质量的监督检查

在餐饮服务质量系统中,部门和班组是执行系统的支柱,而以岗位责任制和各项操作程序为保证,以提供优质服务为主要内容。上对下逐级形成工作指令系统,下对上逐级形成反馈系统，将部门所制定的具体质量目标分解到班组和个人，由质量管理办公室或部门质量管理员协助部门经理负责对餐饮服务质量实施监督检查。

1. 服务质量检查的中心

餐厅服务质量检查的中心环节就是服务效果，而服务效果可以通过顾客满意度来体现。因此，餐厅可以通过对顾客满意度的调查结果，来判断餐厅服务质量的优劣，并通过分析原因，找到服务质量下降的关键环节，从而制定相应的具体措施来解决问题。

2. 服务质量监督检查的内容

餐厅服务质量检查的主要内容包括餐厅服务中各环节的连续性、餐厅内各部门间的协调性、餐厅服务人员对客服务的规范性和灵活性等。

3. 餐饮服务质量检查的主要项目

根据餐饮服务质量内容中的礼节礼貌、仪表仪容、服务态度、清洁卫生、服务技能和服务效率等方面的要求，将其归纳如下。

（1）仪容仪表。主要包括：服务人员的制服是否合体、整洁，工牌佩戴是否正确；发型和指甲是否符合标准；首饰佩戴是否符合要求；女员工是否化妆上岗；形体动作是否符合餐厅服务规范等。

（2）就餐环境。主要包括地面、桌椅、工作台、菜单、餐具、服务用具、灯具、绿植、门窗等卫生状况是否符合餐厅的相关规定。

（3）服务规范（技巧）。主要包括服务礼仪、操作技能、服务程序、菜品推销、解释菜单、处理投诉、应对突发事件等方面是否符合餐饮服务的基本要求。

（4）工作纪律（安全）。主要包括服务人员在工作过程中应遵守餐厅的相关制度，以及面对灾害事故的应急问题处理能力等。

4. 设计餐厅服务质量日常检查表

餐厅服务质量日常检查表见表7-1

表7-1　餐厅服务质量日常检查表

检查项目	检查细则	等级标准					备注说明
		5	4	3	2	1	
仪容仪表	1. 服务员是否按规定着装并穿戴整齐 2. 制服是否合体、清洁、无破损、无油污 3. 工牌是否端正地佩戴于左胸前 4. 是否留有怪异发型，发型是否符合标准 5. 男员工是否蓄胡须、留大鬓角 6. 指甲是否修剪整齐，是否留长指甲、涂有指甲油 7. 除手表、戒指外，是否还佩戴有其他首饰 8. 女员工是否按要求淡妆上岗 9. 站姿是否符合标准，是否有倚靠等不规范动作						

续表

检查项目	检查细则	等级标准					备注说明
		5	4	3	2	1	
就餐环境	1. 地面有无杂物或污迹						
	2. 桌椅、工作台是否清洁，无污迹、水迹						
	3. 菜单是否清洁，有无油迹、有无缺页及破损						
	4. 餐具是否清洁，有无水迹、有无破损						
	5. 灯具照明是否正常，是否完整无损						
	6. 绿色植物有无枯萎或带有灰尘						
	7. 门窗是否清洁、无灰尘、无破损						
服务规范	1. 宾客进入餐厅是否主动问候，表示欢迎						
	2. 是否协助宾客入座						
	3. 服务是否及时						
	4. 接受点菜时是否仔细聆听并复述所点菜品						
	5. 斟酒操作是否规范						
	6. 服务中是否用托盘操作						
	7. 上菜时是否准确地报菜名						
	8. 是否及时撤换餐具，更换烟缸						
	9. 结账是否迅速、准确						
服务技巧	1. 尽可称呼宾客的姓名						
	2. 避免与宾客过于亲密						
	3. 能积极把握各种推销机会						
	4. 准确解释菜单						
	5. 与赶时间的宾客密切配合						
	6. 对有病的宾客、老人、儿童给予特别关照						
	7. 能灵活处理宾客投诉						
	8. 能为宾客创造愉快的用餐氛围						
	9. 及时处理醉酒等突发事件						
工作纪律	1. 工作期间是否聚堆聊天						
	2. 上班时间是否接听私人电话						
	3. 有无吸烟、偷吃现象						
	4. 工作时间是否大声喧哗						
	5. 有无与宾客争吵现象						
	6. 是否对宾客品头论足						
	7. 值班时有无睡觉现象						
	8. 能否做到平等待客						
	9. 有无脱岗现象						

续表

检查项目	检查细则	等级标准 5	4	3	2	1	备注说明
安全意识	1. 熟悉火情、盗窃等紧急情况的处理程序 2. 熟悉紧急疏散的程序 3. 熟悉消防安全通道 4. 注意操作安全 5. 了解基本安全预防措施 6. 具备使用基本防火设备的能力 7. 保持服务区域消防通道通畅 8. 明确急救箱摆放位置及箱内物品 9. 了解紧急照明系统的装置和位置						
备注	1. 等级标准说明：1—差；2—较差；3——般；4—好；5—优秀 2. 检查人员每天对餐饮部进行全面检查，并抽取一个餐厅重点检查，填写表格，将问题反馈餐饮部进行整改						

5. 餐饮质量监督检查的注意事项

（1）过好心理关、情面关。
（2）明确检查依据与内容。
（3）检查尺度统一。
（4）监督检查不是单纯找问题。

7.4 餐厅服务质量管理方法

通过质量分析，可以找出存在的主要质量问题和引起这些问题的主要原因，从而有针对性地对采取有效的方法进行控制和管理，杜绝同样问题的出现。质量分析法很多，常用的有排列分析图法、因果分析图法、PDCA 循环工作法等。

分析质量问题是为了解决质量问题，但不可能解决所有的问题，而是要先找出对服务质量影响最大的几项问题加以解决。

7.4.1 排列分析图法

1. 概念

排列分析图法又称 ABC 分析法或帕累托图法、主次图法，是按照发生频率大小顺序绘制的直方图，它是将出现的质量问题和质量改进项目按照重要程度依次排列而采用的一种图表。可以用来分析质量问题，确定产生质量问题的主要因素。是由意大利经济学家维尔弗雷多·帕累托（Vilfredo Pareto）首创的。

从概念上说，帕累托图与帕累托法则一脉相承，该法则认为相对来说数量较少的原因往往造成绝大多数的问题或缺陷。帕累托法则往往称为二八原理，即 80%的问题是 20%的原因所造成的。帕累托图在项目管理中主要用来找出产生大多数问题的关键原因，用来解决大多数问题。

2. 原理

以"关键是少数，次要是多数"这一原理为基本思想，通过对质量的各方面的分析，以质量问题的个数和发生问题的频率为两个相关的标志进行定量分析，先计算出每个问题在问题总体中所占的比例，然后按照一定的标准把质量问题分为被分析的对象分成 A、B、C 三类。排列分析图法既保证解决重点服务质量问题，又照顾到一般质量问题的解决。

3. 步骤

排列分析图法的步骤如下。

（1）收集服务质量问题信息——调查表、投诉与各部门的检查记录。
（2）分类、统计、制作服务质量问题统计表。
（3）绘制排列图。
（4）分析找出主要质量问题。
① A 类因素。累计频率在 70%～80% 以内，是主要因素，即亟待解决的质量问题。
② B 类因素。累计频率在 10%～20% 以内，是次要因素。
③ C 类因素。累计频率在 10% 以内，是一般因素。

其中 A 类因素只能是一两个的质量问题，最多不能超过 3 个，否则就不能称为主要因素。将 A 类因素纳入服务质量的 PDCA 循环中去，从而实现有效的服务质量管理。

【例 7-1】 某餐厅服务质量检查小组日常检查评分，全月共发现"差"的项目共有 350 项，结果为：菜点质量差的有 235 次，占 67.1%；服务态度差有 62 次，占 17.7%；外语水平差有 29 次，占 8.3%；娱乐设施差有 17 次，占 4.9%；其他有 7 次，占 2%。根据上述数据画出的排列图如图 7-2 所示，由此分析出 A 类因素为菜肴质量问题，即亟待解决的问题。

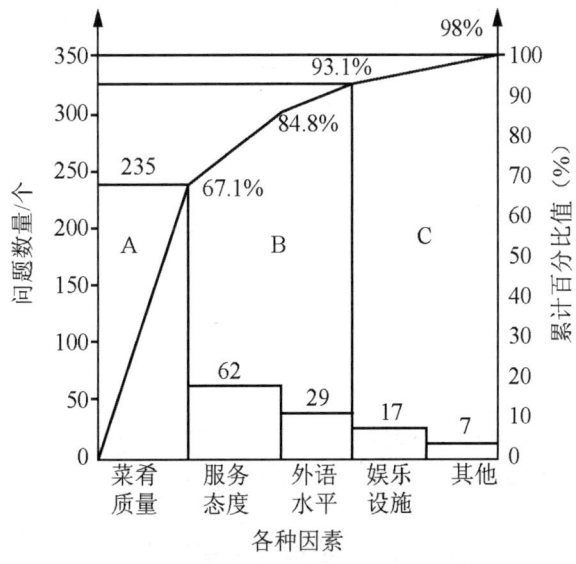

图 7-2 排列分析图

7.4.2 因果分析图法

1. 概念

因果分析法是通过因果图表现出来的，因果图又称特性要因图、鱼刺图或石川图，它是 1953 年在日本川琦制铁公司，由质量管理专家石川馨最早使用的，是为了寻找产生某种质量问题的原因，发动大家谈看法，做分析，将群众的意见反映在一张图上，这就是因果分析图。用此图分析产生问题的原因，便于集思广益。因为这种图反映的因果关系直观、醒目、条例分明，用起来比较方便，效果好，所以得到了许多企业的重视。

2. 图例

影响服务质量的因素是错综复杂的，并且是多方面的。因果分析图法对影响质量（结果）的各种因素（原因）之间的关系进行整理分析，并且把原因与结果之间的关系用带箭头线表示出来，如图 7-3 所示。

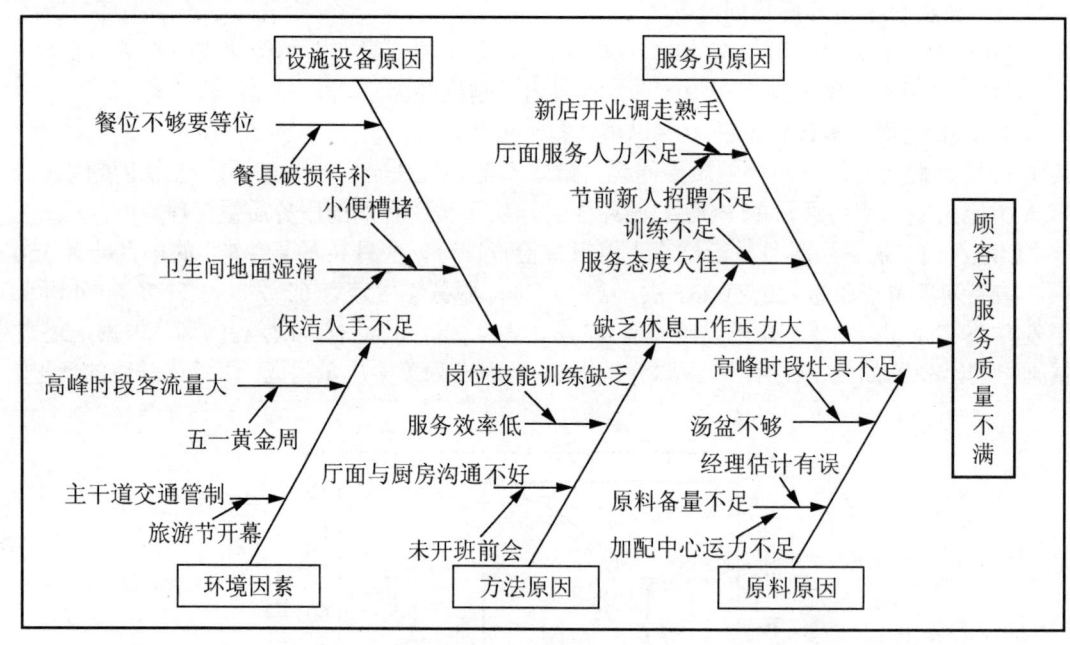

图 7-3　因果分析图

3. 分析过程

因果分析图法分析过程如下。

（1）确定要分析的质量问题，即通过 ABC 法找出 A 类问题。

（2）分析 A 类质量问题产生的原因，找出质量问题产生的各种原因，这是用好这个方法的关键。

（3）将找出的原因进行整理分析，提出解决问题的方法。

【例 7-2】某餐厅菜肴质量有问题，产生的原因很多，可以用因果分析图分析如下。

第一步　确定要分析的问题，如图7-4所示。

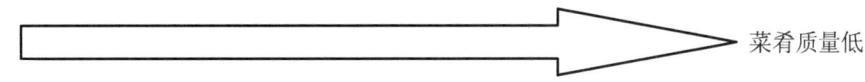

图7-4　要分析的问题

第二步　逐步分析，找出产生问题的大原因、中原因、小原因。
大原因如图7-5所示。

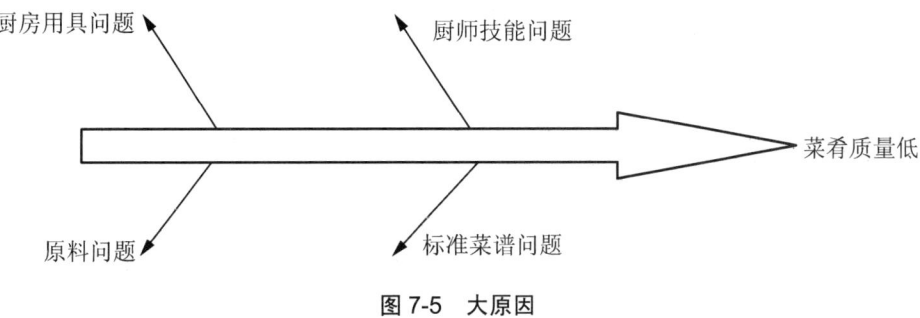

图7-5　大原因

中原因如图7-6所示。

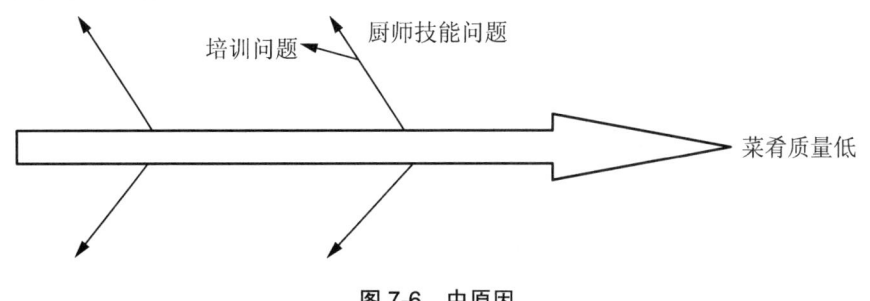

图7-6　中原因

小原因如图7-7所示。

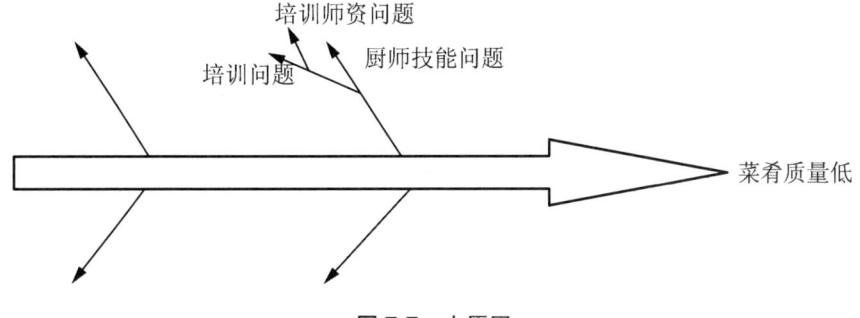

图7-7　小原因

第三步　依据图7-4～图7-7，可以看出，该企业菜肴质量达不到要求的主要原因，在于培训厨师的师资达不到要求，因此在解决菜肴质量低这个问题方面，主要的措施在于应提高厨师培训师资水平。

7.4.3 PDCA 循环工作法

1. 概念

PDCA 循环最早是由美国质量统计控制之父休哈特（Shewhtar）提出的 PDS（Plan Do See）演化而来的，后由美国质量管理专家戴明（Deming）改进成为 PDCA 模式，所以又称"戴明环"。它是全面质量管理所应遵循的科学程序。

所谓 PDCA 循环，就是按照计划、执行、检查、处理 4 个阶段的顺序进行管理工作，并按照这样的顺序循环不止地进行下去，如图 7-8 所示。

（1）P（Plan）——计划。包括方针和目标的确定及活动计划的制订。

（2）D（Do）——执行。执行就是具体运作，实现计划中的内容。

（3）C（Check）——检查。就是要总结执行计划的结果，分清哪些对了，哪些错了，明确效果，找出问题。

（4）A（Action）——处理。对检查的结果进行处理，认可或否定。成功的经验要加以肯定，或者模式化或者标准化以适当推广；失败的教训要加以总结，以免重现；这一轮未解决的问题放到下一个 PDCA 循环。

以上 4 个过程不是运行一次就结束，而是周而复始地进行，一个循环完了，解决一些问题，未解决的问题进入下一个循环，这样阶梯式上升的。

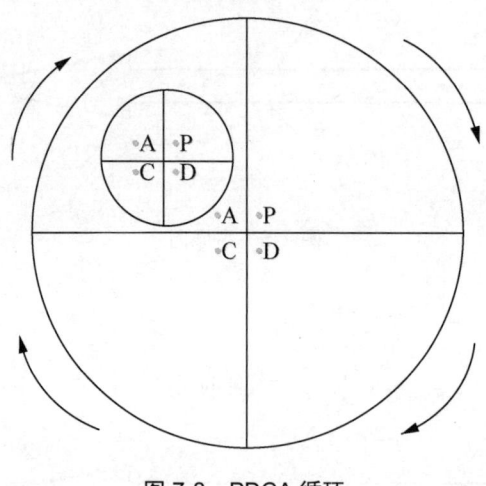

图 7-8　PDCA 循环

2. PDCA 循环的八大步骤（图 7-9）

1）计划（P）阶段

步骤一：分析现状，运用排列图或圆形图找出存在问题，确定急需解决的服务质量问题。

步骤二：用因果分析图分析产生质量问题的原因。

步骤三：从分析中找出主要影响因素。

步骤四：运用头脑风暴法制定解决质量问题的具体措施，拟定实施计划及预期达到的目标效果。计划要明确具体，切实可行。

2）实施（D）阶段

步骤五：按已定的目标、计划和措施执行。

3）检查（C）阶段

步骤六：在执行后，再运用分析方法对企业质量情况进行分析，并将分析结果与步骤一中所发现的质量问题进行对比，以检查在步骤四中提出的提高和改进质量的各种措施和方法的效果。同时，检查在完成步骤五过程中是否还存在其他问题。

4）处理（A）阶段

步骤七：对已解决的质量问题提出巩固措施，以防止同一问题在每次循环中再出现，对已解决的质量问题应予肯定，并使之标准化、规范化。对已完成步骤五，但未取得成效的质量问题也要总结经验教训，提出防止这类问题再发生的意见。

步骤八：提出步骤一中所发现而尚未解决的其他质量问题，并将这些问题转入一个循环中去求得解决，与下一循环的步骤一衔接起来。

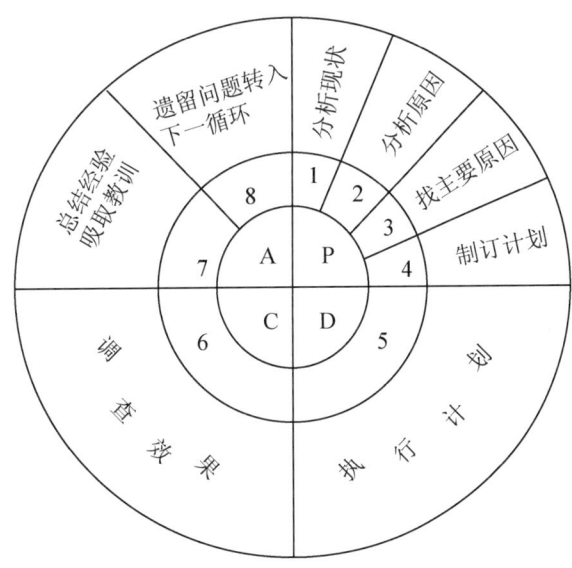

图 7-9　PDCA 循环的八大步骤

3．PDCA 循环的特点

（1）大环要按照 4 个阶段不停地转动。

（2）大环套小环互相促进。

（3）PDCA 循环每转动一次就要提升一步，就像爬楼梯。

（4）PDCA 循环是综合性的循环，不能机械地把 4 个阶段分开。

小测验

餐厅服务质量的特点决定了餐厅服务质量管理是一个复杂的过程。请以学校餐厅为例，来分析提高服务质量的途径和方法。

案例分析

春节期间，小刘接待了一位叫李娟的残疾客人。这位客人是跟着家里人一起来酒店吃团圆饭的。当小刘一看到这位老年残疾客人时，便主动快捷地帮助她找距离最近、最合适的位置坐下，方便这位"特殊"客人用餐。后来他们家人在用餐的时候，为了能够增添点欢乐的气氛，就玩起了游戏。看到他们个个高兴的样子，而这位残疾老人却一人孤零零地坐在角落旁，小刘便主动过去帮这位老人倒茶，跟她聊天。从她那里了解到现在残疾人在社会上的地位和遭受的不同待遇。在聊天的过程中，她诉说了一件伤心往事：2004年的一天，李娟被安排参加为期一周的广州残疾人文化活动，与她一组的10名妇女都是香港成员，李娟决定以东道主身份到广州西关的一家酒楼招待她的伙伴们吃一顿方式小吃宴。由于上午的活动比预定的时间稍长了一些，所以直到下午 1:30 她们才到达酒楼。她们进了酒楼，李娟对酒楼的领班说，她们需要一张桌子。可领班说午餐的时间已过，没有桌子能提供给她们，要等到晚餐时才行，这样的话她们至少要等 4 个小时才能吃饭。李娟看到酒楼里有好几帮人都还在那里吃饭，而且就在她们进酒楼之前，刚好有两位先生进来，并被安排坐到她们旁边的一张桌子。看到这些李娟发现酒楼现在并不是很忙，便要求领班把她们安排在她自己看见的能坐下她们这些人的一张大桌子。服务员回答："阿姨，随你的便。"领班把她们安排到这张大桌子的座位上坐下来，可并没有给她们菜单。等了 10 分钟，也没有任何服务员理睬她们，甚至连杯茶也没倒。她们试着招呼一个服务员模样的人过来，可那人也不理睬她们。20 分钟后，李娟实在等不下去了，她找到酒楼的经理，经理立即告诉她自己很忙，并建议李娟她们如果不喜欢酒楼里的服务，可以换一家。李娟知道，她已经别无选择，只好对她的这些朋友说这酒楼现在已经停止供应午餐。她们只好离开了。酒楼里没有人对此事向她们表示道歉，只是站在旁边看着。由于事先考虑不周，李娟感到非常尴尬，心绪极为烦乱……

通过交谈，老人也放松下来。小刘引导老人讲出藏了很久的苦闷，了解到这位老人在一次交通事故中不幸失去了右腿。小刘的举动真诚、热情，得到了这位老年残疾人的认可。小刘能够平等地对待每一位顾客，关心顾客，所以后来这位老年人因小刘的优质服务成了酒店的重要客人之一。

请结合案例分析

1. 以上案例中，残疾客人李娟在 2004 年广州西关一家酒楼用餐时出现了什么状况？为什么会出现这种状况？

2. 案例中小刘是如何为残疾客人李娟服务的？这种服务体现了服务质量管理的哪些内容？

3. 假设你是西关酒楼的管理人员，针对上述现象，你该采取什么措施来提高酒楼的服务质量？

本章小结

餐厅服务质量是指餐厅以设备、设施为依托，所提供的劳务在使用价值方面适合和满足客人需要的物质和心理的程度。

餐厅服务质量是由有形产品的质量和无形产品的质量两部分构成的，并具有构成的综合性、评价的主观性、时间的短暂性、内容的关联性、对员工的依赖性等不同于一般物质产品的显著特点。

餐厅服务质量评价标准有两个：一个是内部标准——操作规范和操作程序；另一个是外部标准——顾客满意度。餐厅服务质量管理体系包括基础体系、校正体系和分析评估体系三部分。

餐厅服务质量控制的方法可分为事前控制、现场控制和反馈控制，并可以通过礼节礼貌、仪表仪容、服务态度、清洁卫生、服务技能和服务效率等方面对服务质量进行监督和检查。

常见的餐厅服务质量管理的方法包括排列分析图法、因果分析图法和 PDCA 循环工作法 3 种，在实际的服务质量管理中可以灵活运用。

关键术语

服务质量管理　　Service Quality Management
服务质量评价　　Service Quality Evaluation
服务质量控制　　Service Quality Control

复习思考题

一、选择题

1. 餐厅服务质量中的有形产品质量包括（　　）。
   A. 环境质量　　　　　　　　B. 设施设备质量
   C. 实物产品质量　　　　　　D. 安全卫生质量
2. 餐厅服务质量管理体系包括（　　）。
   A. 质量认证体系　　　　　　B. 基础体系
   C. 校正体系　　　　　　　　D. 分析评估体系
3. 餐厅服务质量控制的方法可分为（　　）。
   A. 事前控制　　　　　　　　B. 质量控制
   C. 现场控制　　　　　　　　D. 反馈控制

二、判断题

1. 餐厅服务质量是由有形产品的质量和无形产品质量两部分构成的。　　（　　）
2. 餐厅服务质量评价的标准就是看服务过程是否符合相关的操作规范和操作程序。
   　　　　　　　　　　　　　　　　　　　　　　　　　　　　　　　　（　　）
3. 因果分析法是 1953 年在日本川琦制铁公司，由质量管理专家石川馨最早使用的。
   　　　　　　　　　　　　　　　　　　　　　　　　　　　　　　　　（　　）

三、简答题

1. 什么是餐厅服务质量管理?
2. 简述餐厅服务质量的构成。
3. 餐厅服务质量的特点有哪些?
4. 餐厅服务质量管理体系的内容有哪些?
5. 常见的餐厅服务质量管理的方法有哪些?

四、思考题

餐厅服务质量的监督检查是餐厅服务质量的重要环节,试分析餐厅管理人员应如何利用监督检查来提升餐厅的服务质量。

第8章 餐饮经营方式

本章知识要点

知识要点	掌握程度	相关知识
餐饮经营的概念	了解	餐饮经营是指餐饮企业以市场为中心,充分利用市场规律,通过与市场的双向信息交流,对餐饮企业的经营方向、目标、内容、方式、市场策略等做出决策。其职能主要是作用于外部,工作的重心是将生产效率最终转化为经济效益
餐饮经营的观念	了解	(1) 市场观念 (2) 竞争观念 (3) 效益观念 (4) 人才观念 (5) 质量观念 (6) 发展观念
餐饮经营的特点	熟悉	(1) 生产、流通、服务一体化的特点 (2) 生产上的特点 (3) 流通中的特点 (4) 对服务质量的要求高 (5) 对经营环境的要求高 (6) 资金周转快 (7) 餐饮收入可变性强
餐饮企业经营方式	掌握	(1) 连锁经营 (2) 特许经营 (3) 合约经营 (4) 租赁经营 (5) 合作联营 (6) 大众化经营 (7) 休闲式经营

本章技能要点

技能要点	掌握程度	应用方向
餐饮经营定位方法	掌握	餐饮企业投资者、管理人员在餐饮企业筹备与经营过程中要能够明确餐饮企业经营定位
餐饮经营方式选择	重点掌握	餐饮企业投资者、管理人员在餐饮企业筹备与企业运营过程中要能够正确选择经营方式,并能够适时进行经营方式调整

导入案例

"超市进酒店"的启示

2013年1月下旬,"厉行勤俭节约,反对铺张浪费"之风让全国的高端餐饮业有些猝不及防,公务接待量锐减、企事业单位年会退订等,生意的冷清让许多高星级酒店猝不及防。

此时,位于济南经十西路的舜和国际酒店里的海鲜超市已经运营一月有余,经营虽受到一定冲击,但酒店门前车水马龙,生意还算红火。

舜和的转型,比中央的精神早一个月,"这纯属巧合,我们当初只是觉得高星级酒店的'畸形发展'应该回归自然状态。"舜和酒店集团董事长任兴本表示,今天高星级酒店所面临的挑战性质完全不同,公务接待市场必定萎缩,真正的营销时代到来了。

2012年12月,该酒店二楼的25个宴会包间,改成了560余平方米的海鲜超市,有130余种高、中、低档海鲜、500种菜肴可供挑选,定价实行"成本+加工费"模式计算。成本价人人都知道,加工费5~10元不等,消费者几十元可以吃饭,也可以点出上千元的菜品。最初培养的6名专业点菜师已明显不够,"现在又过来十几名服务员兼职点菜",工作人员于婷婷说:"我们还要负责餐中巡台和餐后看台,实现'酒店管理顾客消费'模式,目前每桌客人对菜品的消耗量达90%,泔水量大幅度缩减。"

"这不是降价,也不是降低品质,而是销售模式的转变。"任兴本说,在高星级酒店,如果一桌宴会收入降到1000元以下,肯定越做越赔钱,在酒店里开超市,只是为了拓宽销售渠道,对体验式经营模式的一次探索。

案例来源:大众日报,2013年3月25日。

讨论题

1. 该案例中,舜和国际酒店经营转型成功的关键点是什么?
2. 该案例体现了餐饮企业经营定位的重要意义有哪些?

评析

该案例中,舜和国际酒店的成功转型,取决于两个主要因素,一是董事长任兴本对餐饮市场的充分认识和提前预判,一是该酒店的转型吻合了餐饮经营面临的市场形势变化。从本案例中可以看出,餐饮企业的经营,要有一个准确和清晰的经营定位,只有定位准确,餐饮企业的一切经营措施才能具有针对性,才有可能取得事半功倍的效果。随着社会环境的变化,餐饮企业的大众化经营方式将成为能够保障餐饮企业长久发展的重要因素,本案例中舜和国际酒店的成功也说明了这样一个问题。

从该案例可以看出,对于餐饮企业的投资人和经营管理者来说,是非常有必要学习和掌握餐饮企业的经营理论和经营方法的。

第8章 餐饮经营方式

8.1 餐饮经营概述

8.1.1 餐饮经营与餐饮管理

经营多指筹划与组织,管理多指计划与约束,都是人的主观意志作用于工作对象。两个概念有明显区别,也有密切联系。就餐饮经营与餐饮管理来说,所谓餐饮经营,是指餐饮企业以市场为中心,充分利用市场规律,通过与市场的双向信息交流,对餐饮企业的经营方向、目标、内容、方式、市场策略等做出决策。其职能主要是作用于外部,工作的重心是将生产效率最终转化为经济效益。餐饮管理的职能主要作用于内部,工作的重心是进行餐饮企业内部各生产要素的协调,提高餐饮企业生产效率,顺利完成各项生产和服务任务。

餐饮企业的经营与管理在实践中是合二为一的。在理论上说明两个概念的相互区别、相互联系、相互影响和相互依存,有利于对餐饮经营与管理实践的认识和指导。可以看出,餐饮经营的概念大于餐饮管理的概念,它包含着餐饮产品市场、要素市场的运作等更广泛的内容。

8.1.2 餐饮经营的指导思想

1. 餐饮经营目标

各类餐饮企业的经营活动都是由所有者、经营者和员工三方组成的"团队生产"来完成的,因而是餐饮经营目标的主导者。政府和消费者对餐饮经营目标也会有一定的影响。由于在经营活动中各方谋求的利益不同,导致餐饮企业经营目标的差别。

当餐饮企业以所有者利益为主要的目标取向时,餐饮企业最看重的是投资回报,是长期的稳定发展;当餐饮企业以经营者利益为主要的目标取向时,往往出现有利经营者自身收益最大化的运营方式;餐饮企业如果以员工利益或者是国家利益为主要追求的目标,那就会制定相应的运营方式和管理制度。

现实生活中,由于投资主体的多元化,管理体制的错综复杂和产权关系的不明晰,实际上餐饮企业的经营目标是千差万别的。本章选择企业利润最大化作为餐饮企业经营目标来贯穿全章的研究和表述。

2. 餐饮经营的观念

为适应激烈竞争的餐饮市场,餐饮经营者必须树立新的符合市场要求的经营观念。

(1) 市场观念。市场观念指餐饮企业的经营活动应该以市场为中心,以最大限度满足就餐宾客的需求为出发点来进行餐饮生产和服务活动。当代餐饮业是在市场经济条件下经营发展的,餐饮企业必须树立市场观念,开发出适应市场需求的餐饮产品,提高服务质量,采取更加灵活有效的经营方式。

(2) 竞争观念。餐饮市场上存在数量众多的经营实体,市场客源具有同一性,产品具有同质性，经营方式具有类似性，尤其是同一类型同一档次的餐饮企业，在面对容量有限的共同市场时，必然要发生激烈的竞争。餐饮企业要具有这种竞争的观念。通过竞争，努力降低自己的经营成本，改善自己的服务质量，达到资源的合理配置。通过竞争，获得理想的市场占有率和营业收入，达到经营目标。事实证明，那些没有树立竞争观念或者在市场竞争中没有优势的餐饮企业，它的寿命是短暂的。

（3）效益观念。餐饮企业参与市场竞争的直接目的在于获得经营利润，实现一定的经济效益和社会及环境效益。其中，经济效益是核心，社会效益是获得长远发展的保证，环境效益则是餐饮业的社会责任和经营发展的前提。

（4）人才观念。经营竞争的内核是人才的竞争。由于餐饮业的劳动密集型特征，它对经营管理和服务人才的依赖性更强。一个餐饮企业经营的好坏、经济效益的高低，归根结底取决于餐饮企业员工队伍的素质，特别是经营者综合素质的高低。

（5）质量观念。餐饮业是服务性行业，服务质量是生命线，是餐饮企业生存和发展的前提和根本。餐饮企业经营者应该把服务质量作为管理的中心任务来抓。只有服务质量提高了，餐饮企业才能获得宾客的认可，获得相应的市场地位。

（6）发展观念。市场经济条件下，餐饮企业要承担自我发展的重任，市场竞争不仅表现为某一产品某一时期的竞争，而且反映在整体与长远利益的竞争上。必须充分考虑长远发展的谋略，才能把握近期竞争的优势。

8.1.3 餐饮经营的特点

餐饮企业的经营与一般企业的经营有共同的特点，但是在投资规模、服务项目、产品特色等方面由于餐饮企业自身的特殊性而具有相应的特点。具体来说，餐饮企业经营的特点主要表现在以下几个方面。

1. 餐饮企业生产、流通、服务是一体化的

餐饮企业自身融生产、流通、服务三大市场环节于一体，具体表现在以下几个方面。

1）厨房的业务活动是生产性的

厨房的业务活动既改变了原料的形状，也改变了原料的性质，是较为典型的生产活动。

2）餐厅的服务活动属于流通性的

宾客在中餐厅点菜就餐，点菜即意味着交易的达成。餐厅将菜品和服务销售给顾客，顾客就餐后付款，这就达成了一个完整的商品交换或商品流通过程。

3）在生产和流通的同时，提供服务

厨房的生产和餐厅的服务是餐饮经营的主要产品。餐饮企业所有的生产、交换、后勤保障、经营、管理等环节都是围绕着为宾客提供服务而进行的，生产的进行和服务的提供也就意味着餐饮企业的服务在同时生产并提供给客人使用。

2. 生产上的特点

1）生产的即时性和及时性特点

即时性就是指生产的速度快。餐饮产品的生产是通过对食品原料的加工、切配、烹调制作来完成的。一份菜品的制作往往只需要几分钟或十几分钟,即使是一次宴会,所有菜品的生产也不过几个小时。及时性就是指宾客点菜后马上生产,在最快的时间内按照宾客的要求提供客人所点的食品菜肴,尽量缩短宾客等候时间。

餐饮企业生产特点要求厨房在开餐前要做好充分的准备工作,生产要迅速,产品烹制完成后必须马上销售,否则,菜点的色、香、味、形都会受到影响。同时,如果客人点菜后上菜时间慢,造成客人等候时间过长,也会严重影响客人对餐饮企业的评价,造成餐饮企业服务质量降低,客源流失。

2)产品的不可储存性

为了保证餐饮企业提供的菜肴食品质量与食品卫生安全,餐饮企业产品一经生产出来,就要马上供给宾客消费,不能将今天做的菜肴食品明天再出售,这是餐饮企业产品不可储存的重要原因之一。

餐饮企业所使用的原材料大多保质期短,无法保存,为了保持原材料的质量和保证食品安全,为了节约成本,实现企业成本控制目标,餐饮企业许多原材料都需要当天购买当天售完,如不能售完,则可能造成餐饮企业成本损失,这也是餐饮企业产品不可储存的原因。

更为重要的是,餐饮企业的服务产品,是通过其产品的现实销售进行成本回收并盈利的,如果当天的服务产品无法销售,餐饮企业将会损失掉这部分成本和盈利,而且这部分损失将永远无法弥补,这是餐饮产品不可储存的更为重要的原因。

3)生产批量小

餐饮产品的生产很少像工业产品一样采用机械化流水线作业,为保证产品质量和菜品独特的风味,大多数都是一份一份地手工生产,生产批量较小。

4)每天的生产量较难预测

由于餐饮企业面临的客源市场的独特性,尤其是餐饮客人消费选择受到多种偶然因素的影响,随机性强,餐厅每天可以接待的宾客数量和宾客的消费额都是难以预测的,更是难以进行精确计算的。

3. 流通中的特点

1)零售性强

餐饮产品是直接销售给最终消费者的,消费的形式主要是零售,对大部分餐厅来说,批发销售的份额都比较少。为此,餐厅需提高餐厅的座位周转率和宾客的平均消费额,才能提高餐厅销售效果。

2)销售量受供餐时间的限制

餐饮企业一天之中所产生的销售量,大多集中在餐厅的供餐高峰期,营业时间短,餐厅的销售量受到供餐时间的较大限制。因此,很多餐饮企业在人员安排许可的前提下,尽量延长供餐时间或营业时间,以获得更多的销售额。

4. 对服务质量的要求高

1）要求服务周到和细致

服务是餐厅销售的实质产品和形象产品，因此，相较于其他类型的企业来说，餐饮企业更需要向消费者提供周到和细致的服务，餐厅必须围绕消费者的需求设置相应的服务岗位，制定相应的服务程序，规范相应的服务质量标准，才能满足消费者的需求。

2）不同的餐厅有不同的服务要求

不同档次、不同类型的餐厅在服务上有不同的服务要求。餐厅档次越高，对服务质量的要求越高，当然，这类餐厅的价格也越高。高档餐厅必然是伴随着高雅的环境、全面细致周到灵活的服务的，而一个快餐厅的服务，程序可能会大大简化，客人对服务的要求也会相应变化。

5. 对经营环境的要求高

1）对餐厅内部环境的要求

（1）整洁卫生。这是对餐厅内部环境的基本要求。餐厅的整体布局，包括墙壁、家具、台面、地板、饰品等都要整齐洁净，卫生间要保持干净卫生，空气要保持清新无异味。

（2）舒适性。这是影响客人对餐厅整体印象的重要因素。餐厅的室内装修气氛、格调、色彩等要给人以舒适的感觉。

（3）文明性。餐厅不仅是一个就餐的场所，同时也是一个传播文化、展现风貌的地方。餐厅员工言行举止要文明高雅，创造一个文明的餐饮场所，提高客人用餐的享受程度。

2）对餐厅外部环境的要求

餐厅的外部环境主要是指餐厅的坐落地点和周围环境。外部环境对于餐厅类型和档次高低的选择至关重要。高档餐厅一般要设在城市中心和商业区，特色餐厅在选址时要注意选择那些能够体现餐厅特色的地点，市区边缘和主干公路上，或者旅游区及写字楼集中的地方，可以设置中低档餐厅或者快餐厅。

6. 资金周转快

食品原料的内在特点决定了餐饮业的库存量不可能太大。有的原料，如蔬菜、海鲜、面食等鲜活原材料，保质期短，需要当天采购当天售完，而有些干货原材料保质期可以稍长一些，所以1~2周的时间进货一次。因此，餐厅的资金周转期一般在一周或10天左右，同其他企业相比，餐饮业的资金周转速度是较快的。

7. 餐饮收入可变性强

餐饮企业的日营业收入会因餐厅座位周转率的变化和宾客人均消费水平的变化而变化，而且由于餐饮经营的不确定性，变化的幅度还很大。为此，餐饮企业应采取措施，扩大客流量，挖掘消费潜力，提高营业收入和经营利润。

8.1.4 餐饮经营定位

1. 餐饮经营定位的概念

任何餐饮企业都是在特定的市场环境中，依据自身的情况进行经营，为达到最佳的经营效果，餐饮企业必须要选择一个最适合自身的经营定位。所谓餐饮经营定位，主要是指餐饮企业确定自身的市场地位，即选择最适合自己的一个或多个细分市场，并针对目标市场塑造特定的企业品牌、形象，使企业具有一定的特色，适合一定顾客需要，并和竞争者有所区别的企业经营活动。

餐饮企业经营定位，是餐饮企业为了使自己的产品和服务在目标市场顾客的心中占据明确的、独特的、深受欢迎的地位而做出的各种决策和进行的各种营销活动。最终的目的是为饭店产品和服务在市场上确定适当的位置。

2. 餐饮经营定位的基本原则

（1）餐饮企业的经营定位，必须要符合目标市场的需求。餐饮企业必须寻找那些具有一定的市场容量，同时又有一定的消费能力的，需求未获得全部满足的细分市场，并及时推出适合这个市场需要的产品和服务。

（2）餐饮企业的经营定位，必须要结合企业自身的情况进行。只要那些企业有能力满足的潜在需求，对企业才意味着一定的市场机会。如果企业自身在人、财、物或技术等方面有差距，根本无法生产出市场所需要的产品和服务，企业是无法进入这个市场的。

（3）餐饮企业的经营定位，必须要充分考虑市场上的竞争状况，要对自身条件和竞争对手的条件的优劣势有清醒的认识。只有这样，餐饮企业才能够真正地获得自己所预想的经营的位置。

（4）餐饮企业的经营定位，还必须要考虑国家政策、地方状况、主要客源的消费习惯、原材料的市场攻击状况等多方面的因素。

3. 几种常见的经营定位方法

1）餐饮企业形象定位

餐饮企业形象定位即餐饮企业面对目标市场的形象。这里所说的餐饮形象，是指餐饮企业在目标市场中的可视形象，包括餐饮建筑外观、名称、标志、标准字体、标准色等。所有这些视觉因素，直接影响人们对餐饮档次的划分和对餐饮形象的评价。

2）餐饮产品定位

餐饮产品定位即为消费者提供品牌产品。在为产品定位时，首先要为产品塑造一定的特色，树立一定的市场形象，其次要详细说明产品能为目标市场提供的各种利益，最后要强调与同类产品的差异，在同类产品中的优势，形成品牌效应。

3）价格定位

餐饮产品价格是营销组合中最为敏感的因素。餐饮企业应根据消费者欲望程度的变化和平均消费水平而调整餐饮产品的价格。在不同市场需求状况下，低价薄利多销和高价都能帮助餐饮企业实现销售收入，从而达到销售利润最大化的目标。

4）消费群体定位

消费群体定位即餐饮企业选择合适的消费者群体作为自己的目标市场。

通常，餐饮企业不会只选择某一类消费群体为目标市场，而是要根据餐饮企业的实际情况选择几类消费群体作为自己产品和服务的对象。

5）服务标准定位

服务标准定位即餐饮企业以优良的服务标准为消费者提供产品和服务。餐饮企业确定什么样的服务质量标准，完全应以目标市场及餐饮企业所处的竞争地位而定。服务标准主要有服务态度标准、行为规范标准、服务技能标准、服务程度标准等。

小测验

餐饮企业的经营与一般企业的经营相比，具有自身的特点。这些特点是什么？餐饮企业应怎样根据这些特点进行经营？

8.2 餐饮企业经营方式

餐饮企业经营的首要目的是赢利，只有在赢利的基础上才能够促进企业的长远发展，为了餐饮企业能够更好地集合和使用各种资源，提高资源使用效率，提升赢利水平，餐饮企业必须选择适合自身的经营方式。

由餐饮企业规模发展的角度来看，餐饮企业常见的经营方式主要有以下几种。

8.2.1 连锁经营

1. 连锁经营的基本概念

连锁经营是指多个餐饮企业，以共同进货或授受特许经营权的方式组织起来，在同一商业形态下从事经营，共享规模效益的餐饮经营组织形式。

连锁经营的形式在饮食业、商业零售业、服务业采用的比较多。连锁经营的概念还有以下3种描述。

1）统计意义上的概念

连锁经营在统计意义上的定义为单一资本直接经营10个以上饮食店或商业零售店为连锁。从管理的角度来看，连锁经营和非连锁经营的区分是分店数量达到10家以上，即会带来管理上的变化，就必须采取与单店经营完全不同的管理方式。

2）规模意义上的概念

连锁经营的分店总数要达到200家以上才能在经营上充分发挥连锁优势，带来"规模效应"。换言之，连锁经营的特色就是产品、服务、营销、营运模式、经营管理方法皆按统一的模式执行。

3）经营意义上的概念

从消费者立场出发，以提高人民日常生活质量为原则，以大众日常生活必需品为经营对象，通过标准化和连锁分店扩张方式发展的经营方式。

1997年，原中国国内贸易部制定并公布了《连锁店经营管理规范意见》。并指出："连锁经营是指经营同类商品、使用统一商号的若干门店，在同一总部的管理下，采取统一采购或特许经营等方式，实现规模效益的组织形式。"

2. 连锁经营的特征

1）连锁经营的前提条件——组织形式的联合化和标准化

从连锁经营方式在商业领域的应用情况来看，其组织形式是由一个总店和众多的分店构成的一种联合体，如同一条锁链相互连接在一起，所以称为"连锁商店"。因此，"联合化"是连锁经营的一个基本特征。

传统的商业组织形式虽然也存在一定程度的联合，但主要是局部的合作，如工商联营，引厂进店或者多方合作开发技术项目、产品及市场。而连锁经营则是整体性、稳定性、全方位的联合，所有的连锁店都使用统一的店名，具有统一的店貌，提供标准化的服务和商品，而且，企业的形象一旦确立就极易在大众的印象中扎根。

例如，美国的快餐品牌麦当劳，它以金黄色的拱门大"M"字招牌作为特定的质量、服务、环境和价格的象征，并向客人保证：无论你在世界哪一个地方的麦当劳快餐店吃汉堡包，其大小、分量、质量和味道都完全一样，否则它就不是麦当劳汉堡包。所以，连锁经营又是标准化的联合。如果只有店名和店貌的统一而无服务和商品的标准化，那就只有连锁经营的"形"，而无连锁经营的"神"，本质上就不是连锁经营。

2）连锁经营的核心内容——经营方式的一体化和专业化

连锁经营把传统流通体系中相互独立的各种商业职能有机地组合在一个统一的经营体系中，实现了采购、配送、批发、零售的一体化，从而形成了生产和销售一体化的流通格局，提高了流通领域的组织化程度。同时，由于连锁企业拥有大量的分店，具有大批量销售的市场优势，所以可以引导供应商真正做到根据市场需求和商业经营者的要求来进行生产，从而形成了以大商业为先导，以大工业为基础的现代经营格局。

在供应链上，连锁经营是一对多的关系，即总部向外要面对众多的供应商，向内则面对众多的连锁分店，承担着产品集散的功能，连锁总部负责集中进货和配送，各连锁分店负责销售。统一采购和集中进货使连锁分店获得了低成本的优势，从而提高了分店的利润空间。由于连锁分店在布局上面广量大，满足了分散性的消费者就近购物的消费习惯，也增强了消费者与连锁店之间的联系，从而有效地解决了传统经营中追求规模效益与消费分散性之间的矛盾。

因此，一体化经营与专业化分工相结合，从根本上改变了传统的经营方式，这是连锁经营的核心。

3）连锁经营的特征——"化繁为简"

也就是将极为繁杂的作业流程，简化成简单的程序和步骤，以便于运作。因此，连锁经营的特征可表述为以下的3S原则。

（1）简单化。简单化（Simple）即为维持规定的作业，创造任何人都能轻松且快速作业的条件。

连锁经营由于分店多，体系日益庞大，为了要以最少的资源创造出最大的利润，因此事事务必求迅速，工作流程越简单，效率越高。但是，强调简单化并不意味着减少作业内容，它是将"浪费部分、过剩部分及不适部分"彻底排除，来达到提高作业效率的目的。

例如，快餐业为减少人工成本，建立了效果显著的制度——计时工管理系统。它完全将店内的作业内容简单化，有利于员工接受快捷训练，迅速上岗；同时，分店也可达到灵活用人机制、低成本经营的效果。在使用这套系统中，受益最大的是众所周知的麦当劳及肯德基公司。

（2）专业化。专业化（Speciality）指企业或个人努力追求某个专业方面的卓越，将工作特定化，并进一步寻求强有力的开发能力，创造出独具特色的技巧及系统。同时，由于市场的不断变化和发展，企业要保持自己的独特特征，并不被其他企业模仿，还要不断将其深化及创新。

由专业人员担任专业的工作，将达到事半功倍的效率，连锁体系中每个人的工作亦趋向更加专业性。在流通发达、竞争非常激烈的美国和日本，能避开店店竞争、价格竞争、品质竞争及服务竞争而生存下来的企业，多数得益于专业化的策略。

（3）标准化。为保持企业的持续生产，销售那些有市场需求又有理想品质的商品，而设定的状态和条件并能反复运作的系统，也就是要求员工的每一件工作都依照标准化（Standard）的程序去做，唯有如此，才能使系统中的每个人都能简易化地去学习、专业化地去运作。

一般来说，设定商品品质的规格较易，但难以确保该系统持续生产、销售最佳品质的商品。因此，在连锁经营运作前，建立及判定标准时，要确定其流程、工艺、作业条件等能够持续性地进行，员工能根据这个标准体系开展持续性的工作。只有这样，才能向顾客提供所期望得到的优质商品，减少制造成本和销售成本，提供高效率的服务。

3. 连锁经营分类

连锁经营经过百余年的传播和不同国家的改造、发展，已形成了以下3种形式。

1）直营连锁

直营连锁是连锁的基本形态，指单一资本统一经营的连锁经营类型，也称正规连锁。"以单一资本直接经营10个以上的商店的零售业或饮食业的组织称为直营连锁"。就是指由连锁总部直接经营连锁店。总部采取纵深式的管理方式，直接管理所有的分店，各分店也必须完全接受总部的指令。直营连锁的主要任务是"通路经营"，即通过分店的快速发展，从消费者手中获取利润。

在中国市场上，直营连锁店的例子有肯德基、麦当劳西式快餐；星巴克咖啡（图8-1）等。

2）自愿加盟连锁

自愿加盟连锁是由一个总部和多个加盟店结合而成的经营事业体。自愿加盟连锁体系中的各分店是独立的法人，商品的所有权属加盟商所有，而运作技术及分店品牌通常属总部所有。在这种体制下，总部与各分店间完全处于平等地位，合作的原因完全是基于自愿，以互惠互利的方式，来达成"多赢"的经营业绩。因此，自愿加盟连锁分店的运营，需要各加盟分店在认同这一"生命共同体"的前提下，又要保持加盟店自主运营的独立性。所以，总部与分店必须注重视二者之间的沟通，以达到理念一致的合作。

图 8-1　星巴克咖啡

（1）自愿加盟连锁的优势。总部不需承担太大的投资及财务风险。因各加盟分店的财力及资本完全独立，各分店自行承担经营结果，加盟店也无需与他人分享经营成果。因此，能以较好的心态合作，费用低，自主性高。

（2）自愿加盟连锁的劣势。虽然加盟费用低，分店自主性高，但各分店间的管理体制及形象差异大，难形成统一的品牌形象。由于是松散性合作，总部对各分店控制力较弱，虽然分店的数量形成规模，但仍各自为商，分店在乎各自的短期利益，忽略体系整体的长期发展，较难达成连锁规模效应，即"规模不经济"。

3）特许加盟连锁

特许加盟连锁即目前流行的商业模式——特许经营。特许加盟连锁是总店和加盟店之间依靠合同结合的一种方式。关于特许的具体情况将在下面的章节中讲解。

连锁经营是目前被中国乃至世界餐饮业界广泛关注的一种经营方式。2000年中国最大的100家餐饮企业中，有41家采用连锁经营的方式，其营业额占这百家企业总营业额的59%。而到了2001年，在中国最大的100家餐饮企业中，采用连锁经营的达到了100家。连锁这一新兴的经营方式给中国餐饮业注入了新的活力。一大批国有和私营的连锁餐饮企业在不断发展，占据更大的市场份额。目前，中国各地涌现出一大批几十家、上百家店连锁的餐饮企业，规模经营和规模效益的优势日益明显。其中，拥有连锁店最多的是以经营西式快餐为主的百胜中国投资有限公司。截至2014年年底，百胜餐饮集团已成功地在中国开出了近7 000家餐厅，员工人数超过43万名。行家认为，连锁餐饮店占中国餐饮企业的比例还较少，而且无论从销售业绩还是管理方式上来说，它们与西方餐饮连锁店相比都存在较大差距，有待于进一步提高。

8.2.2　特许经营

特许经营指餐饮集团（让渡者）通过向餐饮企业（受让者）让渡其特许经营权（包括允许受让餐饮企业使用其名称、标志，加入集团的销售网络等），扩大其成员，谋求相应利益的行为。一般来说，受让餐饮企业在财务上依然保持独立。特许权让渡者对受让餐饮企业在可行性研究、资金筹措、建筑设计、内部装修、员工培训、广告宣传、原料采购、服务管理、操作规程等方面给予指导与帮助。受让者则向让渡者支付特许权让渡使用费等作为回报。特许经营是餐饮经营活动中一种常见的经营方式。采用特许经营模式比较典型的成功企业应该是麦当劳。

餐饮特许经营于20世纪60年代开始流行于美国。当时许多餐饮企业都采取了特许经营的形式。但是也出现了一些问题,如有的特许者只醉心于扩大自己的规模或只满足于收取特许费用,没有在选址、经营模式和食品特色上下功夫,从而使许多特许经营餐厅的生命力都比较短暂。麦当劳经营模式的成功,才使特许经营成为一种重要的餐饮经营方式。

1. 特许经营的利与弊

1) 特许经营的优势

特许经营之所以受欢迎,成为很多餐饮企业扩大规模,尤其是集团企业进行跨国连锁经营的主要形式,究其原因:一是因为特许经营是一种经营技巧,是一种知识产权的授予,它不受资金、地域和时间的限制,可以在同一时间发展多家连锁店,而并不需要由集团企业进行投资或控股;二是因为特许经营的方式是一种对行业发展、国家利益、让渡者、受让者和消费者都有好处的连锁经营方式。对国家而言,可以较好地引进有特色的特许经营项目和先进的管理经验,进而促进整个餐饮行业的发展;对消费者而言,到一家国内外知名的餐厅去消费,所品尝的美味佳肴和所享受的服务都是名牌的,既是一次难忘的就餐经历,也是一种难得的享受。对餐饮企业而言,则会带来更多的经营优势。

(1) 特许经营对受让者的好处。

① 受让者进入被公众广泛接受和认可的餐饮集团,不必担心开张初期的客源问题,避开了开创初期经营的艰难,从而降低了创业风险,增加了成功机会。

② 受让者可以使用让渡者的已被公认的驰名商标和无形资产。这样可以为自己的经营提高起点,打下较好的基础。

③ 受让者可以得到让渡者的系统的管理训练和营业帮助。这样可以使受让者尽快统一经营管理和服务模式,提高管理的效率和服务质量,树立良好的市场形象。

④ 受让者可以减少广告宣传费用。让渡者自身的品牌和形象及经常进行的统一宣传,比一家餐厅的单独宣传效果要好得多。

⑤ 特许经营的餐饮企业比独立经营的餐饮企业更容易得到贷款。很明显,大的餐饮集团在银行会有更好的信用和形象,因此获得资金支持的可能性就更大。

(2) 特许经营对让渡者的好处。

① 让渡者可以不受资金的限制,迅速扩张规模。让渡者不需要自己去投资或控股,就可以较好的发展壮大自己的规模。

② 特许经营可以增加让渡者的市场价值。受让者的数量、经营质量无疑会进一步促进让渡者的市场声誉和形象的提高。

③ 让渡者可以降低经营费用。

2) 特许经营的缺陷

(1) 特许经营对受让者的不利之处。

① 受让者的经营受到严格的限制,缺乏自主权。例如,麦当劳,一般餐厅都不能开发

自己的特色食品，只能按照集团的统一菜单和统一配方来生产食品，有时会降低经营的针对性。

② 餐饮集团出现决策错误时，加盟的企业也会受到牵连。无论是产品研发，还是市场开拓，甚至于集团扩张策略，都会对受让者产生重要影响。

③ 受让企业要退出或转让受合同的限制，困难重重。而且由于退出即意味着不再经营和现在有关的经营项目，要进行全面的转产，无疑会极大地对加盟者产生巨大影响。

④ 对受让者来说，特许经营费用是沉重的负担。加盟者要把一部分经营利润交给让渡者作为特许使用费，甚至不管经营状况如何都要向集团交纳固定的费用，给加盟者带来了很大的负担。有一些餐厅也因此而亏损，最后不得不退出集团。

（2）特许经营对让渡者的不利之处。

① 餐饮集团的声誉和形象会受到个别经营不好的受让者的影响。因此特许经营方式要求集团必须慎重考虑申请加盟者的实际情况，选择那些资金和信誉方面都符合条件者加盟进来，宁缺毋滥。

② 当发现受让者不能胜任统一的经营管理和服务模式时，受合同等制约，无法立即解除特许。

2. 特许经营的选择

1）购买选择

购买特许经营权必须考虑餐饮企业今后的经营方向和经营方式是否与其吻合与一致。还必须考虑以下几个问题：①让渡者的声誉；②让渡者的产品；③让渡者的服务；④合约的变更；⑤财务预测。

2）特许经营中的法律问题

在特许经营中，最让人关注的法律关系问题有以下几个。

（1）让渡者施加压力强迫受让者接受过高或过低的经营指标。

（2）让渡者对受让者动辄取消或终止特许经营权，致使受让者投资损失。

（3）特许经营权的购买和使用费用过高，与受让餐饮企业的销售收入的比例失调，侵犯了受让者的利益。

（4）让渡者强行代理受让者采购物资设备及其他饭店经营所需的物品，而不顾受让者能否从其他途径以更低价格采购到同类物品。

（5）让渡者不顾受让者所在市场的竞争环境，强行规定受让者产品的销售价格。

3. 特许经营的发展趋势

成功的特许经营有一共同的发展趋势，即增加公司拥有的加盟企业的数量。有的集团在大量买回分店，以便对菜单、价格及经营实行更有效的控制，这样做的理由是，如果联号分店经营成功，公司就可以得到更多的利润。

事实说明，地理位置比较偏僻的、单独的特许经营餐饮企业在推销及广告方面处于劣势，缺乏足够的资金来做广告、搞推销，因而无法与组成联号餐馆的联合广告抗衡。这种情形导致了某些特许经营权让渡者只肯按组出售特许经营权，他们要求分店组成群体，一般不少于 5 家,以便积聚足够的资金进行电视广告和报纸广告,形成广告推销及赢利方面的竞争力。

特许经营权让渡的另一趋势可称为"灵活的标准化",即在菜单的制定及经营管理方面允许有一定差异。当然,这种灵活性必须受到控制,以便使各分店保持让渡者的总体形象,维持其特色及质量标准。

特许经营权让渡的又一个趋势是,只要有一家主要的让渡者带头做出某种改变,其他公司就纷纷仿效。当麦当劳快餐公司开始推销早餐之后,其他集团、餐馆的早餐销售额也随之上升,因为消费者受到了广告宣传的影响。

8.2.3 合约经营

餐饮企业采用合约经营的方式,餐饮集团须与餐厅所有者签订经营合约,接受委托经营管理餐饮企业(与特许经营不同的地方在于:特许经营让渡者仅仅出让特许经营的权利,一般不直接派员参加经营管理)。在这种经营方式下,集团无需投资。在合同期内,集团派出包括总经理在内的主要经营管理人员,根据既定的餐饮企业经营决策、管理方法与操作规程,负责餐饮企业的日常经营管理活动,以保证达到合约确立的经营水平。

1)合约经营的优点

(1)不需要或只需要少量投资,不必冒很大的风险就能增加经营管理餐饮企业的数量,增加经营管理的收入。

(2)与特许经营相比,合约经营更容易统一服务质量标准,更易于维护自己的形象。

2)合约经营的缺点

缺点是集团的收益局限于经营管理的报酬收入,只需关心餐饮企业的日常经营活动,对餐饮企业投资等重大决策没有多少权力,不利于餐饮企业的长远发展。

8.2.4 租赁经营

租赁经营是指集团通过签订租约,长期租赁业主的餐饮企业、土地、建筑物及家具等,然后由集团作为法人直接经营。

8.2.5 合作联营

为了与大型餐饮集团抗衡,取得生存与发展的空间,一些独立经营的餐饮企业自愿联合起来,采取使用同一公认的标志、同一预订系统,进行统一的广告宣传,执行统一的质量标准,成立合作联营餐饮企业集团(餐饮企业联合体)。

这些餐饮企业在经营管理上、财务上互不相关,合作联营的主要目的是创造整体形象,增强宣传推销效果和互送客源。

联合行动所需费用按一定方法由各成员餐饮企业分摊。

8.2.6 餐饮企业现代经营几种常见的其他方式

随着我国经济的发展和社会环境的变化,餐饮企业在面临较多发展机遇的同时,也面临着严峻的考验。为应对考验,并提升餐饮企业自身的竞争能力和生存能力,如今,中国的餐饮业经营方式正趋向于灵活化和个性化,出现了一些更具特色的经营方式。

1. 大众化经营

在餐饮企业众多的经营方式当中,大众化经营正越来越占据主导地位,引导着餐饮业的发展。餐饮企业要做好大众化经营,首先必须结合其自身特点来进行,不断提高餐厅的管理、服务水平,以保证所经营产品的质量;其次,应加大自己所经营产品的品牌宣传力度,增强品牌意识,强化特色,打造优质品牌。最后,可以结合自身特点积极开发早点、快餐、小吃、家庭宴会、生日宴会及节假日市场,更新经营方式,从店堂走向社会和家庭,不断拓展经营领域,丰富和满足大众市场之需求。

1)大众化经营的特征

大众化经营具有3个特征,即经济实惠,为大众所欢迎,易于被认识和接受。其中,经济实惠是大众化经营最基本的特征,这与广大消费者所要求的物美价廉的消费水平相适应。

2)大众化经营的目标

大众化经营的目标包括3个方面。

(1)以物美价廉为主要特征的大众化经营方式要以扩大市场占有率、扩大销售量为目标。

(2)保证餐厅经济利益的获得,因为餐厅的最终目的都是获得生存与发展。

(3)将提高餐厅的竞争力作为大众化经营的前提。

大众化经营给餐厅经营注入了活力,提供了发展的机遇。因此,只有贴近百姓生活,遵循市场规律,不断完善自我,日益探索求新,才是餐饮企业大众化经营的实质和成功的保证。

2. 休闲式经营

随着近几年餐饮经营竞争的激烈及顾客在餐饮消费内容、形式、功能方面需求的日益复杂,加大了餐厅经营的难度。通过与娱乐形式相结合,丰富了餐厅经营的内容,使原本只具有饮食功能的餐厅,具有了社交功能、商业功能和娱乐功能。娱乐形式与餐厅经营相结合的方式,在满足了顾客精神需求的同时,也给餐厅带来了可观的经济效益,同时也为社会的发展作出了一定的贡献,并为餐厅树立良好形象奠定了基础,从而受到了各方面的认可。现阶段,它们的结合通常应注意以下几点。

(1)娱乐形式要同餐厅的经营风格、环境布置及目标顾客相协调,不同的顾客有不同的娱乐形式。

(2)餐厅的硬件设施必须适合娱乐形式的开展。

(3)娱乐形式与餐厅经营要分清层次,平衡发展。

(4)两者结合应遵循经济效益的原则。

案例分析

品牌嫁接:麦当劳开在加油站

在国外,品牌合作的方式之一是快餐店、便利店和加油站之间的合作,零售业跨行业的品牌嫁接预示着新经济增长点的到来。

2006年6月底，麦当劳与中国石化签署战略联盟协议，麦当劳将与中国石化在条件适合的中国石化下属加油站开设麦当劳"得来速"汽车餐厅（图8-2）。双方计划先在北京、上海、天津等大中城市进行同步试点，然后逐步扩大合作范围。据悉，中国石化"得来速"旗舰店将于年底亮相。

图8-2　开在加油站旁的麦当劳餐厅

所谓汽车餐厅，是麦当劳布阵中国的重要一步——汽车驶入加油站，司机不下车就可以点餐取餐，这是我们在电视中看到的汽车餐厅。

据介绍，第一家麦当劳"得来速"汽车餐厅是1975年在美国亚利桑那州小镇谢拉维斯塔开业的，麦当劳的创始人雷·克洛克（Ray Kroc）是驾车购物的发明者，谢拉维斯塔的这家"得来速"被认为是驾车购物的"鼻祖"。1999年该店重建时，不少美国人前去拍照留念。

在美国，麦当劳的"得来速"汽车餐厅占麦当劳总店数的50%～60%，在业绩上，麦当劳65%的销售额由汽车外卖完成，"得来速"是麦当劳的"摇钱树"。目前，在亚洲，麦当劳在日本、新加坡、马来西亚和中国台湾开设了超过1 000家"得来速"汽车餐厅。

如今，麦当劳开进中国石化加油站是其博弈中国市场的一步棋。

据麦当劳高层介绍，麦当劳的业绩在美国国内快餐市场排名第一，领先于排名第七的肯德基。但在中国，麦当劳与肯德基的竞争难分高下。在门店数量和产品的本土化程度上，麦当劳还略逊于肯德基。在经历了数十年的产品战、广告战、餐厅门面战之后，如今麦当劳开始在汽车餐厅上与肯德基斗法。2014年，肯德基在北京开设了第一家汽车餐厅，那是中国大陆首家汽车餐厅。2005年11月，广东东莞麦当劳"得来速"开张了。2006年，上海和广州麦当劳"得来速"也相继开张。

麦当劳中国公司副总裁罗凯瑞认为，他们与中国石化合作开设"得来速"汽车餐厅的自信基于几点认识：首先是麦当劳在选址方面的经验，其次是随着中国城市的发展，大量环路、高速路都在建设之中，并且未来每5个大陆家庭将拥有1辆轿车，"移动"日益成为一种生活方式，麦当劳试图抓住中国消费者消费习惯的变化。此外，与中国石化合作，可以借助其加油站得天独厚的选址优势，将汽车餐厅的经营全面扩张。

对于中国石化来说，与麦当劳的合作是进行品牌嫁接的新尝试。

品牌嫁接是指在同一经营地点开设两个或两个以上的特许品牌店。在国外，品牌嫁接最早以快餐店、便利店和加油站的合作为主。合作双方的品牌吸引力和营销活动给双方带来了更多的商机，不断上扬的地价也是促使企业进行品牌嫁接的重要原因。

从石油公司的角度来说，加油站可以容纳更多的服务内容，给顾客提供更多的便利价值；而快餐厅、便利店也可以借助石油公司的加油站占领新的销售渠道。

作为品牌嫁接的先行者，加油站对外的合作方式也丰富多彩。澳大利亚最大的超市公司科勒与澳大利亚美孚石油公司联手，在美孚加油站旁边开设了"快而鲜"超市（Fast & Fresh）。当汽车加油时，司机们可以在旁边的"快而鲜"超市买到食品、水果、蔬菜、面包，还可以品尝咖啡。超市向加油站顾客提供的商品，其价格和选择性都很有优势。据了解，雪佛龙与麦当劳合资的"雪佛龙-麦当劳"加油站在国外的数量也不少。BP公司目前在全球拥有4 000多家附带便利店的加油站，年销售额达30多亿美元，其合作伙伴因地区而异，如在美国是麦当劳，在英国为Safeway超市。

专家指出，在实际执行中，品牌嫁接的合作模式能否成功还要取决于一些关键元素是否默契。最核心的问题就是快餐店的选址问题。

根据国外的经验，在一个加油站附近设立一个汽车快餐店，需要的空间不低于一个加油站。中国高速公路的多数加油站有空间却缺乏客流量，而城市市区里的加油站有客流量，又缺少在原有的加油站上添置快餐店的空间。因此在加油站选址上需要慎行。

零售业跨行业联合带来营销新变化近年来，发达国家的零售业一直保持着较高的平均营业收入增长率，其主要原因在于零售业涌动着一股创新思潮，而在这股创新思潮中，有一种卓有成效的营销模式就是零售业通过跨行业联合，不断拓展新业务。

该模式的首创者是澳大利亚科勒超级市场和澳大利亚美孚石油公司，它们联合在墨尔本开办了世界上第一家加油站超市"快而鲜"，大受顾客欢迎。"快而鲜"超市之所以成为零售业开拓业务的新动向，它的价值在于：企业根据当今消费者购买行为的变化来解决零售业如何更好地满足消费者需求的问题，为零售业跨行业发展闯出了一条新路。对于现在的零售业而言，"满足消费需求"应是动态化的、不断改进的。因为随着经济的发展，消费者的购买行为发生了很大的变化，在经济发达地区，专门购物活动不断减少，购买行为的分散性和即兴性日趋增多，这客观上要求零售业尝试建立方便顾客随时随地购物的新业务方式。澳大利亚的"快而鲜"超市在这方面具有很强的代表性，有专家称，零售业跨行业的品牌嫁接预示着新经济增长点的到来。麦当劳开在加油站也是零售业这一营销思潮的体现。

请结合案例分析

1. 品牌嫁接模式对餐饮企业来说有什么好处？
2. 餐饮企业应该如何更好的利用品牌嫁接模式提高经营效果？
3. 查找资料，列举出我国餐饮企业实行品牌嫁接成功的案例。

本章小结

本章主要讲述了餐饮企业经营的基本概念与特点及餐饮经营与管理的关系。
1. 餐饮企业应充分重视经营工作。
2. 餐饮企业常见的经营方式,即连锁经营和特许经营。
3. 大众化经营是今后餐饮企业发展的主要方向。
4. 餐饮企业应根据内外部的实际情况选择适合自身特点的经营方式。

关键术语

餐饮经营 Catering Management
连锁经营 Chain Operation
特许经营 Franchise

复习思考题

一、选择题

1. （　　）是对餐饮企业内部经营环境的要求。
　　A. 整洁卫生　　　B. 舒适性　　　C. 文明性　　　D. 高档次
2. 大众化经营的目标包括（　　）。
　　A. 以扩大销售量为目标
　　B. 以扩大市场占有率为目标
　　C. 保证餐厅经济利益的获得
　　D. 将提高餐厅的竞争力作为大众化经营的前提
3. 餐饮企业的经营方式有（　　）。
　　A. 连锁经营　　　B. 特许经营　　　C. 合约经营　　　D. 租赁经营

二、简答题

1. 餐饮经营应具有哪些观念?
2. 如何理解餐饮企业生产、流通、服务是一体化的?
3. 餐饮生产有什么特点?
4. 连锁经营的特征是什么?

三、判断题

1. 餐饮企业零售性强。　　　　　　　　　　　　　　　　　　　　　　　（　　）
2. 餐厅的资金周转期一般在一周或10天左右。　　　　　　　　　　　　　（　　）
3. 餐饮收入可变性不强。　　　　　　　　　　　　　　　　　　　　　　（　　）

四、思考题

请结合餐饮业实际,思考餐饮企业采用特许经营的利与弊。

第9章 餐饮成本管理

本章知识要点

知识要点	掌握程度	相关知识
餐饮成本的种类与特点	熟悉	（1）餐饮成本的各种分类及组成 （2）餐饮成本的特点
餐饮成本核算	掌握	（1）食品成本核算 （2）饮料成本核算 （3）成本报表
餐饮成本控制	掌握	（1）餐饮成本控制的步骤 （2）餐饮成本控制的方法

本章技能要点

技能要点	掌握程度	应用方向
餐饮成本的核算	掌握	餐饮采购、产品定价及财务管理
餐饮成本控制的方法	重点掌握	餐饮采购、厨房管理、产品定价、人力资源管理等

导入案例

1. 成本"高烧",黄升平欲转让饭店

如果转型成功,黄升平(化名)基本可以告别上班族的生活了。2012年5月,他给自己18年的职业厨师生涯画了一个句号。2013年5月16日,黄升平在合肥徽州大道上的一家中等规模的土菜馆开业了,这也是职业厨师转型的最常见"版本"。

而仅仅半年之后,这名35岁的庐江男人却出现在合肥政务区的一家高档海鲜酒楼里,他现在的身份是该酒店的大厨。原因很简单,自己的饭店开不下去了。

"一直没什么生意,饭店开业后的第4个月我就出来了,现在那边基本上交给老婆打理,每天2 000多元的营业额也只够保本了。"黄升平苦笑着说,自己身边的厨师朋友之前出来创业都挺成功的,偏偏他赶上了行业不景气,"逆市"做餐饮,砸了不少钱。

"现在做餐饮,成本太高了。"黄升平算了一笔账,自己盘下来的这家土菜馆共330平方米,被改造成5个包厢和一个大厅,一个月的固定房租就要16 000元,请来的大厨、服务员等10名员工每个月的工资支出22 000元,算上采购和水电成本,这个店一个月的固定开销在60 000元左右,只够保本经营,而他前期盘店的转让费、装修费、购买的厨灶等花掉的34万元一时半会儿是收不回来了。

"房租年年涨,人工工资也年年涨,像我们这样的小饭店,厨师工资就要4 000~4 500元/月;物价就更不用说,现在的牛羊肉采购就要27~28元/斤了,即便这样,菜单都不敢提价。"黄升平很无奈地表示,打算过完春节就把自己的饭店盘出去。

2. 竞争:"商业综合体"的美食新"较量"

其实,这场危机并非突如其来,苏州酒店经理人商会副秘书长、合肥虾佬圣汤鲍鱼餐厅总经理陈耀在接受采访时表示,从外部环境来看,餐饮业长期存在"四高一低"的情况,即税费、原材料价格、人工、房租越来越高,企业利润越来越低。"人工成本占收入比例已从过去的15%,上涨到20%,这意味着企业每赚到100元钱,就要有20元付员工工资了。"

不过,不得不承认,在行业一片"抱怨"声中,酒店、餐厅仍是城市中出现频率最高的业态。"现在在合肥,什么菜吃不着,法国大餐、日本料理、韩国泡菜,只要你想得到,准能吃得上。"市民许美丽说。

而在陈耀看来,2012年加速餐饮业走"下坡"路,还有另外两个原因:首先,在房地产受打压的大环境下,各路资金流入餐饮业。以合肥为例,2012年新增的大型Shopping Mall项目,基本上都设有美食专区,市民可选择的就餐点更多了,加剧了餐饮企业之间的竞争。

"其次,从需求方面分析,由于餐饮业成本在上升,就餐价格逐年递增,市民消费越来越理性;而受大的经济环境影响,消费者消费能力下降,外出就餐次数或消费标准都在减少。"

中国烹饪协会发布的《2012年上半年餐饮行业形势分析》显示,2012年上半年,我国本土快餐品牌利润不及8%。正餐企业增速明显放缓,广东、海南、湖南等地企业甚至出现因不堪重负而倒闭,或对外招租、转让。此外,火锅企业上半年的翻台率普遍达到历史最低。

中国烹饪协会指出，上半年，"四高一低"（房租价格高、人工费用高、能源价格高、原材料成本高、利润越来越低）成为企业不可逆转的负担，同时还要承担食品安全、消费者投诉、媒体曝光的风险。

3. 洗牌：10家饭店3家在做亏本买卖

陈耀透露，2013年，包括安徽在内的餐饮企业将面临新一轮的洗牌。据其预测，2012年，安徽每10家餐饮酒店中，只有3家真正能赚到钱，4家保本经营，还有3家企业在赔钱做买卖。

对此，安徽省餐饮行业协会秘书长佘林明表示，目前，安徽的餐饮行业已经步入精细管理时代，原来粗放式、个体户式的管理就能赚到钱的环境很难再现。各项成本的居高不下，只是让餐饮行业粗放管理的问题凸显出来。如何优化管理运营体系从而控制成本，正是餐饮经营人士应该做的。

资料来源：http: //news.ifeng.com/gundong/detail_2013_01/09/21008912_0.shtml6.

讨论题

1. 该案例中，餐饮企业面临的问题是什么？
2. 造成这一问题的原因是什么？
3. 为此，餐饮企业应采取哪些应对措施？

评析

本案例中，2012年安徽省餐饮行业面临着成本上升、利润空间下降，部分企业亏损经营的问题。造成这一问题的原因有很多，案例中分析，物价上涨导致的成本上升是主要原因；其次是市场竞争原因，外部投资环境的改变使得资金大量投入餐饮市场，导致竞争加剧，压缩了餐饮市场的利润空间；同时，受经济环境影响，消费者的外出就餐意愿和消费标准下降，需求减少，也导致利润空间缩减。对此，餐饮企业应当优化管理运营体系，控制餐饮成本，提高竞争力，以期渡过难关。由此可见，餐饮成本管理和控制对企业的生存和发展具有至关重要的意义。

9.1 餐饮成本的种类与特点

餐饮成本是餐饮采购、生产、服务、销售全过程占用和耗费的各种劳动价值。遵循成本形成的客观规律，运用预测、计划、控制、核算、分析和考核等手段对成本进行监督和控制，达到以较少的消耗获取较大的经济效益。

9.1.1 按会计核算概念分类

1. 固定成本与变动成本

根据成本与销售量之间的依存关系，可以分为餐饮固定成本和餐饮变动成本两类。

餐饮固定成本是指在一定时期和一定经营条件下，其总量不随菜点销售业务量的变化而变动的那部分成本，如餐厅的折旧费、大修理费、企业管理费等。这些成本不管餐饮的营业量多少都是必须支付的费用。因为固定成本对营业量的变化保持相对不变,所以,当餐厅的销售量增加时,单位产品所负担的成本额会减少。

餐饮变动成本是指在一定时期和一定经营条件下随着菜点销售量的变化而变动的成本,如食品原料及酒水的采购费、餐纸费、洗涤费等。这部分成本与销售额的大小成正比例变化,即单位产品的变动成本保持相对不变。

而有的成本随销售额的变化而增减,但其增减量不完全是同比例变化的,这部分成本可称为半变动成本,如餐具费、水电费等。半变动成本可分为两种构成成分,一种是在销售量变动情况下保持相对不变的固定成分,而另一部分则是随销售额变化而成正比例变化的变动成分。例如,餐厅的热水费用是半变动成本,其中一部分费用是不随营业量变化而变动的,即只要营业就要准备一炉热水;而另一部分热水费是与营业量变动成正比例变化的,如随着营业量上升而加烧一炉或多炉热水。在管理上,要把半变动成本项目的固定成分与变动成分区分开来,分别加总到固定成本总额和变动成本总额中去进行分析与研究。

2. 可控成本与不可控成本

餐饮可控成本是指在短期内管理人员能够控制其数额的成本,如食品饮料的原料采购费,管理人员可以对采购环节加强控制从而改变其发生额。餐饮的变动成本基本上都是可控成本。甚至包括一些固定费用,如办公费、差旅费等也是可控成本。

管理人员在短期内无法改变其发生额的成本为不可控成本。不可控成本一般都是固定成本,如折旧费、大修理费、房屋设施的租金、固定职工的工资等。从餐饮管理的角度来看,成本控制的重点应是可控成本。

3. 直接成本与间接成本

根据费用发生额计入成本的方式,餐饮成本可分为直接成本与间接成本。凡能够直接计入某种产品的成本或费用称为直接成本,如食品饮料的原料采购费和部门直接费用等,可以直接计入餐饮产品成本。不能直接计入而要按一定标准进行分配后计入相关产品成本的费用称为间接成本,如企业的管理费、管理人员的工资等。

4. 实际成本与标准成本

实际成本是餐厅在生产经营过程中实际发生的成本。标准成本是餐厅在正常运行的情况下应该发生的成本。在餐饮管理中,标准成本通常作为餐厅的目标成本或计划成本来使用。目标成本或计划成本是一定时期内为完成餐饮企业的利润指标而制定的成本控制目标。因此,标准成本是进行成本控制工作的依据。

5. 单位成本与总成本

食品饮料和人工成本等可用单位数来表示,也可用总额来表示。为了成本管理的需要,可分解为单位产品的成本,如每份菜肴成本、每杯饮料成本、每小时工资等。常用的成本总额指标有食品总成本、人工总成本、企业总成本等。

9.1.2 从实际发生的项目分类

1. 食品类成本

1）肉蛋类

肉蛋奶、鸡鸭鱼等采购成本。主要为菜点提供蛋白质等营养成分。

2）果蔬类

蔬菜水果等采购成本。主要为菜点提供维生素、纤维素等营养成分。

3）粮油类

米、面、食用油等采购成本。主要为菜点提供碳水化合物、植物蛋白等营养成分。

4）调料类

糖、盐、酱、醋、花椒、八角、茴香等采购成本。主要为菜点调味、提鲜、去腥膻，使之更适合宾客口味。

2. 烟酒类成本

1）酒类

（1）烈酒类。即指对发酵原料进行蒸馏而得到的酒精饮料，中国俗称白酒。以酒中乙醇的体积分数区别高度、低度酒，如52%（体积分数），表示100毫升酒中含有乙醇52毫升。

（2）葡萄酒类。即指用葡萄或其他水果制成的发酵饮料，中国俗称红酒，其中的干红、干白为脱去糖分的葡萄酒。

（3）啤酒类。即指通过在麦芽和谷物中加入啤酒花经发酵而制成的饮料。

2）饮料类成本

（1）茶类。其中：红茶，经发酵制成的茶叶，茶汤红酽；花茶，半发酵并拌以茉莉等花朵的茶叶，茶汤浓亮，花香漾溢；绿茶，用新鲜茶叶杀青炒制，不发酵，茶汤清亮，保留植物芽叶原有的清香。为中餐不可或缺的饮料。

（2）咖啡类。即指以咖啡豆磨制冲泡或工厂制成品速溶冲泡，拌以奶、糖，口感苦香酸醇。为西餐及酒吧不可或缺的饮料。

（3）汽水。加入二氧化碳的碳酸饮料，可乐是其典型代表。为餐厅、酒吧的畅销饮料。

（4）矿泉水、纯净水。为餐厅、酒吧的新兴畅销饮料。

3）香烟类成本

（1）机制卷烟。

（2）雪茄。

（3）烟斗烟丝。

3. 人工报酬类成本

（1）工资。

（2）岗位津贴。

（3）奖金。

（4）保险费（养老、失业、疾病、人身安全等）。

4. 能源类成本

（1）自来水及排污。

（2）电。

（3）蒸汽。

（4）燃料（煤、煤制气、天然气、柴油、汽油等）。

5. 其他费用类成本

1）直接经营费用

包括：①制服、工装；②干湿洗涤；③台布、口布、香巾；④窗帘、椅套等布草；⑤瓷器和玻璃器具；⑥银器；⑦厨房器具；⑧汽车和人力车；⑨清洁供应品；⑩纸类供应品；⑪客人供应品；⑫酒吧供应品；⑬菜单和酒水单；⑭清洁费用；⑮停车场费用；⑯执照和许可证；⑰其他的经营费用。

2）经营费用

（1）广告和促销。包括：①户外广告；②媒体广告；③直接邮寄广告；④邮资；⑤宣传册、页；⑥拍照与复印；⑦登门拜访的交通费；⑧电话推介的通信费；⑨免费赠送食品与饮料；⑩宴请客户；⑪社会公益捐助；⑫外聘销售代理工资奖励；⑬外出考察学习开支；⑭创新研究试制开支；⑮品牌加盟使用费。

（2）餐厅音乐、艺术氛围费用。包括：①演艺人员、书画作品报酬；②音响、乐器购租及调音费；③唱片、磁带及其版税；④节目单、乐谱、点歌单；⑤演艺人员工作餐。

（3）行政和总务费用。包括：①办公室文具、印刷；②办公计算机及耗材；③通信费；④交通差旅；⑤会费和捐款；⑥财产保险费；⑦银行费用；⑧意外事件和重大伤病；⑨员工餐；⑩员工培训及文体娱乐；⑪员工交通及住房；⑫员工体检；⑬税金；⑭红利；⑮垃圾清运费。

（4）设施设备维修费用。包括：①家具和固定设备；②厨房设备；③办公设备；④冰箱；⑤空调；⑥管道设施；⑦电器和机械设备；⑧地板和地毯；⑨建筑物；⑩停车场；⑪园艺和地面维护；⑫建筑物改造；⑬油漆、涂抹灰泥、室内装修；⑭维护合同；⑮汽车和人力车；⑯其他的设备和供应品。

（5）占用费用。包括：①租金（土地、房屋、设备等）；②利息；③折旧（房屋、设备、家具等）。

从餐饮成本项目的罗列可以看出餐饮成本管理的繁冗。其中食品饮料成本、人工成本、能源成本是大项。在总成本份额中，食品、饮料成本一般占30%～40%，人工成本占20%左右，能源成本占15%左右。三大成本主要由变动成本和半变动成本构成，具有可控性。因而，餐饮成本管理要突出重点，控制好大项。

9.1.3 餐饮成本的特点

1. 变动成本比例大

餐饮企业的成本费用中，除了食品饮料的原料成本占有很大比例外，还有如水电能源费的一部分和物品消耗的一部分都属于变动成本。这一点与客房经营明显不同，客房的房屋建筑、装修、设备等发生的固定成本占的比例非常大，变动成本比例相对较小，经营毛利率较高，客房服务获利能力较强。而餐饮产品由于变动成本比例高，因此经营毛利率较低，获利能力相对较弱，经营压力较大。同时，与客房相比，餐饮定价的灵活性也受到限制。客房可以大幅降低价格以招徕宾客，因较低的价格就可以补偿变动成本的耗费；而餐饮产品不可能像客房产品那样过度降价，削价竞争对餐饮产品经营是相当不利的。

2. 可控成本比例大

餐饮成本构成中，大部分成本费用管理人员能够控制其发生额大小。只有少数不可控成本，如折旧、大修理费、利息等，管理人员很难影响其发生额大小。这一特点决定了餐饮成本控制极端重要，如果管理人员积极性高，制度严密，措施得力，餐饮成本就能控制到合理的水平；否则，餐饮成本将大幅度增加，极大地影响餐饮企业的经营效益。

3. 餐饮成本泄漏点多，控制难度大

餐饮生产营销有许多环节，每一个环节都对产品成本发生影响。例如，菜单的规划与设计影响宾客对菜点的选择，还影响产品的档次和产品成本率；加工烹调控制不力会影响产品质量，同时造成食品饮料的损耗和流失量增加，使成本上升；菜点销售形式影响成本率，如宴会成本率低于零点成本率，宴会增加则营业额上升，总成本率降低；餐饮生产与服务所使用的原料和物品，极易丢失和被内部员工私用；在采购、验收、储存、发放、烹调加工、销售等任何环节的疏漏，都会导致严重的成本泄漏；餐饮产品的原料与成品又都是易腐品，管理不严或计划不周就会引起原料或成品腐败变质，浪费增加，成本上升。

4. 餐饮成本的比例大，利润空间小

餐饮成本的比例大，利润空间小，导致餐饮全行业成为微利行业。成本比例大，不利于资本积累、技术更新，发展受限。从宏观格局看，每天都有餐饮企业亏损、倒闭，造成资源浪费和生产力发展的不稳定。

5. 员工平均收入水平低

中国餐饮业的人工成本比例低于国外餐饮业，也低于国内其他行业，导致员工人均收入水平排序趋向最低，不利于吸引人才、稳定队伍、提高素质。

9.2 餐饮成本核算

餐饮成本管理的首要工作是统计和核实食品饮料成本实际发生额,为进行成本分析与控制奠定可靠基础。

9.2.1 食品日成本核算

食品日成本主要由直接采购原料成本和库房发料成本两部分组成。直接采购的原料验收后直接送厨房使用,在验收时直接计入成本,此数据可从验收日报表的直接采购原料总额中获得。采购后送入库房储存的原料待到发料时才计入成本,将当日各领料单数额相加就得出日发料成本总额。餐饮企业一般有多个厨房和餐厅,相互之间经常会发生食品成本额的转移与调整。另外,计算食品日成本时,应扣除一些其他方面原因引起的原料的消耗额,如员工用餐等。日成本额的计算方法为

日成本净额＝直接原料采购额＋库房发料总额±转食品总额－员工用餐成本－
　　　　　　招待用餐成本－其他杂项扣除额

$$食品日成本率 = \frac{日成本净额}{日销售额} \times 100\%$$

应当注意的是,食品日成本净额与食品日成本率的计算并不十分精确,与原料成本的实际消耗情况会有一定的出入。因为厨房从库房领用的原料不一定当日用完,如包装容量等原因可能要用几天时间;直接采购的原料也不可能天天进行采购,一般一次采购后要用厨房的储存设备进行短时存放。这样,上述方法计算的食品日成本额就会出现失真。为了避免日成本核算的数据与实际消耗情况相差太远,可统计食品原料成本的周、旬累积值数据,然后计算日平均值,数据的精确程度就较高。

9.2.2 食品月成本核算

食品原料月成本额要根据库存的实际盘点额来进行核算。由于餐厅的厨房大都储存一定量的食品原料,因此,为了保证月成本核算的精确性,必须盘点厨房储存室及冰箱冰柜的储存额。月成本额的计算方法为

月成本额＝月初库存额＋月初厨房储存额＋本月库房采购额＋本月直拨采购额－
　　　　　　月末库房库存额－月末厨房储存额－各项扣除额±成本调整额

$$食品月成本率 = \frac{月成本净额}{月销售额} \times 100\%$$

计算食品月成本时,有些项目是应该扣除的:一是赠品,如酒店客房向住店宾客赠送水果、饮品等,应计入推销费用;二是餐饮企业为开展经营而招待各方人士所发生的招待餐成本,应分别计入营业费用或企业管理费用中;三是员工用餐成本,应计入营业费用或企业管理费。

食品月成本额与成本率统计核算出的数据比较精确,管理人员可以从中清楚地看到本月餐饮食品成本的发生及控制情况。

9.2.3 饮料成本核算

饮料日成本的核算是根据每日发料额来计算。当日的发料额即当日的饮料消耗总额，然后加减各项调整和扣除额，就是饮料日成本净额。

饮料日成本净额＝本日饮料发料额±转饮料的成本额－赠饮料成本额－
招待用饮料成本额－其他杂项扣除额

饮料日成本与食品日成本一样也不很精确，不能真实反映饮料成本的实际发生额，可以统计周、旬的累积成本额和成本率，以便分析掌握饮料成本的准确情况。

饮料月成本核算是根据库存饮料及餐厅和酒吧结存饮料的盘点结果来计算的。计算方法如下：

饮料月成本净额＝月初库存额＋月初餐厅（酒吧）结存额＋本月采购额－
月末库房库存额－月末餐厅（酒吧）结存额
－各项扣除额±调整额

饮料月成本净额与饮料月销售额相比较，可以计算出饮料月成本率。饮料月成本净额和成本率指标能够准确地反映本月饮料成本控制情况。

9.2.4 成本报表

为了搞好餐饮成本管理，成本管理员及财务部门要将每日、每月的成本发生情况制作成成本报表，以报告成本控制效果。通常使用的报表有食品成本日报表、饮料成本日报表、食品成本月报表、饮料成本月报表等。

为使管理人员更清楚地了解当日食品饮料的经营情况，餐饮企业大多把食品饮料的成本日报表与销售日报表合并在一起，编制成餐饮营业日报表，综合说明餐厅的成本与销售状况。餐饮营业日报表的主要内容包括：整个餐饮经营成本消耗情况；各餐厅的成本消耗情况；成本调整额；以及各餐厅的就餐宾客人数、营业额、平均消费额、成本净额与成本率等。某餐饮企业营业日报表见表 9-1。

表 9-1 餐饮营业日报表

日期：＿＿＿＿＿ 星期：＿＿＿＿＿

		总 额	餐厅 1	餐厅 2	餐厅 3
食品成本消耗	直拨原料采购额/元	9 100	2 800	3 100	3 200
	库房领料成本额/元	20 500	7 600	8 100	4 800
	转食品的饮料额/元	6 500	2 200	2 700	1 600
	转饮料的食品成本/元	5 500	1 800	2 100	1 600
	职工用餐成本费/元	5 400	2 050	1 900	1 450
	杂项扣除额/元	2 900	1 100	950	850
	本日成本净额/元	22 300	7 650	8 950	5 700
	本月累积成本费/元	245 200	85 600	91 540	68 060

续表

	总 额		餐厅1		餐厅2		餐厅3	
	今日	本月累积	今日	本月累积	今日	本月累积	今日	本月累积
食品销售	销售额/元 64 710	654 500	24 350	189 480	29 560	317 780	9 800	147 240
	就餐人数 1 249	13 230	495	5 675	512	5 376	242	2179
	平均消费额/元 51	49.5	49.2	33.4	57.7	59.1	40.5	67.6
	食品成本率 35%	37.46%	31.42%	45.18%	30.28%	28.81%	58.16%	46.22%
饮料成本消耗	饮料发料总额/元	5 150	1 850		2 140		1 160	
	转饮料的食品成本/元	530	215		189		126	
	转食品的饮料成本/元	490	150		177		163	
	杂项扣除额/元	2 160	956		950		254	
	本日成本净额/元	3 030	959		1 202		869	
	本月累积额/元	33 560	8 840		15 340		9 780	
饮料销售	今日	本月累积	今日	本月累积	今日	本月累积	今日	本月累积
	销售额/元 8 975	104 950	3 650	41 550	3 565	46 505	1 760	16 895
	就餐人数 1 249	13 230	195	5 675	512	5 376	242	2 179
	平均消费额/元 7.2	7.9	7.4	7.3	7.0	8.7	7.3	7.8
	饮料成本率 33.76%	31.98%	26.27%	20.31%	33.72%	32.99%	49.37%	57.89%

食品月成本报表通常与饮料月成本报表合编为餐饮成本月报表，反映餐饮企业一个月消耗食品饮料原料的总额、食品及饮料成本的调整额和各项扣除额、食品饮料月成本净额。表上还要列出餐饮月收入总额，计算出实际成本率，并列出餐饮的标准成本或计划成本，让管理人员能够直观地了解本月成本控制效果。某餐饮企业餐饮成本月报表见表9-2。

表9-2 餐饮成本月报表

制表日期_____

项 目	食 品	饮 料
月初库房库存额/元	500 000	200 000
月初厨房（酒吧）库存额/元	150 000	80 000
本月库房采购额/元	400 000	180 000
本月直拨采购额/元	200 000	
月末库房库存额/元	2 500 000	195 500
月末厨房（酒吧）库存额/元	1 800 000	116 000
本月食品饮料消耗总额/元	870 000	148 500
转食品饮料成本/元	15 000	15 000
转饮料食品成本/元	16 000	16 000
客房赠客水果/元	4 500	
赠客饮料/元		13 500
招待用食品饮料/元	6 500	3 400
员工用餐/元	160 000	32 600
其他扣除额/元	85 000	24 500
成本净额/元	613 000	75 500

续表

项　目	食　品	饮　料
餐饮营业收入/元	145 900	260 300
标准（计划）成本率	40%	25%
实际成本率	42.02%	29%

9.3　餐饮成本控制

9.3.1　餐饮成本控制的客观依据

餐饮成本控制是以目标成本为基础，对日常运转中发生的各项成本所进行的严格的计量、检查、监督和指导，使成本开支在满足业务活动需要的前提下，不超过事先设定的标准或预算。如果发生偏差，则及时查明原因，采取调控措施。

餐饮成本控制又是以一定的货币尺度为客观依据的。这个货币尺度就是标准成本。它和实际成本比较，即可判断成本控制的好坏。

标准成本是一个涉及内容广泛的概念，从理论上讲，有理想标准成本、正常标准成本和预算标准成本。理想标准成本是在良好的控制和效率条件下，餐饮企业在没有浪费、没有废品、没有停工或损失等情况下期望达到的成本水平。正常标准成本是以过去的统计资料为基础，结合现实状况计算得出应该达到的成本水平。预算标准成本是事先估算设定的成本水平。在餐饮成本控制中，以正常标准成本和预算标准成本为主要依据。

餐饮成本控制贯穿于业务过程的始终。成本控制的每一个环节都应该制定成本标准，不可放任实际成本消耗多少算多少。直接成本控制的对象，从采购、储藏、领料、厨房生产到餐厅销售，每一个项目都应制定标准成本。间接成本控制的对象，如水电燃料、人力成本、物资用品和餐茶消耗等，也应有标准成本。

9.3.2　餐饮成本控制的工作步骤

餐饮成本控制是一个复杂的过程，其工作步骤主要包括 4 个阶段。

1. 制定标准成本，提供控制依据

成本控制是以制定标准成本为起点的。标准成本的制定要针对成本控制的各个环节、分析成本对象的特点与构成，确定各个成本项目的标准成本数额。

2. 加强实际控制，掌握成本消耗

标准成本制定后，要确实用来约束食品饮料等原材料采购成本、生产加工中各种菜点的成本、餐茶用品成本、水电燃料费用等的消耗。加强对这些成本的统计比对及时发现问题采取措施。

3. 分析成本差额，评价控制绩效

在餐饮业务过程中，各项实际成本消耗不可能与标准成本完全一致。这时，管理人员要根据各项成本的实际发生额，同标准成本比较，分析成本差额。成本差额又包括价格差、数量差和成本差 3 种。分析方法如下：

$$P_c = P_1 \cdot Q_1 - P_2 \cdot Q_1 = Q_1 (P_1 - P_2)$$
$$Q_c = P_2 \cdot Q_1 - P_2 \cdot Q_2 = P_2 (Q_1 - Q_2)$$
$$C_c = P_1 \cdot Q_1 - P_2 \cdot Q_2$$

式中，P_c——价格差；

P_1——实际价格；

P_2——标准数量；

Q_1——实际数量；

Q_2——标准数量；

Q_c——数量差；

C_c——成本差。

通过成本差额分析，管理人员即可发现有关部门或事项成本管理的好坏，对成本控制做出业绩评价。

4. 结合实际业务，提出改进措施

成本差额分析对成本控制业绩做出了评价，但对造成成本差额的原因还要结合实际业务进行具体分析。例如，价格差是市场物价变动造成的，还是采购价格控制不当造成的；数量差是标准成本制定不合理造成的，还是实际消耗数量不遵守标准成本规定造成的。只有结合实际，分析具体原因，才能有针对性地提出改进措施，不断做好餐饮成本控制工作。

餐饮成本控制的工作步骤是一个不断循环的过程。其成本控制流程如图 9-1 所示。

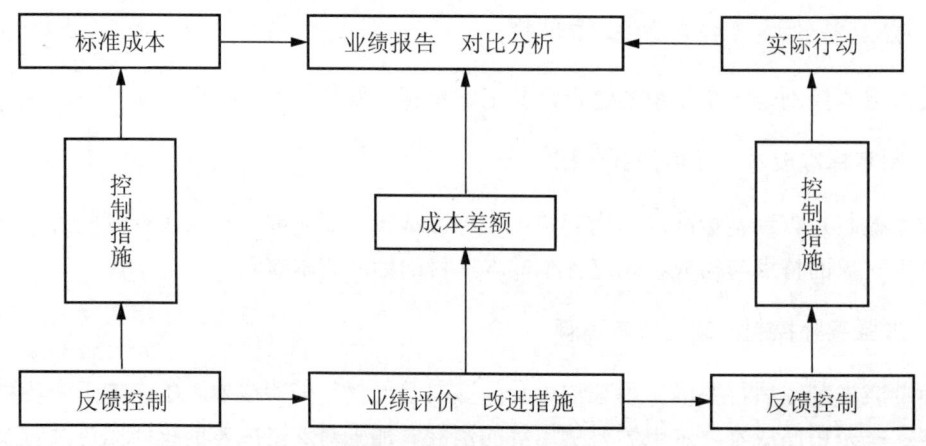

图 9-1　餐饮成本控制流程图

9.3.3 餐饮成本控制方法

餐饮成本控制是以成本差额分析为中心展开的。由于餐饮产品生产过程复杂,其成本在不同产品和不同环节产生。因此,其成本控制也要根据业务流程来进行,主要控制方法包括以下方面。

1. 采购成本控制

采购是餐饮产品原材料成本形成和整个成本控制过程的起点。采购成本分析是在采购预算安排和采购进货原始记录的资料基础上进行的。采购预算安排中的各种食品和饮料采购数量和规定价格形成标准采购成本。采购进货中入库验收的进货发票和原始记录则形成实际采购成本。采购成本控制一般以周或月度为报告期,分析成本差额。其成本差额分析方法可参阅表 9-3。

表 9-3 餐饮采购成本控制表

报告部门_____ 报告期_____ 制表人_____

原料	采购计划		实际采购		价格差	数量差	成本差
	数量	价格	数量	价格			
___年_月_日			合 计					

在分析采购成本差额的基础上,管理人员要进一步查明造成价格差和数量差的具体原因。例如,价格差可能是市场物价变动造成的,也可能是采购人员价格控制不严,高价进货造成的。数量差可能是计划数量制定不合理造成的,也可能是实际进货过多或过少造成的。在查明具体原因的基础上,有针对性地提出具体控制办法,即可实现采购成本控制,降低成本消耗,逐步提高采购成本控制水平。

1)根据生产计划的需求,保质保量地进货

餐饮企业依据长期积累的客户档案,分析销售收入、客流量、人均消费额等数据,可以预测下月、下周、明天的消费需求,从而制订餐饮生产计划,开始食品原料及饮料的采购工作。采购的数量不能过多,以免销售不出去,剩余浪费,加大成本。采购的数量也不能过少,以免脱销断档,导致宾客不满并影响销售收入增加。依据菜点销售的历史记录,可以计算出宾客欢迎指数(指从菜单中点某一菜品的人数在总人数中所占的比例),公式如下:

$$宾客欢迎指数 = \frac{某一菜点的售出总量}{所有菜点的售出总量} \times 100\%$$

从而预测各种菜点的不同销量,使生产计划与采购计划更加符合宾客的选择趋向。每一种菜点的需求准备量越准确,成本的控制就越准确。当然,不差分毫的销售预测是很困难的,必须把宾客数量的增减和预计销售量的波动考虑在内,使采购计划有一个合理的升降幅度。粗放式的管理者,往往不屑于精心测算采购品种与数量,想当然地进货,餐饮成本从采购环节就开始失控。

2）根据原料特点制定标准存货量和最低储备

采购、库存、发放、周转是食品饮料供应的必要程序。合理的库存，可以及时保证生产销售不断档，还可以享受批量进货的优惠价格，比零星采购节约成本。过量库存后果：一是占压资金；二是会增加库房自身的设施、设备、能耗、人力成本；三是原材料可能变质腐烂，导致成本浪费。

掌握食品饮料的保质期，结合需用量，就可以制定标准存货水平。例如，鲜牛排冷藏保质期为14天，每天的使用量为100千克，供货商配送周期为7天，经测算最低库存量为700千克，最高库存量为1 400千克。标准库存量应以最低库存量上浮20%左右，定为800千克。即每当库存牛排低于800千克时，就可以通知供应商送货。再如，某干红葡萄酒每天平均销售4箱，保质期为3年，供货商可每天配送，标准库存量可定为6箱。每天消耗，每天补足。又如，某名牌香烟，每天销量为20盒，保质期为1年。标准库存量可定为30盒，但该香烟每到重要节日的一个月期间价格上升20%，那么库存量可设定为600盒。适量囤积，保证节日期间不断货，且低价进、上浮价销，补回占压资金利息还有盈余。在实践中一般对耐储存的原材料实行标准库存水平法进货，而对容易变质的蔬菜、水果、海鲜等原材料实行按需订购法进货，且直拨厨房，不通过库房周转。

标准库存水平法和按需订购法可动态使用。在市场货源充裕、价格便宜、供货顺畅的情况下，可多用按需订购法采购食品饮料。在货源紧俏、价格波动、供货不畅的情况下，可多用标准库存水平法采购食品饮料。有的管理者受"零库存"理论的影响，拆除冷库，现购现用，期望节约库存成本。但这样决策是不恰当的。当市场波动时，只能买到什么用什么，不能满足标准菜谱对原材料的需求，也就不能保证品牌拳头产品的稳定生产与供应。

3）建立询价比价机制，以最佳成本购进适用的原材料

餐饮企业内部建立责任制衡机制。

（1）实行标准库存水平法采购的原料，由库管员提报采购计划。

（2）实行按需订购法采购的原料由厨房提报采购计划。

（3）采购部门或采购人员统一对外采购，杜绝多头采购。

（4）库管和厨房（用货人）负责验收规格、质量，对不合格品有权拒收。

（5）财务部门负责市场询价比价，对采购价格进行把关，有权对采购部门拟订的不合理价格说不，令其重新商谈或更换供应商。内部责任制衡机制虽然增加了采购工作程序，影响效率，但有利于堵塞漏洞，确保阳光采购。

餐饮企业与供应商之间建立竞价比价的供货机制。大宗货物实行公开招标采购，货比三家，筛选质价优胜者供货。日常采购借鉴招标机制，每周或每旬或每月召开竞价会议，对同一份采购计划，由多个供应商口头或书面报价，择优商订供货合同，开始本期供货。下期供货再行竞价遴选。通过这样的机制，将价格成本控制到合适的水平。同时，也可考验供应商的诚信与能力，建立供应商考评档案，逐步形成相对稳定可靠的供货渠道，使采购工作达到质优价廉的控制目标。

2. 库房成本控制

库房成本控制是在每月盘点的基础上进行的。其目的是控制库存资金占用，加快资金周转，节省成本开支。在库房管理中，要制订食品和饮料库存资金占用计划，由此形成库房标准成本占用。随着厨房生产和餐厅销售业务的进行，库存食品和饮料不断采购入库，同时又不断发货。到了月底，管理人员通过库房盘点来掌握库存余额及其资金占用，分析库房资金占用差额。其成本差额分析方法可参阅表9-4。

表9-4 库房成本控制表

报告部门_____ 月度_____ 制表人_____

食品原料（饮料）	标准库存		本月盘点				价格差	数量差	成本差
	数量	价格	上月结存	本月入库	本月出库	盘点余额	价格			
1										
2										
3										
4										
…										
n										
标准库存资金占用：					合计					
实际库存资金占用：					____年__月__日					

库房成本控制在分析库存资金占用中的价格差、数量差和成本差额的基础上，要重点抓住那些价格高、存量大的食品原材料或饮料，控制其库存资金占用。为此，要明确指出重点控制哪些品种、采取哪些控制方法（如暂停进货、调拨处理、尽快出库使用等），从而迅速减少库存资金占用，加快资金周转。

3. 生产成本控制

1）生产成本控制以厨房为基础，以食品原材料为对象，根据实际成本消耗来进行

厨房餐饮产品生产加工的花色品种很多，各种产品既要事先制定标准成本，又要每天做好生产和销售的原始记录，然后根据统计分析，与标准成本比较才能确定成本差额，从而发现生产加工中成本消耗存在的问题，分析原因，提出改进措施。

生产成本控制可以逐日、逐周、逐月进行。其成本差额分析以成本率差额为主。一般来说，各种产品的成本率差额应控制在±1%～2%。如果发生偏差，就应查明原因，对那些成本率差额太大的产品的实际成本消耗采取控制措施。例如，严格控制食品原材料粗加工、细加工工艺，提高净料率；严格控制主料、辅料、调料的称量等。其成本率差额分析的方法可参阅表9-5。

表 9-5 餐饮产品生产成本控制报告表

厨房_____ 计算期_____ 制表人_____

产品	标准成本		实际成本		标准成本	实际成本	成本差额	成本率差额
	成本率	菜单售价	生产量	单位成本				
1								
2								
3								
4								
…								
n								
合计								

2）制定标准化菜谱，并确定标准化菜谱的成本

西餐通常都使用标准化菜谱。中餐因为品种多，工艺繁，管理粗放，一般不讲究标准化生产，因而造成原材料加工浪费。例如，出料率低；菜点分量过大；烹饪过火或口味失准；剩余原料不能合理利用等现象，都增加成本。推行标准化菜谱可以防范上述弊端。表 9-6 为标准化菜谱示例。

表 9-6 标准化菜谱（金米芦荟炒虾球）

菜点特色	色泽鲜亮，咸鲜爽口	
工艺特点	急火快炒	
主辅调料名称	投料数量/克	烹饪方法
虾仁	100	1. 虾仁用盐反复搓洗，清水冲泡 12 小时。裹干布拧干水分，加盐、味精、胡椒粉、糖、蛋清、生粉拌匀，养 2 小时。 2. 将芦荟、青椒、红椒切成 0.7 厘米见方的丁块。 3. 锅中加水烧开，虾仁入锅氽 20 秒倒出；再将玉米粒、青红椒氽 20 秒倒出，备用。 4. 锅中加油烧至 4 成热，加汤 10 克，全部原料入锅炒 30 秒，淋香油，出锅装盘。
芦荟	150	
玉米粒	250	
青椒	25	
红椒	25	
盐、味精	各 3	
花生油	5	
香油	5	
鸡蛋清	10	
胡椒粉	3	
糖	3	
生粉	10	

将标准化菜谱的调料部分事前勾兑成汁液，并按菜谱设计配份，即可进一步改善烹饪的工艺方法，使菜点的味型、质量更加标准一致。厨房生产的标准化程度也进一步提高。

将标准化菜谱配以彩色照片，汇编成册或放大张贴，在厨房就成为作业规程和指导书，

不论谁站墩、掌勺，都必须按标准进行，不可随意变更，发生问题追究责任。新上岗厨师，可依照培训练习。

在备餐间，传菜员工及值班经理，可对照标准菜谱对欲售菜点进行质量把关。

在餐厅，服务员可以根据标准化菜谱学习烹饪常识，掌握菜点特色，方便向宾客推介。宾客也可以欣赏标准菜谱，选择适宜自己口味或营养成分的菜点。

有的餐饮企业在餐厅张贴了标准菜谱，但厨师看不到，前后台脱节，宾客点的菜上来后与菜谱标准不一，对不上，容易产生争议和投诉。

将标准化菜谱增加价值内容，就可成为标准成本卡，见表9-7。

表9-7 标准化菜谱及成本（金米芦荟炒虾球）

菜点特色	色泽鲜亮，咸鲜爽口			烹饪方法
工艺特点	急火快炒			
主辅调料名称	数量/克	单位成本/元	总成本/元	
虾仁	100	0.06	6.00	1. 虾仁用盐反复搓洗，清水冲泡12小时。裹干布拧干水分。加盐、味精、胡椒粉、糖、蛋清、生粉拌匀，养2小时。 2. 将芦荟、青椒、红椒切成0.7厘米见方的丁块。 3. 锅中加水烧开，虾仁入锅氽20秒倒出。再将玉米粒、青红椒氽20秒倒出，备用。 4. 锅中加油烧成4成热，加汤10克，全部原料入锅炒30秒，淋香油，出锅装盘。
芦荟	150	0.03	4.50	
玉米粒	250	0.02	5.00	
成本总额/元	15.50			
售价/元	32.00			
成本率	48.4%			
毛利率	51.6%			

利用标准化菜谱可以有效地控制原料的使用量，解决投料偏多增加成本或投料偏少坑害宾客的问题。同时便于比对消耗量、销售量、剩余量的差异，及时发现问题，采取对策。利用标准化成本卡，可以方便地累计单位成本形成当日的生产成本。方便实际成本与计划成本的比对，计算成本差异。

9.3.4 酒水饮料成本控制

酒水饮料成本控制以酒吧为基础，根据酒吧销售方式不同，其成本控制方法又分两种情况。

1. 鸡尾酒销售成本控制

鸡尾酒是酒吧销售的主要方式。各种鸡尾酒都是根据标准配方制作的，因此形成鸡尾酒的标准成本。例如，阿美里卡诺鸡尾酒是用冰块、康巴利苦酒、意大利苦艾酒、苏打水、柠檬片配制而成的。牙买加酸甜鸡尾酒是用冰块、糖浆、朗姆酒、柠檬汁和苏打水调配而成的。各种鸡尾酒的用料配方和比例不同，其标准成本也不一样。酒吧销售过程中，调酒员尽管都按标准配方调制鸡尾酒，实际成本往往和标准成本不完全一致，由此也会形成成本差额。鸡尾酒销售成本控制就是要在分析成本差额的基础上来发现成本消耗中存在的问题，从而有针对性地采取控制措施，提高成本管理水平。其成本差额分析方法可参阅表9-8。

表 9-8　酒吧鸡尾酒成本控制报告

酒吧_____报告期_____制表人_____

鸡尾酒名	标准成本		实际成本		标准成本	实际成本	成本差额	标准成本率	实际成本率	成本率差额
	杯酒成本	酒单售价	销售量	杯酒成本						
1										
2										
3										
4										
…										
n										
合计										

2. 瓶装和杯装酒水销售成本控制

酒吧烈性酒、啤酒和软饮料常常不经过调制，直接以瓶装或杯装方式销售，价格通常比鸡尾酒低。其成本控制方法是由管理人员事先核定瓶装和杯装酒水单位成本并制定售价，酒吧服务人员按瓶装或杯装标准规格与价格销售，由此控制成本消耗。在整装拆零销售时，要特别注意杯装配量，防止实际成本消耗超过事先规定的标准。其成本差额计算方法可参阅表 9-9 和表 9-10。

表 9-9　酒吧瓶酒销售成本控制报告

酒吧_____报告期_____制表人_____日期_____

酒水名称	标准成本		实际成本		标准成本	实际成本	成本差额	成本率差额
	成本率	每瓶售价	销售量	每瓶成本				
1								
2								
3								
4								
…								
n								
合计								

表 9-10　酒吧杯酒销售成本控制报告

酒吧_____报告期_____制表人_____日期_____

酒水名称	标准成本		实际成本		标准成本	实际成本	成本差额	成本率差额
	成本率	每杯售价	销售量	每杯成本				
1								
2								
3								

续表

酒水名称	标准成本		实际成本		标准成本	实际成本	成本差额	成本率差额
	成本率	每杯售价	销售量	每杯成本				
4								
…								
n								
合计								

3. 餐茶用品费用消耗控制

餐茶用品包括茶叶、咖啡，以及餐具、茶具、酒具、台布、口布、清洁用品和服务用品等。这些用品有的属于一次性消耗，大多数属于多次性消耗。其费用控制是逐月进行的。控制方法是根据餐茶费用计划安排，确定标准预算，然后根据月度耗损确定实际费用消耗，同标准费用预算比较，分析费用差额，由此发现餐茶用品费用消耗中存在的问题，查明原因，提出改进措施。其费用消耗控制方法可参阅表9-11。

表9-11 餐厅餐茶用品费用消耗报告表

报告部门_____ 月度_____ 制表人_____

餐茶用品	当月预算	当月费用					费用差额
		当月耗用量	单价	报损	费用	费用合计	
1							
2							
3							
4							
…							
n							
合计							

9.3.5 劳动力成本控制

劳动力成本是餐饮成本重要的组成部分之一，随着社会经济的发展，劳动力价格必然会逐渐提高，劳动力成本在餐饮总成本中所占的比例也会越来越大，劳动力成本控制越显重要。劳动力成本控制工作主要包括如下几方面的内容。

1. 设计操作标准

一切工作都应有一个标准，以此可以测量实际操作情况。餐饮管理人员应该确切知道，服务员工必须履行的各项任务及完成任务的方法。管理人员应确定最低的质量要求，并把这些要求体现在各标准操作程序中去。让员工掌握按现行质量标准的工作方式完成一项具体工作需要多少时间。明确了质量标准以后，管理人员可以据此制定一个高效率员工队伍的设计规划。

2. 合理使用固定劳力与可变劳力

固定劳力是不管业务量大小的情况下餐饮企业运转经营所需的最低劳力数量。固定劳力的需要量与营业量的关系较小，无论营业量增加或减少，这类员工的需要量大致保持稳定。如餐厅经理、会计、采购员、验收员等。固定劳力是一个水准基点，即正常经营所需要的最低劳力数量。

固定劳力的使用情况对劳动力成本控制有着重大的影响。因此，餐饮企业要制定相应的标准和严格的规定，要注意有些因素的变化会影响固定劳力的使用数量，如质量要求的变化、操作程序的变动、宾客要求的变动。餐饮企业对固定劳力的使用要经常进行分析与考核，结合实际情况，分析是否有减少固定劳力数量和可能。

1）从下述几方面精简固定劳力数量

第一，要分析质量标准是否可以调整。不同的质量标准所需的劳力数量是有差别的，在不影响宾客对餐饮产品与服务质量评价的前提下，可适当调整质量标准，减少固定劳力人数。

第二，能否增加固定员工的工作量。在无法减少固定劳力用量的情况下，可考虑让固定员工适当承担变动劳力的一些工作，这样可以减少变动劳力的使用量，降低餐饮劳动力成本。

第三，考虑让固定员工兼职或使用半职工。餐饮业务淡旺季波动较大，在淡季时，各种工作量较小，有些工作可以合并，让管理人员兼职，有些工作不需要全职工，可以雇用退休的半职工，以减少人工费。

2）可变劳力的使用控制

变动劳力的需要量与餐厅的销售量有关，当销售量增加到一定限度时，就必须增加变动劳力，如餐厅的服务员、厨房的加工人员等都属于变动劳力。

第一，进行营业量分析，并测量员工的生产效率。餐厅员工的生产效率要经过认真测试，取得真实可靠的数据，如服务员每小时服务的宾客人数、每小时能产生的销售额等。然后，管理人员根据每天营业量的情况配备不同数量的员工。

第二，采用合理的日程安排技术。餐饮业一天营业中宾客人次变动较大，可采用交错日程技术，实行分班制，员工交错上班，交错下班，能够提前进行服务准备和进行收尾工作，以适应工作需要，提高工作效率。

第三，要尽可能考虑员工的愿望和选择。员工的班次安排要注意照顾员工的个人情况与意愿，调动员工的工作积极性，提高效率，降低成本。

3. 控制工时

根据各餐的营业量及操作标准、工作效率等指标，管理人员应确定各餐厅的标准工时数。餐厅的经营要将实际工时控制在允许的范围内。员工实际工时超过劳力安排的标准工时数时，餐饮企业就承担不必要的额外工时工资成本，这些不必要的开支是潜在的浪费。当然，不能机械地看待餐厅的工时指标。如果餐厅的工时数经常超过标准工时，既要考虑是否存在劳力成本浪费，也要分析是否是营业量已超过现有员工的负荷量，如果营业量的变动已超过一定限度，就应增加员工人数，增加标准工时数。

4．提高劳动生产率

控制餐饮劳动力成本的最终目的，是提高餐厅的劳动生产率，获得最佳经济效益。在日常管理过程中，餐厅常用两个指标来衡量劳动生产率：人均毛利额和劳动分配率。

人均毛利额是衡量员工人均创造的效益。人均毛利额越大，说明企业的劳动成本率就越低，经济效益就越好。它可以用以下公式来计算：

$$人均毛利额 = \frac{销售额 - 食品饮料原料成本}{员工总人数}$$

劳动分配率表示人工费占毛利额的比例。劳动分配率的数值与劳动生产率成反比，劳动分配率越低，说明饭店的劳力成本率越低，而劳动生产率越高。

$$劳动分配率 = \frac{人工费用}{毛利额} \times 100\%$$

从以上指标可以看出，如果饭店节约开支增加收入，即增加了毛利额，而员工的人数不变，饭店的劳动力成本率相对降低，劳动生产率就提高了。如果饭店的毛利额不变，而要增加员工的工资费用，那么就提高了劳动分配率，增加了劳动力成本。可见，在积极开拓市场增加收入的基础上，合理安排员工工作，尽量减少员工数量，减少人工费用，提高劳动生产率，是增加餐饮企业效益的重要措施。进行劳动力成本控制时，应对餐厅人均毛利额和劳动分配率进行分析和考察，以对劳动力成本控制的效果做出正确评价。

9.3.6 水电燃料费用消耗控制

水电燃料费用是餐饮流通费用的重要组成部分。其费用价格日趋上涨，消耗的合理程度直接影响餐饮经营利润水平。在餐饮计划管理中，水电燃料消耗要事先做出费用预算，由此形成标准费用。随着餐饮业务管理的进行，水电燃料费用不断发生，形成实际费用消耗额。其费用控制方法是以月度为基础，分析预算标准费用和实际费用差额，进而降低费用消耗，提高餐饮利润水平。其费用差额计算可参阅表9-12。

表9-12 餐饮水电燃料费用控制报告表

报告部门＿＿＿＿ 月度＿＿＿＿ 制表人＿＿＿＿

费用项目	当月预算	当月费用			费用差额
		耗用量	单价（分摊）价	费用发生额	
水费					
电费					
燃油					
酒精					
木炭					
其他					
合计					

控制差额的方法有以下几个。

（1）尽量选用节能设备，如节能灯、节能冰箱、变频电机等。

（2）回收利用空调冷凝水。利用烤箱余热保温食品；减少长流水解冻食品和炉灶降温补水；改用感应水龙头和电源开关等。

（3）强化设施设备的计划维修，提高完好率，减少水、电、气的跑、冒、滴、漏，减少设备维修费和设备更新费。

（4）强化节约意识，开展节能技改和竞赛。落实节能责任制，奖励先进，处罚浪费责任人。

（5）划小成本控制的核算单位。规模较大的餐饮企业，可以划小成本核算单位，推行全员成本责任制，各部门班组之间，上下工序之间，模拟法人运转，各自建账，相互结算，统计核算各部门班组的成本控制效果，改变责任不清、指标不分、"大锅饭，大家混"的弊端，逐步形成"千斤重担大家挑，人人头上有指标"的新的成本控制机制，调动各层次、各方面的积极性，提高成本管理效能。

（6）引进或改进成本控制的技术手段。餐饮成本控制数据量大，核算分析工作复杂，手工操作效率低、不精确。应用计算机技术，配置硬件、软件和网络系统，手工操作的困难可迎刃而解。没有引进计算机技术的餐饮企业应该考察各种硬件设备和软件系统，分析自身的应用需求，投资引进。已使用计算机系统的单位应跟踪新技术的进步，升级自己的系统，运用新技术，开创成本控制的新模式。

案例分析

××饭店 9 月食品成本和营业额分析表、本月销售数据见表 9-13、表 9-14。

表 9-13　××饭店 9 月食品成本和营业额分析表

项　目	总　　计	食品库房	中　餐　厅	西　餐　厅	职工食堂
月初库存额/元	240 500	220 000	12 000	7 000	1 500
本月采购额/元	364 000	210 000	80 000	66 000	8 000
本月领料额/元			125 000	84 000	50 000
月末库存额/元	187 400	160 000	14 300	11 000	2 100
本月食品消耗总额转食品的饮料成本/元	1 250		250	1 000	
转饮料的食品成本/元	2 340	2 000	340		
职工用餐成本/元	57 400				
招待用餐及其他杂项扣除/元	8 900		69	2 000	
本月食品成本净额/元					
本月食品营业收入/元	824 780		427 320	397 460	
标准销售比例			50%	50%	

续表

项目	总计	食品库房	中餐厅	西餐厅	职工食堂
实际销售比例			51.8%	48.2%	
标准成本率	20%		45%	35%	
实际成本率					

表 9-14 本月销售数据

	座位数	营业收入/元	客人数	人均消费额/元	座位周转率
中餐厅	200 （供应早、午、晚餐）	427 320	23 740		
西餐厅	150 （供应午、晚餐）	397 460	11 196		

请根据上述表格计算并讨论

1. 计算整个饭店和各餐厅的实际成本净额和实际成本率，各餐厅的人均消费额和座位周转率。
2. 分析成本差异的责任，算出库存短缺率和中、西餐厅成本差异额。
3. 分析成本差异的原因。（饭店职工人数为 750 名，职工用餐标准成本为每人每天 2.5 元）

本章小结

餐饮成本品类多，变动比例大，泄漏点多，必须健全统计核算体系，制定标准成本，控制实际消耗中的差异。落实成本管理责任制，每个工序都严格执行控制措施，才能保证以较小的成本消耗换取较大的产出效益。

关键术语

固定成本　Fixed Cost

可控成本　Controllable Cost

标准成本　Standard Costs

成本核算　Cost Accounting

成本控制　Cost Control

复习思考题

一、选择题

1. 从实际发生的项目分类，餐饮成本分为（　　）。

  A. 食品类成本　　　　　　　　B. 烟酒类成本

  C. 人工报酬类成本　　　　　　D. 能源类成本

2. 厨房成本计算的核心是计算（　　）。
   A. 耗用的原料成本　　　　　　B. 菜品品种
   C. 菜单价格　　　　　　　　　D. 管理费用

二、简答题

1. 餐饮成本是如何构成的？
2. 餐饮成本有何特点？
3. 劳动力成本控制的基本内容有哪些？

第10章 餐饮营销管理

本章知识要点

知 识 要 点	掌 握 程 度	相 关 知 识
餐饮营销及营销管理的概念与意义	了解	（1）让宾客知晓 （2）让宾客喜爱 （3）让宾客偏爱 （4）促使宾客采取购买行动
餐饮营销组合	熟悉	（1）产品和服务组合的核心利益 （2）产品和服务组合的内容 （3）附加利益
餐饮营销影响因素	掌握	（1）宾客对餐饮的需求 （2）影响宾客饮食爱好的因素 （3）环境气氛
餐饮内部营销的概念	重点掌握	内部营销含义及在餐饮营销中的地位作用
餐饮外部营销的概念	重点掌握	外部营销含义及在餐饮营销中的地位作用

本章技能要点

技 能 要 点	掌 握 程 度	应 用 方 向
餐饮内部营销方法	重点掌握	餐厅服务人员、管理人员在餐饮服务中进行销售活动
餐饮外部营销方法	掌握	餐厅销售人员进行销售活动

导入案例

某宾馆气派豪华、灯红酒绿的中餐厅，顾客熙熙攘攘，服务员小姐在餐桌之间穿梭忙碌。一群客人走进餐厅，引座员立即迎上前去，把客人引到一张空餐桌前，让客人各自入座，正好10位坐满一桌。

服务员小方及时上前给客人一一上茶。客人中一位像是主人的先生拿起一份菜单仔细翻阅起来。小方上完茶后，便站在那位先生的旁边，一手拿小本子，一手握圆珠笔，面含微笑地静静等待他点菜。那位先生先点了几个冷盘，接着有点犹豫起来，似乎不知点哪个菜好，停顿了一会儿，便对小方说："小姐，请问你们这儿有些什么好的海鲜菜肴？""这……"小方一时有点答不上来，"这就难说了，本餐厅海鲜菜肴品种倒是不少，但不同的海鲜菜档次不同，价格也不同，再说不同的客人口味也各不相同，所以很难说哪个海鲜菜特别好。反正菜单上都有，您还是看菜单自己挑吧。"小方一番话说得似乎头头是道，但那位先生听了不免有点失望，只得应了一句："好吧，我自己来点。"于是他随便点了几个海鲜和其他一些菜肴。

当客人点完菜后，小方又问道："请问先生要些什么酒和饮料？"客人答道："一人来一罐青岛啤酒吧。"又问："饮料都有哪些品种？"小方似乎一下子来了灵感，忙说道："哦，对了，本餐厅最近进了一批法国高档矿泉水，有不冒汽的eviau和perrier，冒汽的perrier两种。""矿泉水？"客人感到有点意外，看来矿泉水不在他考虑的饮料范围内。"先生，这可是全世界最名牌的矿泉水呢。"客人一听这话，觉得不能在朋友面前丢了面子。便问了一句："那么哪种更好呢？""当然是冒汽的更好啦！"小方越说越来劲。"那就再来10瓶冒汽的法国矿泉水吧。"客人无可选择地接受了小方的推销。

服务员把啤酒、矿泉水打开，冷盘、菜肴、点心、汤纷纷上来，客人们在主人的盛情之下美餐一顿……

最后，当主人到账台结账时一看账单，不觉大吃一惊，原来1 400多元的总账中，10瓶矿泉水竟占了350元！他不由嘟哝了一句："矿泉水怎么这么贵啊？""那是世界上最好的法国名牌矿泉水，卖35元一瓶是因为进价就要18元呢。"账台服务员解释说。"哦，原来如此。不过，刚才服务员可没有告诉我价格呀。"客人显然很不满意，付完账后便快快离去。

讨论题
1. 该案例中，员工在推销方面哪些方面做得好？哪些方面做得不好？
2. 该餐饮企业应该怎么做才能进一步提高推销效果？
3. 餐饮营销管理对餐饮企业有什么意义？

评析

本案例中服务员小方在给客人销售菜肴、饮料的过程中，犯了两个极端的过失。

一是推销不当。当客人主动询问哪些好的海鲜菜肴时，小方不应该消极推辞，放弃推销的职责，而完全可以借机详细介绍本餐厅的各种海鲜，重点推荐其中的特色品种，甚至因势利导地推销名贵海鲜，客人也会乐意接受，这样既满足了客人的要求，又增加了餐厅的营业收入，何乐而不为呢？

二是推销过头。餐馆推销必须掌握分寸，超过了一定限度，推销过度就会适得其反。例如，法国名牌矿泉水，这是为某些客人的特殊需求而备的，一般不在服务员的推销之列。若有客人提出要喝法国矿泉水，就说"有"即可。小方那种过度推销，会使客人处于尴尬境地，虽能勉强达到推销目的，但到头来反而引起客人更大不满，很可能就此失去了这个回头客，是很不值得的。

可见，作为餐饮员工，是需要学习并且深入掌握一些餐饮营销理论和营销技能的。

随着餐饮行业的发展和竞争的日趋激烈，餐饮业从业人员，无论是管理人员还是服务人员，都需要充分重视餐饮营销的重要作用，服务人员需要充分具备较好的餐饮销售意识和销售技巧，餐饮管理人员需要始终把营销工作作为自己工作的重要内容，只有这样，餐饮企业才能够获得相应的经营效果，才能在激烈竞争的市场中获得生存和发展。

10.1 餐饮营销原理

10.1.1 餐饮营销的定义

餐饮营销是指餐饮经营者为了使宾客满意或招徕更多的宾客，并实现餐饮经营目标而展开的一系列有计划、有组织的活动。它是一个完整的过程，而不是一些零碎的推销活动。

餐饮营销具有以下要求。

（1）满足顾客需求。

（2）具有连续性。

（3）有步骤地进行。

（4）内部各部门的密切协作与配合。

10.1.2 餐饮营销的意义

餐饮营销对于提高餐饮企业的经营效果，获得好的效益具有重要意义。具体来说，餐饮营销的意义有以下方面。

1. 让宾客知晓

让宾客知晓也就是通过各种形式的营销，让宾客知道餐饮企业的存在，了解主要产品和服务的特色和质量，在消费者心目中树立起初步的形象。

2. 让宾客喜爱

让宾客喜爱就要求餐饮企业所提供的产品必须是适合宾客需求的。

3. 让宾客偏爱

让宾客偏爱是指使宾客对餐饮企业产生与众不同的印象，使餐饮企业在与对手的竞争过程中能居于领先地位。

4. 促使宾客采取购买行动

促使宾客采取购买行动是餐饮营销的最终目的。餐饮企业通过各种营销活动，争取宾客反复消费自己的产品。

10.1.3 餐饮产品与服务的营销组合

在产品与服务组合策略领域内，强调的重点是产品和服务所能给予人们的满足及利益，而不仅是产品与服务本身。

最常见的组合策略理论被概括为 4P，即产品策略（Product）、价格策略（Price）、营销渠道策略（Place）和促销策略（Promotion）。1980 年，美国著名饭店营销学家考夫曼（Coffman）在《饭店销售学》一书中，又将营销因素组合概括为 6P。

（1）人（People），指宾客或市场。饭店的任务是通过市场调研确定目标市场、目标客源，然后详尽地了解他们的需求和愿望，即了解服务的对象。

（2）产品（Product），指饭店建筑、设备、产品和服务。饭店应根据宾客的需要，向他们提供所需的产品和服务。

（3）价格（Price），价格一方面要适应宾客的需要，另一方面要满足饭店对利润的要求。

（4）促销（Promotion），促销的任务是使宾客深信本饭店的产品就是他们的需要，并促使他们来消费。

（5）绩效（Performance），指产品的传递。这是使宾客重复购买和大量购买饭店产品的方法，并使宾客在离店后为本饭店进行宣传。

（6）包装（Package），饭店的"包装"与商品的包装不同。饭店的"包装"是指把产品和服务结合起来，在宾客心目中形成本饭店的独特形象。饭店的"包装"包括外观、外景、内部装修布置、维修保养、清洁卫生、服务人员的态度和仪表，广告和促销印刷品的设计，以及分销渠道等。

餐饮营销活动首先要特别注意人的作用。无论是餐厅还是酒吧经营，都是在与人打交道，而人的需要是千变万化的。就菜单和酒单而言，无论品种多么丰富，都没法完全满足所有宾客的需求。餐饮产品的营销组合中，最重要的是要把产品和人结合起来。把生产创新产品作为日常的工作任务，以不断满足宾客的需要，虽然不能完全满足不同类型宾客的多种需求，但营销工作就是尽最大可能去满足宾客的各种需求。在产品创新方面，要时刻注意地方特色和时间特色，使宾客感到餐饮产品层出不穷，不断有新产品供应。

其次，在产品的定价方面，除了考虑成本以外，还要考虑宾客的承受能力。一个餐饮企业很可能会接待来自不同国家、不同地区、不同民族、不同阶层、不同职业、不同情感的宾客，这就要求餐饮经营者必须将宾客的特点作为制定价格的前提。有时价格便宜并不能使客人满意，反而使其觉得降低了身份。

全员推销是促销的方法之一。例如，在餐厅服务时，服务员通过服务了解客人需求，适时推荐产品，强调菜肴、酒水的品种和质量；在酒吧服务中，服务员或调酒员可对各种鸡尾酒特别是对高级特色酒品进行宣传推荐。这样尽管宾客多付钱消费了高档产品，但其心理上得到了更多的满足。

每一个成功的餐饮企业都有不同的营销手段,而每一个失败的餐饮企业则都有一个共同特点,就是不重视营销。

产品和服务组合包括以下 3 层意思。

1. 产品和服务组合的核心利益

餐饮管理者必须仔细分析营销整体的构成,了解哪些服务成分是不可缺少的,哪些是不重要的,增加哪些服务项目可提高产品的使用价值和利润,并在实际运转中确保最重要的服务项目的质量,以满足宾客的核心利益需求。

2. 产品和服务组合的内容

(1)辅助性设备设施。指在提供服务之前就必须具备的各种设备,包括建筑物、内部装修、服务用具及用具、辅助性设施等。

(2)使服务易于实现的产品。指宾客购买或者消费的物品,如菜点、饮料等。

(3)明显的服务。指能使宾客感觉到的各种利益和享受的服务,如服务项目、服务人员的技能技巧、服务质量、烹饪技艺等。

(4)隐含的服务。指能使宾客获得某些心理感受的服务,如服务态度、等待服务的时间、就餐环境气氛等,这些将使宾客有方便、安全、舒服、显示气派、受尊重等的心理感受。

产品与服务的组合销售,可在顾客心目中形成餐饮企业的市场形象。市场形象既不是产品,也不是服务,而是两者的综合,是宾客的看法和感受。

3. 附加利益

附加利益指向宾客提供的那些额外的服务和利益。不少营销学家认为:未来的竞争将是企业在所能给予宾客的额外价值方面的竞争。

餐饮产品和服务的组合一方面是指菜点和饮料在数量、风味特色、档次变化上的组合,另一方面也包括餐饮产品与服务上的组合。餐饮产品与服务的组合内容、方式、规格等不是固定不变的,应根据市场需求的变化、经营状况等进行调整。

10.1.4 餐饮营销影响因素

1. 宾客对餐饮的需求

餐饮企业所面临的并非是由需求基本相同的顾客所组成的一个简单的同质市场。而是一个由许多具有不同需求的顾客所组成的异质市场。

餐饮市场的消费者需求一般可分为两大类:一是生理方面的基本需求;二是由于受到社会影响产生的各种心理方面的需求。

1)生理方面的基本需求

(1)营养。人体的营养是从饮食中获得的,因此,营养离不开每一天每一餐的饮食。宾客希望餐饮企业提供的菜点、饮料能够科学地符合他们的营养需求,并希望标明食品的营养成分及其含量。餐饮经管人员有责任使自己提供的菜点、饮料营养成分合理，以供顾客挑选，以保证食物质量优良。

（2）风味。人们光临餐厅的主要动机之一是为了品尝菜肴的风味，通过味觉、嗅觉、触觉等感觉器官来体验菜肴的风味。它是宾客挑选食物的最重要的因素。

宾客对风味的期望和要求各不相同。有的喜爱清淡爽口，有的愿意色浓味重，有的倾向于原汁原味，餐饮企业应尽量针对宾客的不同需求，提供各种风味的菜肴。

（3）卫生。菜点、餐具及餐饮环境的卫生是宾客关注的重点。宾客进入餐厅会自觉或不自觉地观察和判断各方面的卫生状况，一旦发现餐厅存在不清洁的地方，即便是不太显眼，亦会产生反感。如发生食物中毒，会给宾客带来极大的伤害和痛苦，也会严重影响餐饮企业的声誉。所以，餐饮企业要重视卫生，确保宾客的身体健康和心理感受不受到侵害。

（4）安全。"安全"是宾客最基本的生理需求之一。在餐厅可能发生的安全事故有汤汁洒滴在客人的衣物上，破损的餐具划伤宾客的手、口，路面打滑使客人摔跤，甚至用餐时吊灯脱落击伤客人。凡此种种，对宾客的伤害是巨大的，造成的损失是难以挽回的，所以要经常进行安全检查，采取安全防范措施，防止各类安全事故的发生。

2）心理方面的基本需求

宾客的精神享受欲望越高，他们对于餐厅的环境、气氛及服务的要求也越高，或者说，他们的心理需求更为复杂和苛刻。主要表现在以下几个方面。

（1）受欢迎的需求。宾客光顾餐厅，希望得到"宾至如归"的感觉。宾客一进餐厅，举目就见鲜花、微笑，餐厅引座员立即上前欢迎，并根据不同对象，迅速安排座位。餐厅举办重要宴会时，餐饮部经理、公关人员等亲自迎接客人。客人临走时，送上"欢迎再次光临""请留下宝贵意见""祝您晚安"等敬语，全过程给客人留下美好、愉快、难忘的印象。这些都是迎合客人希望受到欢迎的需求的措施。

受欢迎的需求还表现在宾客愿意被认识、被了解。当宾客听到服务员称呼他的姓氏时，会非常高兴。服务员记住了他所喜欢的菜肴、习惯的座位，特别是记住了他的生日，宾客更会感到自己受到了重视和无微不至的关怀。

（2）受尊重的需求。尊重宾客是服务人员必须做到的。宾客需要帮助时，服务人员应该表现出真诚与热情，并立即彬彬有礼地提供必要的服务；服务人员任何时候都不能对宾客之间的谈话表现出特别的兴趣，更不能偷听；绝不允许随便插话，特别是不能与客人发生争执；不可有催促客人用餐的言行；对女宾更要礼让三分，备加尊重，切记"女士优先"的原则。

（3）"物有所值"的需求。"物有所值"，就是要物价相符。"高价优质"是高消费层次的需求。例如，豪华或高级餐厅中总要设置食品陈列柜或陈列桌，放置鲍翅、山珍、正宗新鲜的果蔬等食品和各种高级饮料，以显示其优良品质，使宾客相信其购买的是货真价实的食品。

相反，餐厅服务员不善于介绍和推荐餐饮企业的菜式；宾客等候上菜的时间过长；服务操作不熟练，动作迟缓；上桌的菜肴温度过热或过冷；菜肴不熟或上错菜等都会使宾客感到"物非所值"，从而招致宾客的抱怨和不满。

（4）显示气派的需求。饭店应该有足够显示气派的专用餐厅及宴会厅，环境布置高雅，气氛热烈，餐具、用品讲究，配以高标准的美味佳肴，以显示用餐者或来宾的身份价值。

（5）方便的需求。所有的宾客都希望餐饮企业能提供种种方便，这就要求服务人员提供周到的服务，处处为宾客着想，如对餐厅出入口、洗手间、酒吧、吸烟室和安全门等设置明显的"指示牌"。

2. 影响宾客饮食爱好的因素

1）内在因素

内在因素指与菜点的色、香、味、形、温度、质量等直接联系在一起的因素，如装盘的方式、供应时的温度、服务方式等都会对宾客的消费产生影响。

2）外部因素

影响宾客选择食品的外部因素很多，最主要的有以下几个。

（1）环境。环境在销售活动中的作用和商品包装在销售中的作用相仿。光线、装饰、色彩、温度、噪声等环境因素是对服务的"包装"，向宾客表明餐厅能提供什么样的服务，并对人们的饮食爱好产生一定的影响。

（2）情绪。人们对食品质量的期望值与用餐时的情境有关。例如，人们在社交、典礼等场合希望食品质量高，服务质量好；而在一般的朋友聚会时的要求则要低得多。

（3）广告。广告起导向作用，并能影响人的消费态度。

（4）时间和季节性变化。某些季节性食品，特别是蔬菜和水果，对人们选择食品的方式有很大影响。此外，餐饮营业时间、就餐时间、用餐时间的长短等都能影响宾客对食品的选择。

3）生理和心理的因素

生理机能失调会对人们的饮食爱好产生极大的影响，而这些变化又常和心理因素的影响有关。

在各种人口因素中，年龄和性别是影响饮食的主要因素，如年轻人比较喜欢快餐，而年长者则更喜素食等。

4）个人因素

（1）期望标准。人们对食品或餐饮服务的期望会影响饮食爱好和食品选择。到餐厅就餐时，一般来说，宾客的期望标准比较高，如果食品质量比预期的差，就会影响人们对食品的爱好程度。

（2）熟悉程度。对菜单内容的描述，使用宾客熟悉的术语，宾客更容易接受菜单上的食品，当然描述性的菜单还能增强食物的吸引力。

（3）他人的影响。人们的餐饮爱好与家庭、朋友的影响有关。例如，在自助餐厅里，排在前面的人挑选什么食品，对后面的人会产生一定的影响。一般来说，人们最愿意接受专家和亲友的建议。

（4）食欲和心情。宾客如果心情好，对餐饮的欲望就强，对服务人员的过错能给予谅解；反之，心情不佳，对服务会看不顺眼，对食品会十分挑剔。

（5）家庭人口因素。年轻的家庭注重消费能力，而45～60岁的夫妇则关心减少热量和胆固醇。

（6）文化水平。文化水平也影响人们的饮食爱好和食品选择。接受过营养学方面教育的宾客，对饮食爱好和食品选择与不具备营养学知识的人有很大的区别，前者不受他人影响，在选择菜肴时注重营养成分搭配。

5）社会经济因素

社会经济因素决定了人们的消费能力，人们选择的菜肴食品与其经济收入有密切的联系。

6）文化和宗教因素

了解文化传统和宗教信仰对人们饮食爱好的影响，是餐饮营销活动中的一项极其重要的工作，要尊重传统习俗和宗教信仰对人们饮食的禁忌和制约。

3. 环境气氛在餐饮营销中的作用

气氛指经过精心设计的购买环境，以便对购买者的情绪产生某种影响，引导消费，增加宾客购买的可能性。

气氛对购买行为的影响至少表现在以下 3 个方面：①气氛能引起宾客的注意；②气氛能向宾客传递某种信息；③气氛能造成某种感觉，增加宾客购买的可能性。

餐厅能否给宾客留下难忘的印象，不仅与食品和饮料的质量及其价格、服务人员的态度和餐厅的设备有关，而且与餐厅的气氛有密切的联系。

影响餐厅气氛的要素有：①餐厅的形状和大小；②不同座位所能看到的景色；③座位的类型；④座位的布置方法；⑤餐厅的特色；⑥服务员的形象、年龄和服装；⑦餐桌上的用具特色；⑧其他宾客的年龄、性别、阶层和服装；⑨喧闹声高低；⑩温度；⑪装修的色彩；⑫照明；⑬舒适程度；⑭清洁卫生情况。

人们能否接受某种气氛受很多因素的影响，包括以下几种。

1）期望

通常，人们对餐厅的设备和价格有某种期望，这种期望是接受广告宣传或他人口头介绍而形成的。到餐厅之后，首先会观察餐厅的实际情况，并与自己的期望进行比较。如果餐厅比自己预料的豪华、高档，或比预料的俗气、低廉，他们就可能离开，重新寻找别的餐厅。

2）选择

是否有几个餐厅可供宾客选择。如无选择的余地，宾客或勉强留下或另寻他处。

3）情绪

到餐厅用餐的宾客都有自己的目的，为达到目的，他们必定有一些特殊的要求。例如，公务旅行者希望休息，不希望受到干扰。因此，应为他们提供灯光比较暗、噪声较小、来往人数较少的环境。在用餐时洽谈业务的客人，希望餐桌之间能拉开一定的距离，要求高背座椅，这样，谈话的内容就不会被邻桌的宾客听见。如宾客是青年人，他们通常不喜欢由中年服务员服务，而希望由年龄与他们相仿的服务员服务等。

4）视觉

色彩对人的情绪、食欲会产生影响，因此必须注意餐厅气氛中的色彩搭配，如餐厅使用的台布、服务人员的服装、餐具等都必须与餐厅的气氛协调。

装饰布置的色彩搭配应根据不同的需要进行。例如，暖色使人们更喜欢交际，可增强食品的吸引力；冷色、淡色可使餐厅显得宽敞；而深色、暖色可使餐厅显得紧凑一些；柔和色彩则能营造幽静的气氛。

灯光对色彩和餐厅气氛起着一定的作用，如灯光闪耀可增加食欲，鼓励宾客交谈；而光线暗淡，则使宾客不受干扰。使用蜡烛光可使宾客增加亲密感。餐厅的灯光应避免出现黑色阴影，避免强烈灯光直接对准宾客。明亮的射灯直照台面上的菜点，可使菜点油光闪亮、艳丽悦目。柔和漫射的筒灯照向座椅会使宾客感到舒适。

餐厅可使用变阻器控制照明。早餐时，应营造明亮、欢乐的气氛；午餐的气氛就是娴静的；鸡尾酒会应有生动活泼的气氛；晚餐的气氛应富有浪漫色彩。

5）嗅觉

餐厅应有良好的通风设备，餐厅里不能有异味。食品陈列是一种推销手段，食品散发的香味会刺激顾客的食欲。

6）触觉

这里所说的触觉是一种感受，如白色的墙壁又冷又硬，但悬挂布幔就会使人有温暖、柔软的感觉。硬座位可加快餐座的周转速度；舒适的软座位，往往会延长宾客就餐时间，增加宾客的消费额。

餐厅温度在20～24℃时人们觉得比较舒服。温度过高，会使宾客感到餐厅拥挤。

7）听觉

（1）餐厅中的噪声是否会影响宾客和服务员之间的交流。如果服务人员听不清或不理解宾客的话，就可能出差错。

（2）噪声的强度。噪声包括说话的声音、工作时发出的声音，有时还包括音乐声。宾客所能接受的噪声强度和年龄有较大关系，年轻宾客忍受噪声的能力较强。餐厅刚开门时，宾客人数较少，音乐声音就显得比较响；随着宾客人数的增加，互相之间的话音也增大。因此，如果在餐厅演奏音乐，就必须使音乐声音达到一定的强度，使说话声、工作时发出的声音和音乐的强度保持相对平衡。

（3）音乐的速度。音乐的速度对人们吃饭的速度有相当大的影响。速度太快，宾客就无法放松，就餐速度被迫加快，影响消化。此外，如果在法式餐厅演奏中国民间音乐，就会与法式餐厅所希望营造的气氛发生矛盾。

8）价值

餐厅的气氛在宾客的心目中会形成某种价格和质量的形象。如果餐厅的气氛使宾客认为他们将支付很高的价格，而这个价格超出了其消费能力，他们就不敢到餐厅用餐。如果餐厅的气氛使顾客感到价格较低廉，他们就有可能到餐厅就餐。

10.2 餐饮内部营销

餐饮营销分为两大类，即对外营销和对内营销。对外营销指为招揽宾客所做的一切工作。对内营销指采取措施使来到餐厅的宾客最大限度地消费。本节着重介绍对内营销。

具体来说,内部营销是指与内部宣传广告相结合,由员工进行的特别推销活动,用来促进顾客的消费,增进顾客的满意程度。

10.2.1 菜单推销

菜单不仅是餐饮企业生产的目录,同时也是餐饮企业重要的营销工具。一份好的菜单应该令人读后增加食欲,起到促销作用。

10.2.2 人员推销

餐厅的每一个员工都是推销员,他们的外表、服务质量和工作态度都是对餐饮产品的无形推销。

1. 制服

餐厅员工穿着制服,会给人以清洁整齐的感觉。制服还有广告的作用,经特别设计又有创意的制服对宾客可产生促销的效果。

2. 个人卫生

宾客对为其服务的员工的个人卫生要求很高,良好的个人习惯和清新精神的外表,能感染客人使其乐意接受服务并经常光临。

3. 举止和言谈

员工的举止和言谈能体现员工内在素质和精神面貌,是体现餐厅管理水平的重要方面,也是人员推销的重要前提和手段。

4. 服务质量

餐厅服务质量高,使客人的心情舒畅,乐于消费;服务质量低,会使客人不满,甚至投诉或不再光顾。因此,要注重服务质量的提高和员工素质的培养,以优质服务吸引更多的客源。

10.2.3 餐厅推销

餐厅服务人员要做好推销工作,就必须对服务工作感兴趣,乐于为宾客服务,具有敬业爱岗、甘于奉献的精神。在做好服务工作的同时,适时推销,寓推销于服务中。这是餐厅推销最有效的方法。

1. 根据不同对象、不同宾客适时推销

针对宾客就餐方式帮助宾客点菜。如宾客是吃便宴,则可较全面地介绍各类菜肴;如宾客是慕名而来,则应重点介绍风味菜肴;如宾客有用餐标准,可推荐一些味道可口而价格合适的菜肴。对那些经常来餐厅用餐的常客,应主动介绍当天的特色菜或者套菜,使宾客有新鲜感。对带着孩子来用餐的宾客,可推荐适合儿童心理和生理特征的菜肴,如颜色艳丽、味道可口的菜肴会吸引孩子们的兴趣。

2. 及时向宾客提出合理建议

在宾客点菜时及时提示漏点的菜。如在西餐厅，宾客点了主菜而没有要配菜，这时服务员应及时建议几种配菜，供顾客选择。如在中餐厅宾客点了荤菜，可以建议增加几种素菜等。

3. 根据不同宾客推荐菜肴饮料

江南的宾客喜欢油少清淡生鲜的菜肴，主食喜欢大米饭。北方的宾客喜欢吃油多色深的菜肴，主食以面食为主；欧美宾客一般喜欢吃肉类、禽类等菜肴；信仰伊斯兰教的宾客在饮食上禁忌较多。在介绍菜肴时要充分考虑到这些因素，进行有针对性的推销。

4. 结合菜肴加强酒水的推销

在西餐厅，当宾客点要海鲜类菜肴时，可不失时机地介绍一两种白葡萄酒供其选择；宾客点要甜品时，可征求其是否要白兰地或其他利口酒类。在中餐厅，可以针对宾客的不同而相应地推荐不同档次的烈性酒。

5. 主动询问

在进餐过程中，服务员应根据宾客用餐情况主动询问，增加推销机会。当宾客的菜已经吃完，但酒水还有许多时，及时询问是否添加几样菜；当宾客在西餐厅用餐时，主菜过后要向宾客递上甜品菜单。

6. 现场演示吸引宾客

许多餐厅每天都有特色菜现场演示。宾客在欣赏厨师烹饪技艺的同时会被吸引而主动消费。当宾客用过主菜后，服务员应马上推来甜品餐车向宾客推销。一般情况下，宾客会点数种甜品。

7. 适时向宾客推荐饭店的其他服务项目

在服务过程中，经常会遇到用餐宾客问询餐饮企业有关服务设施的情况，服务员可以因势利导，向宾客介绍健身房、游泳池和卡拉 OK 厅等。如饭店正举办演出活动、时装展示或美食展卖活动，服务员应利用各种机会向宾客多做宣传。

8. 推销注意事项

餐厅的推销工作要在宾客对服务满意的前提下进行，即在服务工作过程中适时推销，使宾客自愿消费。反之，不注重服务质量，为推销而推销，会令宾客不满而影响餐厅经营效果。餐厅推销应注意以下方面。

1）严禁强迫推销

宾客来餐厅用餐，向服务员了解菜肴情况时，服务员绝不可以因宾客不懂菜肴而仅推销价高的菜。对请客的主陪，不得利用其爱面子的心理推销其并不喜欢的高档菜肴。强迫推销的做法有损于餐厅形象，违背职业道德，会引起客人强烈不满，产生极为不良的影响。

2）推销要有针对性

在为宾客服务时，注意使用恰当的服务语言，既有礼貌，又有针对性。例如，当宾客问及什么样的菜肴味道好时，应针对宾客的身份、国籍，相应地提出几种菜肴供其选择，而不能只推荐高档菜或漫无边际地回答"这里做的都不错"，这样的回答会令人不快，达不到应有的效果。在为宾客提建议推销菜肴时，要注意语言技巧的运用，如你想为宾客订一份"今日特选菜"，可这样讲："您是否喜欢尝尝我们今天的特菜，今天的特菜是××××，非常新鲜，与您订的酒水相配非常合适。"使用"您是否喜欢"或"您是否有兴趣"等语言，在餐厅推销中较为合适。

知识链接 10-1

内部推销中的逆向而行

经营酒店的人，一般都希望顾客喝的酒越多越好，这样老板赚的钱也越多。但在德国有一家叫"凯伦"的酒店，在经营法则中明确表示绝不让顾客醉酒。这家酒店供应的各种美酒也都是经过特殊处理的，虽然酒香浓郁，但所含酒精度很低，顾客即使开怀畅饮，也不易喝醉，因此吸引了大批顾客。许多顾客都是好奇而来，尽兴而归，而且回头率相当高。特别是那些厌恶丈夫酗酒的妻子，更是喜欢这家酒店，有的还经常陪着丈夫来就餐。

10.2.4 特殊活动推销

为扩大销售、吸引宾客，根据经营情况和目标客源的特点、爱好，举办各种类型的特殊活动是推销的有效方法之一。

1. 特殊活动推销的时机

1）节假日推销

节假日时间充裕，人们喜欢与亲朋好友聚会或出外度假，是餐饮经营举办特殊活动推销的大好时机。例如，春节、圣诞节、国庆节、情人节、中秋节等，都可以举办各种主题的促销活动，以吸引新老宾客群体。

2）清淡时段推销

为增加清淡时段的客源，有些餐厅将推销活动称为"快乐时光"（Happy Hour）活动，在这段时间对饮料进行"买一送一"的销售活动，并有各种演出。

3）季节性推销

根据宾客在不同季节中的就餐习惯和应时的新鲜原料来策划。例如，在酷热的夏天推出清凉菜、清淡菜项目；严寒的冬天推出砂锅系列菜、火锅系列菜及味浓的辛辣菜等。

2. 特殊活动推销的类别

推销活动的类别要多样化，常见的有以下几种。

（1）演出型。为给用餐宾客助兴，餐厅聘请专业文艺团体来演出。演出的内容有多种，如卡拉 OK、爵士音乐、轻音乐、钢琴演奏、民族歌舞等。

（2）艺术型。餐厅可举办书法表演、国画展览、古董陈列等，能吸引很多感兴趣的宾客。

（3）娱乐型。为活跃餐厅气氛，可举办一些娱乐活动，如猜谜、抽奖、游戏等。

（4）实惠型。利用宾客追求实惠的心理，进行折价推销、免费送礼等活动。例如，某餐厅在情人节的当周，对光顾餐厅的情侣免费赠送巧克力或鲜花。某餐厅订一份乳猪，下次就餐时可免费赠送一份乳猪。让宾客得到实惠的推销措施通常是很有吸引力的。

3. 特殊活动推销的要点

所举办的活动必须具备下列特性。

（1）话题性。举办的活动具有新闻性，易产生话题，引起大众传播的兴趣，间接带动宾客消费。

（2）新潮性。即要具有现代感，避免陈词滥调。例如，以"环境保护"为主题的活动，在环境污染日趋严重的情况下，能够唤起宾客的心理共鸣。

（3）新奇性。以奇取胜、与众不何的活动，能充分引起大家的注意。

（4）单纯性。餐饮推销活动不宜承载复杂化和重大性主题。

（5）参与性。有歌星演唱、钢琴演奏的餐厅，不如有卡拉 OK 的餐厅参与性高。同样，画廊餐厅，也比不上涂鸦餐厅参与性高。

10.2.5 赠品推销

1. 餐厅赠品的类别

（1）商业赠品。为鼓励大客户经常光顾，推销人员常向其赠送商业礼品。

（2）个人礼品。为鼓励宾客光顾餐厅，在就餐时可向客人和老顾客赠送礼品或纪念卡。

（3）广告性赠品。这种赠品主要起到宣传餐厅、提高餐厅知名度的作用。对过路的行人和惠顾餐厅的宾客均可赠送。

（4）奖励性赠品。旨在刺激宾客在餐厅中多消费和再次光临。例如，根据宾客光顾餐厅的次数或宾客的消费额度来赠礼品。有的根据抽奖结果给幸运者赠送礼品。

2. 赠品的要求

1）符合不同年龄消费者的心理需要

为使赠品达到最佳效果，要针对不同赠送对象选择不同的礼品和场合。例如，祝贺新婚夫妇可赠送有情调的礼品；祝贺小孩生日则可赠送玩具类的礼品。

2）礼品的质量要符合餐厅的档次

高级餐厅绝不能送低档次的礼品。如果经费不足，宁可少送或不送。赠品是沟通餐厅与宾客关系的重要手段。餐饮推销员要注意赠送符合餐厅形象的独特的礼品来招揽宾客。

3）赠礼品附卡片

赠品上一定要附卡片，以表示对赠送对象的尊重。尽量不要使用印刷文字，最好附上经理亲笔写的贺词或致谢辞,这样更能将餐厅的诚意传送到宾客心里。

4)礼品的包装要精致

包装漂亮能提高人们对赠品价值的评价。赠品的包装一定要精致、漂亮、独特。对有些有创意的礼品,赠送者还要考虑其包装物的再利用。例如,用酒瓶作花瓶等。

为达到最佳赠品效果,颁发抽奖奖品时,要在大众"恭喜中奖"的掌声、笑声中颁发。这样的赠品能使宾客增加幸运感,并起到感染其他宾客的作用。

3. 餐厅常见促销赠品

(1)定期活动节目单。餐厅将本周、本月的各种餐饮活动、文娱活动节目单印刷后放在餐厅门口或电梯口、总台等以传递信息。

(2)火柴、打火机。将印有餐厅名称、地址、徽记、电话等信息的火柴或打火机放在餐桌边,作为宣传品送给用餐宾客。火柴可定制成各种规格、形状、档次的,以供不同餐厅使用。

(3)小礼品。生肖卡、特制口布、印有餐厅广告和菜单的折扇、小盒茶叶、巧克力、鲜花、口布套环、精制的筷子等。小礼品要精心设计,要和餐厅的形象、档次统一,能起到积极的推销作用,达到较佳的宣传效果。

(4)菜单。赠品菜单不同于餐厅中宾客使用的菜单,可以做得精致、小巧些,可设计成书签式或各种动、植物形象等,并无固定模式。只要顾客认为新奇、有趣、能吸引其注意力、乐意收藏,就是好的赠品菜单。

10.2.6 展示推销

展示食品是一种有效的推销形式。这种方法是利用视觉效应,激发宾客的购买欲望,吸引宾客就餐,并且刺激宾客追加消费。

1. 原料展示推销

强调陈列原料的"鲜""活""贵",一些餐厅在门口用水族箱养殖鲜鱼活虾,由宾客自由挑选,厨师按宾客的要求加工烹调。由于顾客亲自选择原料,容易对质量产生满意感。有的餐厅陈列鲍翅等八珍,显示餐厅档次,介绍传统珍贵原料的知识和营养价值,吸引消费。

2. 成品陈列推销

将烹调装点后十分美观的菜肴展示在陈列柜里,胜于很多文字的描绘。宾客对厨房产品直接观察,消费决策和点菜速度会加快。餐厅中陈列一些名酒,也会增加酒水的销售机会。

3. 餐车推销

由服务员推着菜肴车、点心车,巡回于座位之间向宾客推销。餐车推销的菜点多半是价格不太贵且放置后质量不易下降的冷菜、糕点类。有时,客人点的菜不够充足,但又怕再点菜等待时间过久，推车服务就方便了客人。餐车推销是增加餐厅额外收入的有效措施。

4. 现场烹调推销

在宾客面前展示面案、烹炒等技艺绝活，会使宾客产生兴趣，诱导宾客消费。这种形式能减少菜点加工后的放置时间，使宾客当场品尝，味道更加鲜美，还能利用食品烹调过程中散发出的香味和声音来刺激宾客的食欲。一些餐厅让宾客选择配料，按宾客的意愿进行现场烹调，更能够满足宾客不同口味的需要。

10.2.7 其他推销

1. 针对儿童推销

家庭饮宴活动儿童可成为决策者。因此，不失时机地针对儿童进行推销，往往效果较佳。

（1）提供儿童菜单。儿童菜单的设计要活泼多彩，多给儿童一些特别关照。

（2）提供为儿童服务的设施。例如，专用座椅、餐具、围兜等。

（3）赠送儿童小礼物。

（4）儿童生日推销。儿童生日宴的设计要有主题，要针对儿童的心理，在饰物、餐具方面进行美化等。从长远看，这些小朋友是餐厅的潜在宾客。

2. 试吃

在特别推销某一菜肴前，采用让顾客试吃的方法促销。用车将菜肴推到客人的桌边，让客人先品尝，如喜欢可现点，不合口味再点其他菜肴。这既是一种特别的推销，也体现了良好的服务。

3. 宾客参与推销

让宾客亲自参与食品原料的种植、养殖、采摘、捕捞、加工、烹调等，能起到良好的促销效果。

4. 酒瓶挂牌推销

对光顾酒吧的宾客，在他品用过的名酒酒瓶上挂上其"尊姓大名"的牌子，然后将余酒瓶陈列在酒柜里。高贵名酒与客人身份相映生辉。当客人再次光顾时，必定与新朋结伴而来，"故地重游"。各类名酒摆设越多越有名气。这是充分利用宾客的炫耀心理进行推销的方式之一。

5. 知识性服务

在餐厅里备有报纸、杂志、书籍等，以方便客人阅读，或者播放新闻、外语会话等节目，或者将餐厅布置成有图书馆意味的吧厅等，这些方式往往可以吸引文艺界、新闻界、学术界的宾客。

6. 附加服务

宾客在接受常规服务的同时可享受到的额外服务。例如，在下午茶服务时，给宾客赠送一份蛋糕，给用餐的每位女士送一支鲜花等。

7."打包"推销

宾客餐后剩下的菜肴较多时，应主动征询客人意见为其打包。一是不浪费，帮助宾客节约。二是刺激宾客再买一点，凑足下一顿所需，形成餐厅"外卖"食品。三是精心设计的打包袋或盒被宾客带走，是餐厅有效的广告。

8. 餐饮特色促销

许多餐厅因为菜点有特色、用餐形式有特色、服务方式超前、餐厅建筑装饰新奇，而成为促销的方式。

1）菜品特色鲜明

凡是经营成功的餐厅都有自己的当家菜品或独特菜品。随着时代的变化，人们的口味在变化。特别是年轻消费者，求新求变的心理非常强烈。因此，要求餐饮产品不断创新，变化出新口味或新品种来吸引宾客。

2）餐厅新奇

针对宾客的猎奇心理，在餐厅装饰、用餐形式上标新立异，以吸引客人。日本松本市有一家倒立餐厅。外墙倾斜成50°，屋内的装饰摆设都是倒置的。桌上的电视，其图像和字幕是反字反像；墙上的时钟朝逆时针方向旋转；茶杯和茶壶一律口在下底朝上。大门口放着一面哈哈镜，一进门就看见自己脚上头下的模样，仿佛进入了一个奇妙的倒立世界。

3）餐厅建筑新颖

新颖的建筑本身就是吸引宾客的资源之一。很多宾客就是因为想亲眼目睹某餐厅新颖的建筑而光顾某店的。例如，花园餐厅通常设在饭店的花园池畔，也有的设在屋顶的平台上，因为这些地方空气清新，视野开阔，景色宜人；旋转餐厅设在高层饭店顶层，沿窗即可俯瞰饭店周围景色。

4）特色服务

在既定的餐饮服务规范和标准的基础上，开展特色服务。

（1）展示一个地域的饮食风俗。

（2）展示一个地域的文化、宗教信仰等。

分组讨论，餐饮企业员工怎样才能提高推销自己的推销技巧？

10.3　餐饮外部营销

外部营销是一种市场营销技术，主要是聘用销售人员在餐饮企业外部进行的一般性的推销。

10.3.1 餐饮销售人员推销

餐饮销售人员推销指餐饮推销人员通过面对面与客户洽谈，向宾客提供信息，引导宾客光顾本餐厅。

1．餐饮人员推销的优势

（1）推销员可以直接接触宾客，给宾客留下较好的印象。
（2）可以加深宾客对餐饮产品和服务的了解。
（3）可以有机会纠正宾客对本餐厅菜肴和服务的偏见，改善其印象。
（4）可以及时回答宾客的询问。
（5）可以从宾客那里得到明确的许诺和预订。

当然，人员推销也是成本费用较高、覆盖面较小的一种推销方法。

2．餐饮人员推销的主要工作内容

1）收集信息

餐饮推销人员要建立各种资料信息簿，建立客户档案，注意当地市场的各种变化，了解当地活动开展情况，寻找推销的机会。特别是那些大公司和外商机构的庆祝活动、开幕式、周年纪念、产品获奖、年度会议等信息，都是极好的推销机会。

2）计划准备

在上门推销或与潜在客户接触前，推销人员应做好销售访问前的准备工作，确定本次访问的对象，要达到的目的，列出访问大纲；备齐推销用的各种有关餐饮资料，如菜单、宣传册、有关活动的图片等。

3）上门推销

访问一定要守时，注意自己的仪容和礼貌，要做自我介绍，并直截了当地说明来意，尽量使自己的谈话吸引对方。

4）介绍餐饮产品和服务

重点介绍本餐厅餐饮产品和服务的特点，引起宾客的兴趣。介绍时要突出本餐厅所能给予宾客的好处和额外利益，要设法让对方多谈，从而了解宾客的真实需求，借助各种资料、图片证明自己的菜肴和服务最能适应宾客的要求。

5）处理异议和投诉

碰到客户提出异议时，餐饮推销人员要保持自信，设法让宾客明确说出怀疑的理由，首先应表示歉意，然后要求对方给予改进的机会。再通过提问的方式，让宾客自我否定这些理由，重新树立对餐厅的信任。

6）商定交易

要善于掌握时机，商定交易。要使用一些推销策略，如代客下决心，给予额外利益和优惠等，争取预订成功。

7）跟踪推销

如果推销人员希望宾客满意，并与对方保持业务往来，需在销售访问后进一步保持联系，采取跟踪措施，逐步确认预订。假如不能成交，则要分析原因，总结经验，继续向对方推销。

10.3.2 电话推销

电话推销包括餐饮推销人员打电话给宾客进行推销和推销人员接到宾客来电进行推销两种。电话推销能获得信息，便于了解情况，预约面谈时间。有时，通过电话联系，推销人员还能直接获得宾客预订。

电话预订不能代替人员推销访问，但与派员上门推销相比，电话推销费用低、费时少，因此，有关人员要积极利用电话进行推销。

10.3.3 广告推销

餐饮广告是通过设置广告物，如餐厅招聘、食品陈列，以及通过刊物、广播、电视等媒介，把有关餐饮产品和服务的知识、信息有计划地传递给宾客，在生产者、经营者和消费者之间起沟通作用。

1. 主要广告媒介的运用

1）报纸

报纸是餐饮广告常用的媒介。

优点：时间性强，消息迅速；广告费比电视便宜；可直接引起消费者的购买行为；灵活性较大，覆盖面广。

要树立良好的餐饮市场形象，一是经常刊登广告，反复传递重要广告词句；二是偶尔刊登广告介绍最新信息、新的服务项目等。

在选择刊登广告的报纸时，应考虑报纸的内容特点，读者对象，出版时间，广告位置、大小、色彩和费用等因素。

缺点：色彩单调，无法传播声音和动作，外观缺乏吸引力，其作用时间短暂。

2）电视

优点：宣传范围广泛；表现手段和形式丰富多彩；宣传的影响和作用巨大；便于重复宣传；直观性强；声誉高。

缺点：广告费用高，缺乏选择性，且转瞬即逝，观众看后极易忘记。

3）户外广告

在交通路线、商业中心、机场、车站等行人和车辆较多的地方设立路边广告牌、标志牌，进行餐饮推销。常用的户外广告有广告牌、空中广告、餐厅招牌等。

优点：信息传播面广；费用较低；持续时间长；可选择宣传地点。

4）交通广告

交通广告指设在飞机、火车、轮船、汽车等交通工具上的广告。这些广告内容一般有餐饮企业的名称、地址、电话、服务项目及如何前往等。这类广告可引起顾客的兴趣，其广告效果相当显著。

知识链接 10-2

餐饮新媒体营销

近几年,网络技术与移动互联技术快速发展,相关用户迅速增长,极大地改变了信息交流模式。互联网信息传播速度快、容量大、成本低,宣传材料内容丰富,易于修改补充,具有接受查询和预订的功能,并能通过交互式问答回答游客的问题,目前已经成为餐饮企业营销的重要手段,在未来餐饮业发展和企业营销中,必将发挥更为重要的作用。餐饮企业应充分利用信息化和大数据技术的支撑,尽快构建互联网营销系统,达到宣传企业、宣传产品、增强企业市场影响力、提高企业市场知名度,从而增加对消费者的吸引力,提升企业经营效益的营销目的。餐饮企业可以采用的新媒体营销方式包括以下几种。

（1）官方网站。建立餐饮企业官方网站,使其成为消费者获取餐饮企业资讯和网民交流的平台,更进一步达到宣传目的。

（2）网络搜索引擎。加强与各大门户网站、视频网站、旅游电子商务网站、旅游微博的合作,争取在这些网站建设餐饮企业主题板块,宣传企业和餐饮产品。

（3）电商平台。建立与各类电商平台的合作,创新策划产品促销活动等,进行线上网络直销。

（4）移动客户端。建设餐饮企业移动终端应用,为餐饮消费者信息服务;通过交互式智能营销平台,餐饮消费者可根据个人需求直接使用手机或计算机在互联网上订制餐饮产品与服务。

（5）微博、微信、微图、微视、微电影等新型传播营销途径。借助网络渠道,打造新媒体时代的营销方式,如设立餐饮企业官方微博、微信平台,举办微图、微视、微电影大赛等,进行餐饮企业和餐饮产品宣传。

2. 广告应该注意的问题

1）开业准备不充分,不要超前做广告

有些餐厅做出开业的广告后,由于装饰工程未完成,没有按期开业,只好写致歉书请宾客原谅;有些餐厅仓促开业,设施设备未完全到位,宾客需求无法满足;有些餐厅在菜品质量和服务质量差的情况下超前做广告,等宾客上门时,服务却跟不上。这样,不但起不了好的作用,反而得罪宾客,造成不良影响。

2）餐厅广告必须做到诚实无欺

以诚待客是经营成功的基础。因为餐厅追求的是持续的效益,搞欺诈尽管有可能会一时获利,但最后受损失的仍然是餐厅本身。

3）标题短小、明快

餐饮广告的标题要短小,开门见山,一般标题在 8 个字以内为好。通过广告的作用使顾客一下被吸引住,自愿地到餐厅就餐,这样就会收到比较好的效果。

10.3.4 其他促销方法

1. 免费品尝

推出新品种最有效的方法之一便是免费赠送食品给宾客品尝。让消费者在不花钱的情况下品尝产品,他们定会十分乐意寻找产品的优点。由于不花钱食用产生的感情联系,使宾客乐意宣传你的产品。

2. 有奖销售

用奖励的办法来促进餐饮消费,使宾客寄希望于幸运获奖,即便不得奖也算是一种娱乐的方式。

3. 折扣赠送

现在国内的一些餐厅向宾客赠送优惠卡,宾客凭卡可享受优惠价进餐。这实质上也是一种让利赠送的办法。有时,一些宾客来就餐也许并不在乎一点点折扣,而是在乎脸面、在乎身价。

餐饮工作人员应该树立这样的观念:只要宾客向管理人员提出打折的要求,就应毫不犹豫地适当满足客人的要求。主动找个优惠的理由,给宾客一个台阶下。宾客的小利能在你这里得到满足,面子得到维护,他一定会再来,而能获得长远利益的却是餐厅。

4. 宣传小册子

设计制作宣传小册子的主要目的是向宾客提供有关餐饮设施和服务方面的信息,使他们相信本餐厅的餐饮设施和服务优于其他餐饮企业。宣传小册子一般宽 10 厘米、长 22 厘米,可以折叠,以便邮寄和携带。宣传小册子一般是彩色印刷,这样能更吸引人。

宣传小册子一般应包括以下内容。
(1)餐饮企业名称和相关标识符号。
(2)餐饮企业简介。
(3)说明如何抵达;标明交通路线图。
(4)电话号码。
(5)地址。
(6)更多信息由哪个部门提供或与谁联系。
(7)内部的设施、食品和服务的特色等。
(8)附近的旅游景点等。

5. 赠券优惠

赠券是餐饮营业推广的重要工具。它为宾客提供了代替他人购买餐饮产品和服务的机会。

6. 邮寄推广

邮寄推广指通过邮局向客户寄邮件进行营业推广。邮件一般包括信件、回函单、餐饮企业刊物、新闻稿、复印件、日历、菜单、明信片、公告、小册子及其他印刷品等。

10.3.5 餐饮推销注意事项

1. 餐饮推销注意要点

（1）宾客只对自己的爱好感兴趣，推销一定要有针对性，投宾客之所好。
（2）永远赞同宾客的观点，即使宾客提出一个错误的观点，也不要与其争辩。
（3）访问宾客一定要专门拜访，千万别说："我是顺便来看看。"
（4）学会使用名人效应，告诉宾客某某要人或某某重要组织曾在餐厅举办过宴会，并给予了很高的评价。
（5）第一次访问失败后不要气馁，要有恒心和毅力。
（6）不要做出不能履行的承诺。
（7）不管餐饮企业的名气多高、生意多好，都不要摆架子，在客人面前要谦虚有礼。
（8）如果餐饮产品或服务设施在某一方面有明显优势，强调这一点就够了。

2. 餐饮推销对话过程中的常见错误

（1）垄断对话，滔滔不绝，试图指导和控制对话的方向，不给宾客说话的机会。
（2）打断宾客的谈话，宾客说话时不注意倾听、走神或东张西望。
（3）废话太多，漫无边际。
（4）说话速度太快，给人以紧张和压抑的感觉。

小测验

请分析在报纸、杂志、电视、网络上刊登餐饮广告的优缺点分别是什么。你倾向于在什么媒体上刊登餐饮企业广告？

案例分析

周六和周日生意清淡怎么办？

A 餐饮企业周一至周五生意红火，但周六和周日生意清淡，如何解决这一问题？相应对策如下。

1. 调研

经我们调查，A 餐饮企业位于北京某科技园内，周围全是办公写字楼。就餐类型主要是以园区内各公司管理层宴请及其员工的工作餐为主。餐饮企业特色为海鲜。

2. 分析

造成 A 餐饮企业这一问题的原因是周末该科技园区内的企业放假，餐饮企业客源不足。

3. 解决方案

统计最近两周累计消费额超过 3 000 元的顾客，对其按累计消费额实行每 100 元返券 20 元的优惠，要求在本周六或周日消费有效。

4. "客盈门"餐饮营销系统

（1）预留宾客的手机号码或电子邮件地址，并记录宾客的每一次消费数据。

（2）统计最近两周累计消费额超过 3 000 元的宾客，共有 82 人。

（3）针对每一位宾客的累计消费额分别设定返券额，最少 600 元。

（4）用宾客事先预留的手机号码或电子邮件地址，向每一位宾客发短信或电子邮件，告知优惠消费内容和有效的消费时间。

（5）宾客来电咨询或订餐，服务小姐可根据计算机屏幕上弹出的该宾客信息，为宾客提供准确（主要是验证返券数额和订餐）、及时的服务。

（6）宾客就餐完毕，结账时，凭其预留的手机号码享受相应的返券优惠。

5. 效果评价

使用"客盈门"系统后，A 餐饮企业周六和周日上座率持续上升；1 个月后，周末上座率趋于稳定，与平时持平；两个月后，客人平均消费水平首次提高，餐饮企业总体盈利能力显著提高。

请结合案例分析

1. 该餐饮企业分别采取了什么内部和外部营销方式？请评价各种营销方式的效果。
2. 该餐饮企业营销中的成功之处有哪些？
3. 该餐饮企业还可以采用什么其他营销方式？

本章小结

餐饮营销对餐饮企业具有重要意义。餐饮企业应充分重视营销在经营中的重要作用，加强营销管理工作，选择合适的营销策略。

餐饮企业营销会受到各种因素的影响。应充分考虑这些影响因素，对营销策略的选择既要适合自身的条件和经营目的，同时又要适应外部环境的要求。

餐饮企业内部营销的关键是营销理念的树立或转变。要采取灵活多样的内部营销措施。

外部营销是餐饮企业营销工作必不可少的工作环节。外部营销是实现宾客的现实购买的重要影响因素。餐饮企业应采取各种有效的外部营销方式进行营销，提高经营效果。

关键术语

餐饮营销　Food and Beverage Marketing

餐饮内部推销　Catering Internal Marketing

餐饮外部营销　Catering External Promotion

复习思考题

一、选择题

1. 餐饮产品和服务组合的内容包括（　　）。
   A. 辅助性设备设施　　　　　　　　B. 使服务易于实现的产品
   C. 明显的服务　　　　　　　　　　D. 隐含的服务
2. 餐饮消费者常见的生理需求包括（　　）。
   A. 营养　　　　B. 风味　　　　C. 卫生　　　　D. 环境
3. 餐饮促销的方式有（　　）。
   A. 菜单推销　　B. 人员推销　　C. 特殊活动推销　　D. 赠品推销

二、简答题

1. 什么是餐饮营销？
2. 餐饮营销应具有什么要求？
3. 餐饮企业所举办的特殊活动推销，必须具备什么特性？
4. 餐饮企业在进行赠品推销时，赠品应符合哪些要求？
5. 餐饮企业进行人员推销的优势有哪些？

三、判断题

1. 促使宾客采取购买行动是餐饮营销的最终目的。　　　　　　　　（　　）
2. 餐厅温度在 20～24℃时人们觉得比较舒服。　　　　　　　　　　（　　）
3. 餐饮人员推销是成本费用较低的一种推销方法。　　　　　　　　（　　）
4. 餐饮企业开业准备不充分，不要超前做广告。　　　　　　　　　（　　）
5. 在各种人口因素中，年龄和性别是影响饮食的主要因素。　　　　（　　）

四、思考题

请结合餐饮业实际，分析餐饮推销的注意的事项要点。

第11章 餐饮人力资源管理

本章知识要点

知识要点	掌握程度	相关知识
餐饮人力资源概述	熟悉	(1) 餐饮人力资源管理概念、特点 (2) 餐饮人力资源管理内容
餐饮员工招聘	掌握	(1) 餐饮员工招聘概念与意义 (2) 餐饮员工招聘原则
餐饮员工培训	掌握	(1) 餐饮员工培训意义 (2) 餐饮员工培训内容与形式 (3) 餐饮员工培训方法
餐饮员工激励	掌握	(1) 餐饮员工激励概念 (2) 餐饮员工激励原则

本章技能要点

技能要点	掌握程度	应用方向
餐饮员工招聘流程	掌握	餐饮员工批量招聘与零星招聘
餐饮员工培训方法	重点掌握	新员工培训、员工在岗培训
餐饮员工激励方法	重点掌握	贯穿于企业经营全过程中

第11章 餐饮人力资源管理

导入案例

在某市著名的旅游景点附近，王某和他人投资兴建了一座大型餐饮企业。因缺少管理经营经验，于是委托某酒店管理集团进行管理。某酒店管理集团派刚参加工作不久的小李前去经营管理。小李到达该酒店后，采取了本地招聘的政策，由于缺少薪酬管理规章制度，小李决定采用根据其本人对员工的表现和主观印象打分并发放工资的方式，内部对此意见很大，各说纷纭。因其缺乏经验，在对服务人员简单培训后就上岗。但因招聘的不少服务员都是从不少小餐馆等招聘而来的，员工素质差异较大，管理极其困难，经常发生顾客对菜品不满意等问题。小李为此决定修正自己的管理方式，通过培训方式来解决这些问题，但王某考虑到正处于旅游旺季，而且成本较高，极力反对此事。

针对这种情况，通过其他股东做通王某的工作，企业决定启用一批骨干人员。于是给王某提议申请高薪招聘一批骨干人员，并派出内部部分优秀员工人员进行培训学习。但由于王某安排了一批亲戚和平时工作中不负责任的部分员工参加了培训，内部绝大部分职工对此意见很大，员工的工作情绪受到较大影响。于是，推诿责任、相互扯皮的现象层出不穷。随着竞争的加剧，该企业生意大幅度滑坡，经营惨淡。

讨论题

1. 本案例中，张某做法哪些是正确的？哪些工作应该改进？
2. 该案例中，该餐饮企业在人力资源管理方面存在哪些问题？
3. 通过该案例的学习，你认为餐饮人力资源管理的主要工作内容有哪些？

评析

人力资源是企业所有智力和体力劳动能力的人员总和。做好餐饮企业人力资源管理，既是餐饮企业做好各项管理工作的保证和共同任务，也是提高劳动者素质，调动员工积极性，进而保持酒店生机与活力、实现既定经营目标的重要条件。

11.1 餐饮人力资源管理概述

11.1.1 餐饮人力资源管理的概念

1. 人力资源管理

就一般意义而言，人力资源管理指的是通过人力资源的计划、招聘、选拔、培训和发展、业绩评估、制定工资和福利制度等一系列活动，向组织提供合适人选并取得高水平绩效和职工最大优化组合个积极性最大发挥的各项组织管理活动的总称。

人力资源管理作为一门管理科学，主要是研究人力资源的有效开发和合理配置，研究员工积极性的激励和潜能的开发，研究员工的培训和保护等内容。即通过对人力资源的科学管理，做到人尽其才，才尽其用，更好地促进生产效率、工作效率和经济效益的提高，确保企业各项生产经营指标的实现。

2. 餐饮业人力资源管理

餐饮业人力资料管理即餐饮行业的人力资源管理。研究餐饮行业人力资源管理作为一门管理科学，主要是研究人力资源的有效开发和合理配置，研究员工积极性的激励和潜能的开发，研究员工的培训和保护等内容。

11.1.2 餐饮人力资源管理的特点

与其他企业的人力资源管理相比，餐饮人力资源管理有其自身特点，但基本内容与多数企业大体相同。

相对于餐饮企业人力资源管理而言，人力资源管理对于完成企业目标、提高劳动者素质、调动员工积极性，都具有重要意义。餐饮企业必须牢固树立人力资源管理的观念，相对于其他类型的企业而言，餐饮企业的人力资源管理具有以下特点。

1. 员工类型多样，工作内容差异大

在餐饮企业中，餐饮企业涉及经理、经理助理、厨师长、财务部、领班及各个班组的划分，存在不同的分工类型。同时各个不同的岗位对员工学历、教育层次等内容均有不同的要求，亦需要不同的服务技术和要求，工作内容的千差万别无疑增加了餐饮企业人力资源管理的难度。

2. 员工工作性质灵活，绩效考核难度大

餐饮企业涉及各个部门和岗位的方方面面，员工的工作性质也非常灵活。员工工作时间多在服务场所，人力资源管理人员和服务员的工作场合存在一定的距离，管理者很难了解员工工作的全过程；同时，餐饮企业在提供有形产品的同时，无形的服务也是主要的供给，因此对服务质量的考核和评价大多来自消费者的内心感受，因此这种缺乏明确标准的考核就增加了人力资源管理部门绩效考核的难度。

3. 员工流动性大，招聘、培训任务比较重

餐饮行业是一个人员流动性极大的行业。一项统计表明，北京、上海、广东等地区的餐饮企业员工平均流动率在30%左右，有些餐饮企业甚至高达45%。对于餐饮企业员工的流动问题，从整个社会的角度来看，它有利于实现人力资源的合理配置，从而提高人力资源的使用效率；从餐饮企业的角度来看，适度的人员流动，可优化餐饮企业内部人员结构，使餐饮企业充满生机和活力。但大规模的流动的同时，餐饮企业就必须花费大量的精力来培训入职员工，以适应本企业的操作规范、企业文化和价值理念，由此，餐饮企业的招聘、培训的任务就变得比较繁重。

11.1.3 餐饮企业人力资源管理的意义

1）加强人力资源管理，是提高服务质量、创造社会效益和经济效益的保证

"企业的发展无法超越它所拥有的人才的能力之和。"相对于整个餐饮企业而言，人、

财、物、信息等，均是企业管理关注的主要方面，而其中人力资源起着更为重要的作用，人力资源得到合理利用、人力资源的作用得到有效发挥，其他资源利用的有效率就高，企业就能获得稳定、健康、快速的发展；反之，人力资源没有得到高度重视和充分利用，那么，其他资源的利用有效性就要大打折扣。因此，要提高服务质量，创造良好的经济效益及社会效益，就必须努力做好餐饮企业人力资源的管理工作。

2）通过人力资源管理，充分调动广大员工的积极性和创造性，最大地发挥人的主观能动性

餐饮企业要想在市场经济竞争中脱颖而出，就必须提高本企业的素质、活力。而餐饮企业的素质，归根结底是员工的素质。至于活力，其源泉正在于员工主动性、创造性和积极性的发挥。人是有思想、有感情的，其积极性的发挥，不是仅仅靠发号施令或者上级下一道指示所能做到的，只有采取现代化的方法，进行科学管理才能解决。而餐饮企业服务质量高低的关键还是服务人员的"软服务"。这种"软服务"的好坏在于餐饮企业一线服务人员的服务意识、精神状态、心理素质、身体状况等因素和操作技术、服务艺术等业务水平。因此，服务优劣实质上是员工素质高低和积极性高低的体现。

同时，针对新入职的员工，当其进入一个不同于以往企业文化和价值理念的企业时，都有一些问题时刻困扰着自身。诸如自己适合做什么、企业组织的目标、价值观念是什么、岗位职责是什么、自己如何有效地融入组织中、结合企业组织目标如何开发自己的潜能、发挥自己的能力、如何设计自己的职业人生等，这是每个员工十分关心，而又深感困惑的问题。因此通过现代人力资源管理会为每位员工解决上述问题，必然能够提供有效的帮助。这样，广大员工的积极性和创造性能够得到充分调动和尊重，这也就是最大地发挥员工主观能动性的有效措施。

11.1.4 餐饮人力资源管理的内容

1. 计划编制

餐饮企业的人力资源管理部门首先应当根据本企业的经营目标确定现在及未来对员工数量和质量的需求情况，并据此制订详细的计划。把企业人力资源战略转化为中长期目标、计划和政策措施，包括对人力资源现状分析、未来人员供需预测与平衡，确保企业在需要时能获得所需要的人力资源。然后，对企业各岗位的性质、结构、责任、流程，以及胜任该岗位人员的素质、知识、技能等，在调查分析相关信息的基础上，编写出职务说明书和岗位规范等人事管理文件。同时，参照诸如按岗位需求定员、按比例定员、按设备定员、按餐厅类型定员、按劳动定额定员等原则确定需求员工的数量和质量。

2. 员工招聘

通常情况下，除了在初创阶段，餐饮企业的员工招募就需要对本企业的空缺加以补充，或者是在企业规模壮大时，扩充员工队伍。餐饮企业可以根据计划选择不同的方式进行员工招募，如广告、员工推荐、教育机构选拔、互联网、猎头公司、委托中介机构等方式。总之，无论是大规模招聘，还是对重要岗位的招聘，都需要全面把握信息，避免浪费和以

偏概全，或者招募来的人不适合企业或岗位的实际需要。

在根据招聘报名进行选择阶段时，最为重要的就是看应聘者是否符合职位的要求，这重在考察应聘者的业务能力。餐饮企业人力资源管理部门可以通过申请表、面试、技能测试等方式选拔适合岗位要求的人才。同时，需要注意的是，在选拔遴选阶段，需要把握以下几个原则。

（1）有舍有得原则。也就是说，为了促进企业更好地发展，企业招聘要坚持按工作性质和岗位特点的原则，对于那些不适合岗位技术和岗位特点要求的应聘者，即使素质较高，也要敢于舍得，做到"有舍有得"。

（2）德才兼备原则。企业人才的招聘必须把品德、能力、学历和经验作为主要依据，从态度、能力、绩效等方面考察，从大事方面把握，争取开发和培养"得才兼备"的能人。

（3）量才用人原则。餐饮企业的岗位各具特点，工作职位有层次、专业之分，人的能力有方向、类型之别。不同职位对人才有不同的要求，不同的人才对职位也有不同的适应性，这就要求企业人力资源管理工作者在招聘之前对受聘者的专长、兴趣爱好乃至性格特点做精细研究，在选拔人才的过程中将工作职位与人才的能力恰当合理地搭配起来，既不小材大用，勉为其难，又避免大材小用，浪费人才。

3. 员工培训

员工培训是餐饮企业人力资源管理的一项长期的工作内容。通过培训提高员工个人、群体和整个企业的知识、能力、工作态度和工作绩效，进一步开发员工的智力潜能，以增强人力资源的贡献率。具体内容将在本章第二节进行具体讲述。

4. 绩效考核

绩效评估又称员工考核，是对员工工作能力和工作表现的一种评定。即是用来衡量与评鉴员工某一时段的工作表现，形成客观公正人事决策的管理活动。进行绩效评估可以促进员工提高劳动效率，改进工作方法，提高服务质量；同时也是为企业的奖惩提供客观依据的一个过程。

绩效考核是通过对员工在一定时间内对企业的贡献和工作中取得的绩效进行考核和评价，及时做出反馈，以便提高和改善员工的工作绩效，并为员工培训、晋升、计酬等人事决策提供依据的管理活动。因此，绩效评估需要制定科学合理的考核内容、考核标准，并运用诸如等级评估法、目标评估法、相对评估法、小组评价法、情境模拟法等科学的方法，尽量减少考核误差，客观公正地反映员工的工作表现。应该说，任何绩效考核，其着眼点都应该放在本企业整体人力资源在未来有更广阔的空间发挥才智和技能上。

5. 员工激励

激励是激发组织成员内在的动力和要求，激发他们发奋努力工作去实现组织既定的目标和任务的过程。通过激励方法，可以达到对员工的各种需要予以不同程度的满足或限制，引起员工心理状况的变化，以激发员工向企业所期望的目标而努力的目的。合理的激励措施能够充分调动员工的积极性，而且有利于吸引人才、留住人才。常见的员工激励有奖励激励、感情激励、榜样激励、荣誉激励、机遇激励、目标激励等。作为餐饮企业的人力资源管理者，必须切实重视员工多样化的心理需求和感受，通过合理的激励措施，使员工得到更高层次上的、全面的心理满足。

11.1.5 我国餐饮业的人力资源管理问题

作为劳动密集型特点突出的行业，餐饮业在发展过程中对人的依赖性较强。我国餐饮业在发展过程中，也存在一些人力资源管理方面的问题，尤其是在现阶段，由于人力资源供给和需求之间的突出矛盾，造成我国餐饮业人力资源管理问题突出，影响了餐饮行业企业的健康发展。目前看来，比较突出的问题有以下几个。

1. 管理缺乏科学性有失公平性

目前，在餐饮行业中存在人力资源管理观念落后，缺乏科学性，有失公平性，不注重对餐饮业人力资源的开发和管理，不注重对从业者的培训和激励作用等问题。由于行业发展的客观现状中存在的问题，造成餐饮人力资源管理理念落后，不少餐饮人力资源管理者认为餐饮工作者的劳动力市场是取之不尽用之不竭的，即使员工的离职率很高也不重视对从业者的培训和开发，甚至认为对员工的培训是一种资源的浪费。即使有的餐饮企业对员工有培训也多是一些简单的产品知识和服务技能的培训，难以满足企业和员工发展的需求。不注重对餐饮业人力资源的开发和管理，不注重对从业者的培训和激励作用。

知识链接 11-1

餐饮企业人员结构

1. 餐饮从业人员的来源结构

据统计，主管以上人员来源主要是社会有相关经验人员（51%）、学校相关人员（25%）、社会无相关经验人员（19%）。其中，厨房主管以上人员来自社会有相关经验人员（59%）、学校相关人员（29%）；餐厅部分来自社会相关经验人员（43%）和学校的主管级别人员（27%）。

2. 岗位人员结构

据调查，目前在酒店餐饮人员结构中，餐厅服务及管理人员（领班以上人员）占总比例的63.34%，厨房厨师及管理人员占36.66%。

3. 学历结构

目前酒店餐饮的从业人员，初中及以下学历约占总人数的25%；高中学历的约占总人数的70%；大专学历（包括进修取得的学历）的占总人数的4.66%；本科学历的占总人数的0.34%。根据社会相关人事资料显示，目前我国酒店行业大专以上学历占总员工的平均比例为11.2%，餐饮从业人员大专以上学历的员工比平均水平要低6.2%个百分点。

4. 性别结构

据统计，目前酒店餐饮人员中，餐厅男女比例为1∶4.1；而厨房中男女比例为5.1∶1。管理层面性别差异不大，略有变化，从统计的数据来看，餐厅的管理人员以女性为主，男女比例为1∶3；而厨房的比例为5.5∶1，但基本成正比。

5. 餐饮从业人员工作年限

餐饮从业人员中，工龄0～2年的员工占41%，2～5年的员工占42.5%，5年或更久的员工占16.5%。

2. 服务员流动性强，离职率高

餐饮业服务员流动率高达80%，不少餐饮企业不与服务员签订正式劳动合同，企业与服务员之间没有稳定的雇佣关系。因此，在工作期间，餐饮企业可以根据服务员的工作表现、企业的经营好坏随意地解雇服务员；服务员也可能因为有其他薪酬更高或者环境更好的就业机会而随时离开企业。导致餐饮业劳动者流失的原因有多方面的，经过统计，依次得出流失的原因为：从业者想另寻发展、认为薪酬偏低、自身违规违纪、劳动强度过大及其他原因。

3. 员工工作强度大且工作时间长

由于工作性质的原因，餐饮业劳动者特别是一线员工，每天从早上9点工作到晚上9点，中午一般会休息2小时，工作时间长达10小时之多，其中站立时间达6小时。在顾客进餐时，服务员是一刻不停地忙碌着，在周末和节假日，或是有承接宴席时，服务员劳动时间和劳动强度更大。

4. 薪酬管理不科学，缺乏公平性

在对餐饮业从业者的离职调查中发现，决定从业者离职的所有要素中，最重要的影响要素就是薪酬水平。餐饮企业管理者认为，市场上的人才很多，对薪酬管理没有积极对待，一般采取听之任之的态度，更多地依赖经验化管理。薪酬是指企业支付给员工的物质和非物质的总和，包括基本工资和奖金、福利3个层次，但是餐饮企业员工一般只有基本工资，即使有奖金也少之又少，更谈不上福利，餐饮企业给服务员办理养老保险和医疗保险的不多。薪酬计量没有和绩效挂钩，做得好和做得坏没有区别，缺乏公平性，并且往往是根据规章制度罚得多，奖得少，严重挫败员工工作的积极性。

11.2　餐饮员工招聘

11.2.1　餐饮员工招聘的概念

所谓招聘，是指企业运用多种方式吸引各种所需要的人才前来应聘，并加以选拔的过程。

餐饮员工招聘是指餐饮企业根据经营战略和发展要求，把优秀或合格的人招聘进饭店，并把适合相应岗位需要的人安排到合适岗位的全过程。为建设一支优秀的员工队伍，达到餐饮企业既定的经营目标和经济效益，员工招聘是关键。

11.2.2 餐饮员工招聘的意义

对于餐饮企业来说，建立稳定和高素质的员工队伍，是餐饮企业生存和发展的基础。由于我国餐饮业的快速发展、餐饮业自身劳动密集型的特点，以及社会观念、薪酬水平等各种主客观因素的影响，目前餐饮业客观上存在招聘难的现象，影响了餐饮企业的发展。因此，对于餐饮企业来说，如何解决好招聘难的问题，已经成为了餐饮企业人力资源管理者面临的非常具有挑战性的问题。

1. 招聘是餐饮企业管理的重要内容，是餐饮企业获取人力资源的重要手段

餐饮企业是劳动密集型企业，各项工作工作都需要人去完成，因此，对于餐饮企业管理者来说，招聘工作既是企业员工工作的起点，也是贯穿于整个餐饮企业管理工作全过程的一项工作。餐饮人力资源状况始终处于变化之中。企业内人力资源向社会的流动、企业内部的人事变动（如升迁、降职、退休、解雇、死亡、辞职等）等多种因素，导致了企业员工队伍的不断变动。同时，餐饮企业有着自己的发展目标与规划，企业成长过程也是人力资源拥有数量的扩张过程和质量的提升过程。这些情况意味着餐饮企业的人力资源也是处于稀缺状态的，需要经常补充员工。因此，通过市场获取所需人力资源成为组织的一项经常性任务，人员招聘也就成了组织补充人员的基本途径。

2. 招聘有助于提升餐饮企业的竞争优势

现代餐饮市场竞争归根到底是人才的竞争。一个企业拥有什么样的员工，就在一定意义上决定了它在激烈的市场竞争中处于何种地位——是立于不败之地，还是最终面临被淘汰的命运。但是，对人才的获取是通过人员招聘这一环节来实现的。因此，招聘工作能否有效地完成，对提高餐饮企业的竞争力、提升餐饮企业经营绩效、实现餐饮企业发展目标，均有至关重要的影响。从这个角度说，人员招聘是提升餐饮企业竞争优势的基础环节。对于获取某些实现企业发展目标急需的紧缺人才来说，人员招聘更有着特殊的意义。

3. 招聘是餐饮企业重要的宣传手段

员工招聘，尤其是外部招聘，本身就是企业向外部宣传自身的一个过程。为了实现招聘的目的，企业向外部发布自己的基本情况、发展方向、经营方针、企业文化及产品特征等各项信息，这些有助于企业更好地展现自身的风貌，使社会更加了解企业，营造更好的外部环境，从而有利于企业的发展。研究表明，企业招聘过程的质量高低不仅明显地影响着应聘者对企业的看法，同时对社会或消费者对餐饮企业的了解和认同也具有重要作用，影响餐饮企业知名度与美誉度的形成；招聘人员的素质和招聘工作的质量在一定程度上被视为餐饮企业经营管理水平的标志之一。

4. 有助于餐饮企业文化的建设

有效的招聘既使企业得到了人员，同时也为员工队伍的稳定打下了基础，有助于减少

因人员流动过于频繁而给餐饮企业带来的损失,并增进企业内的良好气氛,能增强企业的凝聚力,提高士气,增强员工对企业的忠诚度等。同时,有效的招聘工作对人力资源管理的其他职能也会有许多积极作用。

11.2.3 餐饮企业员工招聘的原则

1. 计划性原则

餐饮企业应根据企业发展和企业经营的需要,结合企业的实际情况,制订出科学合理的招聘计划,对企业需要招聘的岗位及各岗位对员工的要求进行规定,按照招聘计划进行招聘。

2. 服务意识强化原则

餐饮企业是服务性行业,所招聘的员工应对企业服务观念有认同感,能接受企业服务理念和方式方法,对餐饮企业的服务质量稳定和提升能起到积极作用。

3. 就地就近原则

为提升企业招聘的效率,节约企业用工成本,为使招聘来的员工更容易认同企业服务理念,餐饮企业在进行员工招聘时还应坚持"就地,就近"原则。

4. 平等竞争的原则

餐饮企业在进行员工招聘时,对所有应聘者应一视同仁,不得人为地制造各种不平等的限制。要通过考核、竞争选拔人才,以严格的标准、科学的方法对应聘者进行测评,根据测评的结果确定人选,来创造一个公平竞争的环境,这样既可以选出真正优秀的人,又可以激励其他员工积极向上,减少人才评价的主观片面性。

5. 效率优先的原则

餐饮企业在进行员工招聘时,应以尽可能少的招聘成本录用到合适的人员。选择最适合的招聘渠道、考核手段,在保证录用人员质量的基础上节约招聘费用,同时应避免长期职位空缺造成的损失。

11.2.4 餐饮企业员工招聘流程

1. 制订招聘计划

餐饮企业的员工招聘计划包括需要员工的岗位数量、需招聘的员工数量、每个岗位的具体要求、招聘日期、委托进行招聘测试的部门、新聘员工到位的时间表等方面的决定。

2. 发布招聘信息

要选择合适的发布信息渠道,如报纸、杂志、电视、新闻发布会等。在很多情况下,餐饮企业应向特定的人群发布信息,如面向大中专学生群体等。

3. 招聘测试

以下为餐饮企业对员工进行测试的几种常用方式，但是各个企业会根据企业的实际情况选用其中的一种或几种方式，对同一个应聘者进行招聘测试。

1）审阅申请材料和简历

对应聘者个人基本情况及背景进行快速评估，初步筛选求职者，以便决定求职者是否应该参加面试。

2）面试

通过与应聘者面对面的交流，对应聘者的个人形象、语言能力、工作能力、工作经验、应变能力等进行评估测试，以确定该员工是否符合餐饮企业相关工作岗位的需要。

3）笔试

让应聘者书面回答或书面提出问题，可以是选择题或者是问答题。一般认识能力问卷包括一般智能、综合分析能力、数字能力、语言表达能力和动手能力等。

4）行为模拟

有的餐饮企业，为更加深入考核员工，有时会通过行为模拟的方式进行测试，通过案例分析、角色扮演、"文案"处理练习（管理者）、工作模仿测试、问题分析等多种方式，对应聘者进行考核。

5）心理测试

心理测试的主要目的是了解员工的性格特征，以评估该应聘者是否适合相关工作岗位的实际需要。

4. 录用

对最终通过测试的应聘者，应由人力资源部负责人、用人部门负责人及企业负责人进行审核后，发放录用通知。

5. 签订劳动合同

对录用并同意到企业工作的员工，应按照有关法律法规的要求，签订劳动合同，并把员工安排到相应的工作岗位上。

11.3 餐饮员工培训与激励

11.3.1 员工培训

餐饮企业的员工工作内容差异很大，而且工作琐碎，灵活性大。因此，做好员工的培训工作，尤其是新聘员工的培训工作，对于餐饮企业具有重要意义。

1. 员工培训工作的意义

1）员工培训对企业具有重要意义

现代餐饮业是在激烈的市场竞争中求得生存和发展的。而竞争的最主要的方面就是依靠餐饮企业的管理水平、服务质量和价格等方面来体现的，因此，认真做好餐饮培训工作，是做好对客服务、减少客人投诉和提高生产服务效率的有效途径。通过员工培训，可以增进员工对企业文化、企业价值理念的了解与理解，提高员工的修养和精神面貌，增强员工纪律性，提高团体协作和协调能力，对于增强餐饮企业的向心力和凝聚力具有不可低估和深远的影响，这也是餐饮企业提高企业竞争力、适应市场竞争环境的必然要求。

2）员工培训利于其今后的发展和提升

相对于企业的整体而言，我们所言的员工培训乃是从企业的整体利益为出发点和立脚点的。对于员工本身而言，培训不仅是一种较好的福利待遇，对员工本身而言也有着不言而喻的益处——强化员工的业务素质，增强其就业能力和上进心，利于员工未来发展等。

2. 餐饮企业员工培训的内容和形式

1）员工培训的内容

餐饮企业员工培训的目的是提高全员素质，因此，培训的内容应紧密结合餐饮企业岗位工作的特点、员工岗位、不同时期的具体情况加以安排。目前相对于餐饮企业而言，员工培训的内容主要包括餐厅的基本概念、专业知识、岗位设置、员工业务知识、职业道德、仪表礼仪、卫生安全知识、顾客投诉处理、设备工具使用与保养等内容。

2）员工培训的形式

相对于其他行业而言，餐饮企业有自己的生产经营特点，因此应当坚持闲时多训，忙时少训的原则。目前相对于餐饮企业而言，员工培训的形式也多种多样，常见的主要有岗前培训、转岗培训、在岗培训、交叉培训、晋升培训、班前培训、案例培训、角色培训、心理培训、专题培训等。

3. 员工培训的步骤和方法

1）制订培训计划

培训计划是餐饮企业员工培训工作的指导方针和纲领性文件。要想获得良好的培训效果，就必须进行周密的、系统的长期计划。同时需要综合考虑本企业的经营特点、员工素质、服务质量等因素，选择适合本企业和员工的培训方式。常见的培训计划包括年度培训计划和单项培训计划两种。诸如：①每年做一个详细的培训计划；②每月有一个具体的培训计划；③每个员工每月进行一次考核；④每年进行一次全面考核；⑤每个员工每周培训不少于1小时；⑥每人建立一个培训档案等。

2）做好组织管理

餐饮企业的员工培训是一项长期而且复杂的工作，需要分期、分批地进行。为此，餐饮企业必须按照制订的培训计划组织好培训工作。具体包括：①选择好负责培训的培训教师，这主要是确定培训教师，这也是确保培训质量和培训效果的关键；②确保培训场地、时间、地点培训设备器具等内容；③确保培训效果的监督、考核和评价工作，确保培训质量和培训效果。

3）评估培训效果

注重实用性和培训效果，避免流于形式是任何培训工作必须坚持的原则。因此，员工培训必须重视对培训工作进行科学的、客观的考核和评价，分析培训效果，综合考虑培训计划的科学性、受训员工的接受程度、经验教训、员工自我评价等内容，做出科学客观评价，并记入员工个人培训档案。

4．员工培训应该注意的问题

餐饮企业对员工培训是一项长期的工作。而且员工培训不同于一般的学校教育，有着自身的行业特点，为此，在培训过程中应该注意以下几个方面的问题。

1）注重培训内容的实用性

餐饮企业的员工培训主要通过培训以提高服务质量、员工职业道德和业务能力，进而达到既定经营目的。为此，员工培训要解决技术上的提高问题、服务态度的优劣问题，要将员工培训和员工的实际工作岗位特点相结合，确保"学有所长，学有所用"。因此，员工培训要避免那些"大而空"、目标不明、漫无边际的"放羊"式学习与培训，以强化员工的技能为目的，注重培训内容的实用性。

2）注重培训方式的灵活多样性

餐饮企业的员工培训均具有较强的针对性，因此必须采用多样的、灵活多变的培训方式，确保培训的质量和效果。为此，可以采用情景培训法、对话训练法、案例分析法、专题讲座、现场演示与操作、角色互换等培训方式，让受训员工深刻体会其趣味性、生动性，强化培训效果。

3）注重培训的考核与激励

考核是对一段时期内培训计划和培训效果的总结和评价。这也是提高培训效果、督促员工提高学习态度的有效方法。将考核和培训结合起来，能够对受训员工造成一定的压力和动力，对于提高培训质量具有重要意义。同时也能有效地检查监督培训计划的科学性、培训内容的合理性。同时，在强化考核的同时，也必须注重对受训员工进行激励，增进受训员工对培训的认识和学习的主动性，激励员工加倍努力学习，弥补不足，比超先进，进一步强化培训效果。

11.3.2 员工激励

1．激励的概念

什么是激励呢？根据《辞海》对这一词语的定义，"激励"的意思是"激发使振作"，即"振奋，奋发"。通过激励，在某种内部或者外部刺激的影响下，使人始终保持在一个兴奋状态中。从广义而言，激励就是调动人的积极性；从狭义而言，激励就是一种刺激，是促进行为的手段。对此，智者见智，看法也不甚一致。下文介绍一些学者给出的几种定义。

（1）激励就是"此时此刻对行动的方向、强度与持续性的（直接）影响。"

（2）激励所涉及的是"行为是怎样发端，怎样被赋予活力，怎样延续，怎样导向，怎样终止，以及在所有这一切进行的过程中，该有机体是呈现出何种主观反应的。"

（3）"激励就是一个过程，这个过程主宰着人们或较低等的有机体在多种自愿活动的备选形式中所做出的抉择。"

（4）"激励必须研究一组变量与变量之间的关系，这种关系在人的智力、技巧和对任务的理解程度，以及环境中所存在的各种制约条件都保持恒定不变的条件下，能说明一个人的行为的方向、幅度和持续性。"

（5）"激励分狭义和广义两种。狭义的激励就是源发、鼓励之义；广义的激励则是指运用各种有效手段激发人的热情，启动人的积极性、主动性，发挥人的创造精神和潜能，使其行为朝向组织所期望的目标而努力。"

（6）"在组织行为学中的激励含义，主要是指激发人的动机，使人有一股内在的动力，朝向所期望的目标前进的心理活动过程。员工激励也可以说是调动人的积极性的过程。"

（7）"管理行为学中的激励，主要是指启迪人的心灵，激发人的动机、挖掘人的潜力，使之充满内在的活力和动力，朝向所期望（或既定）的目标前进的心理活动过程。"

（8）从激励论的研究出发，所谓激励，就是系统的组织者采取有计划的措施，设置一定的外部环境，对系统成员施以正强化或负强化的信息反馈（借助于一定的信息载体），引起其内部的心理和思想的变化，使之产生组织者所预期的行为反应，正确、高效、持续地达到组织预定的目标。

（9）激励就是激发、鼓励、维持动机，调动人的积极性、主动性和创造性，使人有一股内在的动力朝着所期望的目标奋勇前进的心理过程。调动人积极性的各种措施，按其实质来说，就是要采取各种形式的激励手段去激发行为的动机，使外部的刺激转化为人的自觉主动行为的过程。

（10）按照贝雷尔森（Berelson）和斯坦纳（Steiner）对动机一词所下的定义，动机是一种能够提供精神力、活力或动力（从而形成"激励"），并能够指导或引导行为达到目的的内心状态。换言之，"激励"是一个通用词汇，可运用于动力、期望、需要、祝愿及其他类似力量的整个类别。因此，当我们说主管人员激励他们的下级时，意思是说，他们在促进、期望和诱导其下级按照所希望的方式行动。

2. 员工激励的原则

激励措施有很大的风险性，在制定和实施激励时，一定要谨慎。因此，把握员工激励的原则就变得至关重要。只有运用这些原则，才能取得较好的激励效果。

1）公平公正原则

公平性是员工管理中最为重要的一个原则，任何不公的待遇都会影响员工的工作效率和工作情绪，影响激励效果。"赏不可不平，罚不可不均。"这是指激励措施要赏罚严明，善于通过奖赏和惩罚这两种正、负强化激励手段，来达到鼓励先进，鞭策后进，提高绩效的目的。取得同等成绩的员工，一定要获得同等层次的奖励；同理，犯同等错误的员工，也应受到同等层次的处罚。真正做到公平公正、秉公无私。一个人做出成绩并取得奖酬以后，不仅关心自己所得的绝对量，而且关心自己所得的相对量。因此，他要进行比较，判断自己所得是否公平，比较的结果将直接影响今后工作的积极性。因此，餐饮企业在进行员工激励时，不仅要注意绝对值，而且也要注意相对值，激励时应力求使每一位员工感到所劳与所获相等，并尽量避免主观判断上的误差所造成的不平感。

2）注重倡扬正确价值观原则

凡是具有活力、充满生机的企业一定是机制健全、价值符合潮流并具有正确发展观的

企业。作为餐饮企业的人力资源管理部门,在利用激励措施时,应该注重倡导正确的价值观念,引导正确的事业观。作为管理者,必须坚持以正面激励为主,通过积极的、正面的激励保持员工队伍的蓬勃朝气、昂扬锐气和浩然正气,形成团结向上、奋发有为、开拓进取的良好局面;要适度表彰那些创造力、高效率、高质量完成工作的敬业者,那些善于团结协作、忠于职守的忠诚者,真正发挥激励机制的价值和作用。

3)注意差异、奖惩适度原则

激励的目的是提高下属工作的积极性。影响下属工作积极性的主要有工作性质、领导行为、个人发展、人际关系、报酬福利和工作环境等多种因素。人力资源管理者采取激励措施时,应根据不同的类型和特点制定激励制度,而且在制定激励机制时一定要考虑到个体差异,因人而异,如文化差异、职位差异等因素。餐饮企业有着不同的岗位设置和工作内容,而且员工的差异性很大。不同员工有着不同的心理和激励需求,因此,同样的激励措施在不同的员工身上往往产生不同的激励效果。即便是同一位员工,在不同的时间或情境下,往往也会有不同的需求。所以,在制定和实施激励措施时,要因人而异,搞清楚员工的真正需要是什么,将这些需要整理、归类,再制定相应的激励措施。

同样,员工激励必须注重激励的效果。员工激励必须把握适度原则。以员工奖励和惩罚为例:奖励过重会使员工产生骄傲和满足的情绪,失去进一步提高自己的欲望;奖励过轻会起不到激励效果,或者让员工产生不被重视的感觉。而惩罚过重会让员工感到不公,或者失去对公司的认同,甚至产生怠工或破坏的情绪;惩罚过轻会让员工轻视错误的严重性,从而可能还会犯同样的错误。

4)循序渐进、长期维持原则

作为一种有效的人力资源管理方式,员工激励必须把握循序渐进、长期维持的原则。餐饮企业本身要考虑企业本身的企业文化、发展阶段及价值理念,根据本企业特点制定激励措施。人才队伍的稳定性对于企业非常重要,因为员工特别是核心技术员工的离职,可能会对企业造成毁灭性的打击。因此,员工激励更需要长期激励,长期维持,减少员工的短期行为,降低离职可能性。伴随着经济的发展及科学技术的进步,传统管理模式势必与现行行为产生冲突,作为餐饮企业要因时因事,长期维持激励效果,并将该种激励转化为企业的激励文化,将管理的重点放在员工的自律性及自我激励层面。

3. 员工激励的方法和技巧

1)制定倡导正确事业观和价值观的激励措施和机制

企业拥有一批热情高涨、活力十足的员工是成功的基本条件,要创造这种基本条件,就应建立一种公平、公正、公开的考核体系与激励机制。企业需要下属员工认同既定的价值标准,努力做企业希望他做的事,成为企业所希望的核心骨干员工,这必须建立相对正确、符合企业根本利益的价值标准和事业观念,制定倡导正确的事业观和价值观的激励措施和激励机制。

2)正确定位物质激励和精神激励

餐饮企业要吸引和留住人才,发挥员工的价值,实现企业的经营目标,因此员工激励必须正确定位物质激励和精神激励,充分重视物质激励和精神激励相结合,并针对不同的人、不同的时期而有所侧重。作为餐饮企业，采取物质激励和精神激励方式必须做到以下两点。

（1）物质激励要有效。餐饮企业要提高包括工资、福利、奖金等内容的员工薪酬水平，不仅要提高报酬水平，更要保证分配的公平性，以公平的报酬来营造相互尊重、相互合作和积极进取的企业环境，进而增强员工的集体归属感，提高对企业的忠诚度。

（2）精神激励要加强。员工获取一定的物质资料来满足较低层次的需求是比较容易的。相对而言，满足自身价值实现的需求更重要。所以，企业对知识员工激励的重点应放在员工内在价值实现上，改变传统的单纯以物质激励为主的机制，建立以目标发展为导向的激励机制，这有助于企业团队精神和团队凝聚力的形成。

3）采用合适的激励方法

随着社会和经济的发展，激励将向个性化、集体化、科学化方向发展。这也对餐饮企业的人力资源管理部门提出了更高的要求。一个德才兼备、会管理、善用人的管理者和经营者就必须善于采用适合本企业的激励方法，如物质激励法、职务激励法、知识激励法、情感激励法、目标激励法、荣誉激励法、行为激励法、成果分享法、逆反激励法、感官激励法、形象激励法、赏识激励法等方法以最大化地实现激励的效果。

激励是一柄双刃剑，过度的正向激励在特定时间和对特定个体所产生的影响，在特定环境下可能走向其反面。每个员工都对归属感、成就感及驾驭工作的权力感充满渴望，都希望自己能够自主，希望自己的能力得以施展，希望自己受到人们认可，希望自己的工作富有意义。因此，在企业采用激励措施时，根据实际情况，综合运用多种激励方式，把激励的手段和目的结合起来，改变思维模式，真正建立起适应企业特色、时代特点和员工需求的开放的激励体系，使企业在激烈的市场竞争中立于不败之地。

4）提倡自我激励，建立自我激励型组织

自我激励是源自每个人内心和灵魂深处的动力，是使每个人负有责任感、使命感的动力，是促进企业目标实现的最大力量。一个具有高度自我激励精神的组织，它的集体行为特征一般表现如下：①协作精神强；②工作热情高、信心足；③主动性、积极性好。

餐饮企业需要深谋远虑，积极建立自我激励的企业激励文化，帮助员工更好地理解整个企业的责任，让他们对企业的运作有一个更加明确的认识，学会分析竞争形势，勇于尝试风险，鼓励他们进行创新性思考，并给予员工高度自主权，增强企业内部的公开性，帮助他们理解和赏识他们自己在企业的宏伟蓝图中所扮演的角色和起到的作用，进而建立独具特色的自我激励型组织。

案例分析

春节将至，餐饮业又将火爆。由于不少服务员要回家过年，人手紧缺，餐厅老板们犯了愁。"马上就要过年了，已有服务员向我提出要回家。" 2月5日，某餐饮企业负责人表示，他的5家分店共有30名服务员，人手很紧。提出回家的服务员中，有的说要看望父母，有的说要回去相亲，还有的说要结婚。这些理由都很充分，让他不忍拒绝。据了解，广东某大酒楼有20多名服务员，过年时80%的员工要回家。广东多家餐厅都存在类似情况。当日，记者走访中山街、湖滨街、北京路、新华街的部分餐厅，发现不少餐厅都贴出广告，

第11章 餐饮人力资源管理

招聘收银员、服务员、传菜员、保洁员等,工资1 500~3 000元不等。服务员少了,但服务质量不能下降。记者采访了解到,对此,老板们已有应对之法。某大酒楼为服务员安排了错时休息,并给他们发红包、开联欢会。服务员轮休期间可到餐厅免费用餐。另一酒楼实行轮休制,年前举行联欢会和年终总结会,给优秀员工发年终奖,并为工作一月以上的服务员发红包。过年期间,老板还给员工宿舍准备水果、瓜子、糖等年货。还有的餐饮企业除发红包、搞联欢外,还为员工们提供免费大餐。某火锅店老板表示,考虑到服务员一年就这一次和家人团聚的机会,他打算除夕到初二歇业,让大家好好休息。对餐厅来说,在服务员回家过年的情况下,招聘短期工是不错的选择。有老板介绍,每天都有大学生上门求职,截至目前,该店已招了25名大学生做月工,可缓解节日期间招工难问题。据悉,不少餐饮企业都招了一些放寒假的大学生救急。

请结合案例分析

1. 餐饮企业为什么会面临年前招工难?
2. 餐饮企业应如何应对此种情况?

本章小结

人力资源是企业所有智力和体力劳动能力的人员总和。现代人力资源管理是建立在市场经济基础之上的,按照市场经济法则,对人力资源的招聘录用、绩效考评和培训发展等进行全过程的、主动的、动态的管理,其各个环节紧密结合,主动地对人力资源的各个方面进行开发利用的管理活动。做好餐饮企业人力资源管理,既是餐饮企业做好各项管理工作的保证和共同任务,也是提高劳动者素质,调动员工积极性,进而保持餐饮企业生机与活力、实现既定经营目标的重要条件。餐饮人力资源管理对餐饮企业具有重要意义。餐饮企业应充分重视人力资源管理在经营中的重要作用,科学地选聘和使用员工,遵循员工培训和激励的原则,选择适当的员工培训与激励的方法,以激发企业在竞争中的优势,进而实现企业的经营目标。

关键术语

餐饮企业人力资源管理　Human Resources Management of Catering Enterprises
员工招聘　Staff Recruitment
员工激励　Employee Motivation

复习思考题

一、选择题

1. 餐饮人力资源管理的特点有(　　)。
    A. 员工类型多样,工作内容差异大
    B. 员工工作性质灵活,绩效考核难度大
    C. 员工流动性大,招聘、培训任务比较重
    D. 员工人数多,素质高

2. 餐饮员工激励应遵循（　　）。
   A. 公平公正原则　　　　　　　　B. 注重倡扬正确价值观原则
   C. 注意差异、奖惩适度原则　　　D. 循序渐进、长期维持原则
3. 餐饮企业员工招聘的原则有（　　）。
   A. 计划性原则　　　　　　　　　B. 服务意识强化原则
   C. 就地就近原则　　　　　　　　D. 平等竞争原则

二、简答题

1. 餐饮人力资源管理的内容有哪些？
2. 餐饮企业常用的员工招聘测试方式有哪些？
3. 餐饮员工培训的内容主要包括哪些？

参 考 文 献

[1] 国家旅游局人事劳动教育司. 餐饮服务与管理[M]. 北京：旅游教育出版社，1999.
[2] 李勇平. 餐饮服务与管理 [M]. 大连：东北财经大学出版社，2000.
[3] 张永宁. 饭店服务教学案例[M]. 北京：中国旅游出版社，1999.
[4] 陈岩. 餐饮服务规范[M]. 北京：中国经济出版社，2003.
[5] 苏北春. 餐饮服务与管理[M]. 北京：人民邮电出版社，2006.
[6] 黄文波. 餐饮管理[M]. 天津：南开大学出版社，2000.
[7] 蔡万坤. 餐饮管理[M]. 北京：高等教育出版社，2008.
[8] 张玉凤. 旅游企业财务管理[M]. 北京：北京大学出版社，2006.
[9] 肖晓. 餐饮管理——原理与实践[M]. 北京：经济管理出版社，2011.
[10] 霍光，彭晓丹. 餐饮建筑室内设计[M]. 北京：中国建筑工业出版社，2011.
[11] 李志刚. 现代餐饮经营管理基础[M]. 北京：中国财政经济出版社，2003.
[12] 马开良. 餐饮生产管理[M]. 北京：科学技术文献出版社，1996.
[13] 马超英. 厨房管理[M]. 北京：中国旅游出版社，1998.
[14] 顾明钟. 厨房实务管理[M]. 上海：同济大学出版社，2005.
[15] 沈建龙. 餐饮经营管理实务[M]. 北京：中国人民大学出版社，2003.
[16] [美]Ninemeier J. D. 餐饮经营管理[M]. 张莉莉，纪俊超，译. 北京：中国旅游出版社，2002.
[17] 郭敏文. 餐饮部运行与管理[M] . 北京：旅游教育出版社，2003.
[18] 陈海旺，赵平建. 现代餐饮经营与管理[M]. 沈阳：辽宁科学技术出版社，1994.
[19] 姜红. 餐饮服务与管理[M]. 大连：大连理工出版社，2009.
[20] 陈志学. 饭店服务质量管理与案例解析[M]. 北京：中国旅游出版社，2006.
[21] [英]Miller J. E. 餐饮成本控制[M]. 黄文波，孙超，译. 天津：南开大学出版社，2004.
[22] 公学国，李玉国. 餐饮服务与管理[M]. 北京：中国财政经济出版社，2008.
[23] 李玉国，公学国. 餐饮服务与管理实训教材[M]. 北京：中国财政经济出版社，2008.
[24] 徐红军. 餐饮管理学[M]. 北京：经济科学出版社，2005.

北京大学出版社本科旅游管理系列规划教材

序号	书 名	标准书号	主编	定价	出版时间	配套情况
1	餐饮经营与管理	7-301-26144-6	公学国 王雅静	38	2015	课件
2	旅游规划理论与方法	7-301-25939-9	牟 红	43	2015	课件
3	旅游交通管理	7-301-25643-5	来逢波 陈松岩	31	2015	课件
4	会展节事策划与管理	7-301-25512-4	朱 华 张哲乐	35	2015	课件
5	酒店质量管理原理与实务	7-301-25543-8	张红卫 张 娓	37	2015	课件
6	旅游景区管理	7-301-25223-9	杨絮飞 蔡维英	39	2015	课件
7	旅游文化创意与策划	7-301-25166-9	徐兆寿	43	2015	课件
8	旅行社经营管理	7-301-25011-2	余志勇	35	2015	课件
9	现代酒店管理实用教程	7-301-24938-3	林 巧 张雪晶	38	2015	课件
10	旅游学概论	7-301-23875-2	朱 华	44	2014	课件
11	旅游心理学	7-301-23475-4	杨 娇	41	2014	课件
12	旅游法律法规教程	7-301-24850-8	魏 鹏	45	2014	课件、微课
13	旅游政策与法律法规	7-301-23697-0	李文汇 朱 华	43	2014	课件
14	旅游英语	7-301-23087-9	朱 华	48	2014	课件、光盘、视频
15	旅游企业战略管理	7-301-23604-8	王 慧	38	2014	课件
16	旅游文化学概论	7-301-23738-0	闫红霞 李玉华	37	2014	课件
17	西部民族民俗旅游	7-301-24383-1	欧阳正宇	54	2014	课件
18	休闲度假村经营与管理	7-301-24317-6	周绍健	40	2014	课件
19	会展业概论	7-301-23621-5	陈 楠	30	2014	课件
20	旅游学	7-301-22518-9	李 瑞	30	2013	课件
21	旅游学概论	7-301-21610-1	李玉华	42	2013	课件
22	旅游策划理论与实务	7-301-22630-8	李 锋 李 萌	43	2013	课件
23	景区经营与管理	7-301-23364-1	陈玉英	48	2013	课件
24	旅游资源开发与规划	7-301-22451-9	孟爱云	32	2013	课件
25	旅游地图编制与应用	7-301-23104-3	凌善金	38	2013	课件
26	旅游英语教程	7-301-22042-9	于立新	38	2013	课件
27	英语导游实务	7-301-22986-6	唐 勇	33	2013	课件
28	导游实务	7-301-22045-0	易婷婷	29	2013	课件
29	导游实务	7-301-21638-5	朱 斌	32	2013	课件
30	旅游服务礼仪	7-301-22940-8	徐兆寿	29	2013	课件
31	休闲学导论	7-301-22654-4	李经龙	30	2013	课件
32	休闲学导论	7-301-21655-2	吴文新	49	2013	课件
33	休闲活动策划与服务	7-301-22113-6	杨 梅	32	2013	课件
34	前厅客房服务与管理	7-301-22547-9	张青云	42	2013	课件
35	旅游学导论	7-301-21325-4	张金霞	36	2012	课件
36	旅游规划原理与实务	7-301-21221-9	郭 伟	35	2012	课件
37	旅游地形象设计学	7-301-20946-2	凌善金	30	2012	课件
38	旅游文化与传播	7-301-19349-5	潘文焰	38	2012	课件
39	旅游财务会计	7-301-20101-5	金莉芝	40	2012	课件
40	现代酒店管理与服务案例	7-301-17449-4	邢夫敏	29	2012	课件
41	餐饮运行与管理	7-301-21049-9	单铭磊	39	2012	课件
42	会展概论	7-301-21091-8	来逢波	33	2012	课件
43	旅行社门市管理实务	7-301-19339-6	梁雪松	39	2011	课件

如您需要更多教学资源如电子课件、电子样章、习题答案等，请登录北京大学出版社第六事业部官网 www.pup6.cn 搜索下载。

如您需要浏览更多专业教材，请扫下面的二维码，关注北京大学出版社第六事业部官方微信（微信号：pup6book），随时查询专业教材、浏览教材目录、内容简介等信息，并可在线申请纸质样书用于教学。

感谢您使用我们的教材，欢迎您随时与我们联系，我们将为您做好全方位的服务。联系方式：010-62750667，moyu333333@163.com，pup_6@163.com，lihu80@163.com，欢迎来电来信。客户服务QQ号：1292552107，欢迎随时咨询。